SAGGI GIUNTI

PSICOLOGIA

Philip Zimbardo
Shirley L. Radl

Il bambino timido

Affrontare e prevenire la timidezza dall'infanzia all'età adulta

GIUNTI

Traduzione di *Massimo Simone* e *Raffaella Voi*

Titolo originale: *The Shy Child: Overcoming and Preventing Shyness from Infancy to Adulthood*

Pubblicato in accordo con ISHK.

www.psicologia.io
www.giuntipsy.it
www.giunti.it

Via Fra' Paolo Sarpi 7/A, 50136 Firenze – Italia

Prima edizione: febbraio 2023

MISTO
Carta da fonti gestite
in maniera responsabile
FSC® C005461
FSC
www.fsc.org

Stampato presso Rotolito S.p.A. – Pioltello (MI)

Questo libro è dedicato ai nostri figli,
Adam, Zara e Tanya Zimbardo, Lisa e Adam Radl

...E ai nostri studenti, timidi e non.

Indice

Ringraziamenti

Intendiamo anzitutto ringraziare i nostri assistenti di ricerca, Diana Dahlgren e John Buckner, per l'eccezionale lavoro che hanno compiuto al fine di portare a compimento il nostro studio, dedicato ai bambini timidi in età prescolare. I nostri assistenti hanno affrontato il lavoro con entusiasmo, manifestando dedizione e attenzione al problema, oltre a una sincera preoccupazione per i bambini timidi. Durante i nostri due anni di lavoro insieme a loro, ci hanno offerto molti insight sull'enigma della timidezza.

Un ringraziamento va anche agli insegnanti della Bing Nursery School di Palo Alto e della Binet-Montessori School di San Francisco per tutto il loro aiuto, il supporto, la disponibilità a condividere le informazioni e per l'entusiasmo volto allo sviluppo e alla realizzazione di questa guida per genitori e insegnanti. Inoltre, desideriamo ringraziare i docenti e i consulenti della Green Gables Elementary School, della Jordan Middle School e della Cubberly High School di Palo Alto per il tempo che ci hanno generosamente dedicato, per i loro insight e per tutti gli sforzi profusi al fine di aiutarci a imparare ciò che dovevamo ancora apprendere dai loro studenti e da loro stessi. Per tutto ciò, esprimiamo di nuovo un sincero ringraziamento.

Com'è noto, per quanto siano ampie le informazioni che vengono raccolte, occorre poi dedicarsi al gravoso compito di riunirle ed esporle in una forma leggibile. Avy Nielsen e Rosanne Saussotte ci hanno aiutato nella realizzazione di tutto ciò, non solo digitando una versione delle bozze dopo l'altra, ma anche favorendoci in molteplici modi e finendo per dare ordine al caos che abbiamo generato. Non solo il loro lavoro, ma anche il loro supporto, generoso e amorevole, è stato profondamente apprezzato.

Nelle "fasi avanzate" della realizzazione di questo progetto erano necessari professionisti e specialisti con competenze diverse. La prima persona a metterci sulla "strada giusta" è stata la nostra agente, Rhoda A. Weyr della William Morris Agency. Una supervisor molto esigente, fin dall'inizio, che ci ha condotto lungo un percorso complesso e rigoroso, chiedendoci di essere concisi, precisi, e di proporre solo il meglio che potevamo offrire, costringendoci a essere il più possibile esaustivi e attenti, perché lei sapeva che era nelle nostre possibilità. Nelle "fasi finali" abbiamo fatto affidamento sulla nostra editor, Gladys Justin Carr, e sulla sua collaboratrice, Gail Greene. Le ringraziamo per la loro pazienza e il loro supporto.

Alla fine, dopo tre anni di lavoro condiviso in armonia, nonostante un certo numero di eventi critici, più o meno rilevanti, e le occasioni in cui ci siamo chiesti se avremmo mai davvero concluso questo libro, intendiamo esprimere l'una nei riguardi dell'altro la nostra gratitudine – per il supporto, la comprensione, l'affetto e i rinforzi, offerti generosamente e reciprocamente, ogni volta che ce n'è stato bisogno.

Il bambino timido

1
Svelare l'enigma della timidezza

Forse l'ultima cosa al mondo a cui pensano i genitori quando immaginano la nascita di un bambino è l'eventualità che il loro figlio si dimostri timido. Preghiamo che il bambino sia sano e normale; perciò, quando nasce, contiamo le dita delle mani e dei piedi, per poi dare inizio a quell'incredibile viaggio che è la genitorialità. Redigiamo e conserviamo tabelle che riguardano il peso e l'altezza, registriamo le "pietre miliari" delle prime parole e dei primi passi, compriamo libri per favorire la lettura precoce e, ora, anche piccoli computer per far dei nostri figli i futuri "maghi" della matematica.

L'enfasi posta sui progressi motori, sulle abilità linguistiche e sull'apprendimento tende a distogliere l'attenzione dei genitori, degli insegnanti, e persino degli psicologi dello sviluppo, dalla crescita emotiva e sociale del bambino. È solo di recente che i "child watchers" professionisti si sono resi conto delle gravi conseguenze associate al fatto di ignorare, o dare per scontato, il cosiddetto sviluppo "normale" della dimensione emozionale e della reattività sociale nei bambini. Come affermava un articolo del *Sage Foundation Report*, «Nonostante l'incremento, negli ultimi 20 anni, della ricerca dedicata alle traiettorie dello sviluppo, lo studio di quelle sociali ed emotive nei bambini ha continuato a restare indietro rispetto agli studi che hanno indagato altri aspetti del percorso evolutivo».

Di solito, aspettiamo che si manifestino alcuni comportamenti problematici – ovvero che il bambino appaia "troppo timido" – per renderci conto che è opportuno preoccuparci. Per alcuni genitori e insegnanti la preoccupazione è minima, purché il bambino sia ben educato, tranquillo e si adegui alle regole. In effetti, la timidezza potrebbe essere considerata come una qualità desiderabile per quegli adulti che credono che "il silenzio sia d'oro", e "che i bambini dovrebbero essere osservati e non ascoltati", oppure che "l'obbedienza all'autorità" sia la regola più importante. Fortunatamente (per i nostri figli), non tutti i genitori, e gli altri adulti a cui sono affidati, la pensano così. Un genitore potrebbe reagire con imbarazzo alla timidezza del proprio figlio quando, per esempio, il bambino risponde all'attenzione di un altro adulto correndo verso la madre, o il padre, per poi nascondersi alle loro spalle, finendo per "aggrapparsi" e dipendere da loro per tutta la vita. Poi ci sono i genitori che condividono l'opinione della mamma di una bambina di sei anni, molto preoccupata, che ha scritto la seguente lettera:

> Ho una figlia di sei anni che pare estremamente timida, e ha una pessima opinione di sé stessa. La sua eccessiva timidezza le ha riservato grandi disagi nell'ambito delle relazioni sia con i coetanei sia con gli adulti. È stata inserita nella "pre-prima", invece che in prima elementare in ragione della sua incapacità di affrontare con sicurezza gli altri bambini della sua età. Si adatta con estrema difficoltà alle situazioni nuove. Temo che verrà costantemente relegata nel gruppo degli individui meno performanti della sua classe a causa del suo assetto emotivo.
>
> Non si relaziona facilmente con il mondo esterno, si tiene tutto dentro e spesso reagisce manifestando frustrazione. Può rivelarsi una bambina adorabile e sensibile, ma io temo che considererà il mondo come un luogo ostile, a meno che qualcuno non riesca ad aiutarla.
>
> *Brano tratto da una lettera inviata al Dr. Zimbardo*

Non diversamente da molti genitori che ci hanno scritto, oppure che hanno parlato con noi, la madre di quella bambina teme che la timidezza possa compromettere la vita di sua figlia e sta cercando delle risposte prima che sia troppo tardi.

È evidente che tutto ciò che rende infelice vostro figlio, come, per esempio, essere impopolare, non sentirsi a suo agio con i coetanei, non essere in grado di comunicare i propri pensieri in modo efficace, oppure non riuscire a esprimere adeguatamente le emozioni, rappresenti un rischio per la salute. Come illustreremo nelle prossime pagine, queste sono solo alcune delle conseguenze negative che la timidezza ci riserva, in relazione alla sua silenziosa "missione" di rendere difficile la connessione tra gli esseri umani.

Ora passiamo alle buone notizie. Dopo aver studiato la timidezza, nel corso degli ultimi nove anni, intervistando migliaia di persone di ogni età ed estrazione sociale, sia negli Stati Uniti sia in altri otto ambiti culturali, conducendo interviste approfondite con giovani timidi, i loro genitori e insegnanti; dopo aver osservato i bambini timidi nelle aule di ogni livello di formazione, dall'asilo all'università; dopo aver condotto una ricerca sperimentale sistematica che ha confrontato il comportamento delle persone timide con quelle che non lo sono, abbiamo individuato non solo la gamma delle conseguenze, ma anche ciò che causa la timidezza e cosa è possibile fare per minimizzarla, superarla o prevenirla. Questa indagine "pionieristica" nell'ambito del nostro progetto di ricerca dedicato alla timidezza, presso la Stanford University, ha iniziato a rendere evidente quel che si cela dietro le molte "maschere" della timidezza. Nella Stanford Shyness Clinic (insieme a Meg Marnell e Rochelle Kramer) abbiamo messo a punto diversi strumenti – di fatto, strategie e tattiche che si sono dimostrate efficaci – per aiutare le persone timide a far fronte ai numerosi problemi personali che derivano dalla loro timidezza.

Dal punto di vista di un ricercatore, la timidezza rappresenta un fenomeno affascinante. Si tratta di una qualità che riguarda ciò che significa essere umani; ovvero l'ambito in cui gli individui entrano in relazione tra loro, oppure dove vedono fallire i loro sforzi per acquisire la condizione di attori sociali. Charles Darwin, nel 1890, osservò che la timidezza viene spesso riconosciuta dall'arrossamento del volto: «la più peculiare e umana di tutte le espressioni facciali». In una prospettiva analitica, la timidezza ci rende in fondo profondamente consapevoli della libertà e dei suoi limiti. In effetti, la timidezza può essere considerata alla stregua di una perdita autoimposta delle libertà fondamentali, proprio come l'incarcerazione nega, ai detenuti, il diritto alla libertà di esprimere opinioni, di associarsi e di compiere azioni volte a perseguire i propri interessi. Quanto più apprendiamo in merito alle dinamiche che informano la timidezza, tanto più certi "miti" cadono nel dimenticatoio, ed emergono alcuni curiosi paradossi, come, per esempio, la rabbia repressa di un bravo ragazzo timido e dimesso che finisce alla ribalta della cronaca per aver commesso un assassinio di massa, un evento che, magari, si configura come il suo primo atto crudele compiuto in tutta la vita.

Tuttavia, la prospettiva e l'atteggiamento distaccato del ricercatore lasciano il posto al dolore che proviamo, in quanto genitori, quando osserviamo un bambino timido che desidera disperatamente di venir accettato dai coetanei, ma non sa cosa fare per ottenere il loro riconoscimento, oppure appare troppo spaventato per correre il rischio di cercare di avvicinarli. Potrebbero percepirsi come si sentiva Anna, la quale scrive:

> Durante la mia adolescenza ero talmente timida che, all'età di 19 anni, mi sentivo emotivamente compromessa, tanto da avere bisogno dell'aiuto di un professionista. Crescere è doloroso nella migliore delle ipotesi, ma diventa straziante per le persone timide. Quando gli altri non riuscivano a capire il motivo della mia scarsa gioia di vivere, ho sempre saputo che il vero problema risiedeva nella mia timidezza. Ero terribilmente invidiosa di chiunque sembrasse a suo agio nell'interazione con le persone. Chiunque potesse esprimere verbalmente i propri pensieri e le proprie emozioni... non solo io, ma tutti coloro che mi stavano vicino e mi erano cari soffrivano incommensurabilmente a causa di questa "malattia" che dura ormai da sessantaquattro anni!

La silenziosa prigione della timidezza può essere un incubo per quegli studenti che non hanno imparato a "interagire e a giocare adeguatamente con gli altri" o a esprimere in classe ciò che hanno studiato e che conoscono bene. Una studentessa del primo anno di giurisprudenza con una media dei voti (Grade Point Average – GPA) di 3.94 (4.0 indica la perfezione!) ha preferito ritirarsi, prima che il primo trimestre si concludesse, non già per le scarse capacità o la mancanza di motivazione, bensì, come ha affermato, «perché sono così timida che non riuscivo a sopportare di sedermi in classe e di dover sperare (pregando) di non essere chiamata a esporre le mie idee». In quanto studentessa universitaria poteva "nascondersi" nelle ultime file di grandi aule, per poi mostrare le proprie abilità, in modo spettacolare, nel corso degli esami che prevedevano quiz a scelta multipla, ma quando ha dovuto destreggiarsi davanti ai compagni di corso, le "sabbie mobili" della timidezza l'hanno "risucchiata".

Di fatto, il timore di questa giovane studentessa non è poi così infrequente. In effetti, si tratta della paura più comune tra gli esseri umani, quantomeno in base ai dati prodotti da un recente sondaggio che ha coinvolto 3000 persone residenti negli Stati Uniti. Quando sono state effettuate le analisi, in riferimento alla domanda «Di cosa hai più paura?», la risposta "oscurità" occupava il dodicesimo posto, "volare" era in ottava posizione, "malattia e morte" erano, alla pari, al sesto posto. Al terzo posto si è determinato un altro pareggio, che riguardava il 22% degli intervistati, tra la "paura di avere problemi finanziari" e la "paura di insetti e parassiti". La "paura dell'altezza" ha riguardato un ampio 32% degli intervistati, collocandosi al secondo posto, dietro alla più rilevante delle paure, indicata dal 41% dei partecipanti, relativa al fatto di "parlare davanti a un gruppo di persone".

Nei nostri sondaggi, è emerso un dato comparabile, pari al 42%, quando alle persone abbiamo chiesto se si considerassero "timide". Quindi, circa due persone su cinque, tra tutte quelle che incontrate si considerano timide. Molti di coloro che ora non si dichiarano timidi, hanno comunque riferito di esserlo stati in qualche momento del passato. Circa l'80% di tutti gli intervistati ha dichiarato di essere attualmente affetto da timidezza, oppure di esserlo stato in passato. La maggior parte di coloro che si sono dichiarati timidi continua a descrivere questa disposizione interiore come "indesiderabile" e come un "problema serio" che interferisce con la conduzione della loro vita.

Ovviamente, è possibile pensare a voi stessi come se non foste ancora delle persone timide, anche se vi è capitato di provare, occasionalmente, emozioni e sentimenti ascrivibili alla timidezza. La differenza riguarda, per un verso, i timidi cronici, i quali credono che la timidezza risieda "in loro", che si configuri come un tratto, una caratteristica del loro assetto di personalità che viene riconosciuta dalle altre persone e, per un altro, i timidi situazionali, i quali pensano che certe situazioni indesiderabili li inducano a reagire in modo innaturale, manifestando riservatezza e ritrosia. Per i timidi situazionali, il fattore causale risiede nella particolare natura di certi contesti sociali che li costringono a produrre una determinata performance, a trovarsi al centro dell'attenzione, eccetera. Il primo passo che abbiamo attuato per ridurre l'impatto negativo prodotto dalla timidezza è stato aiutare coloro che ne soffrono cronicamente, inducendoli a rivalutare la loro condizione alla stregua di una reazione, spesso appropriata, nei riguardi delle pressioni situazionali.

Nel 1977, abbiamo iniziato a concentrarci su gruppi di età specifici e, quando abbiamo intervistato gli studenti delle scuole superiori, abbiamo osservato che l'incidenza della timidezza – pari a circa il 40% – era del tutto analoga a quella che si riferiva al campione composto da individui adulti. Tuttavia, quando abbiamo intervistato gli studenti delle scuole medie, ci siamo resi conto che la percentuale era superiore al 50%, e che tale incremento era dovuto, in gran parte, alla prevalenza della timidezza che si manifestava nella maggior parte delle ragazze adolescenti. La timidezza è una manifestazione importante, associata a molti problemi relativi all'adolescenza, specialmente ad alcuni che riguardano in modo peculiare le femmine che da bambine stanno diventando donne. Abbiamo organizzato una serie di incontri informali con alcuni gruppi composti da questi ragazzi per meglio apprezzare come funziona la timidezza a questa età. (Più avanti, nel capitolo 7, discuteremo, in maniera approfondita, in merito al motivo per cui gli adolescenti percepiscono che "tutti gli occhi sono puntati su di loro" e alle ragioni per le quali i loro genitori cercano sempre di scoprire, non senza curiosità, il loro "vero sé".)

Quando osserviamo i bambini più piccoli, non riscontriamo questa scissione tra il sé pubblico, che gli adolescenti mostrano al mondo, e il sé privato, che rivelano solo al "caro diario" e al più prossimo dei confidenti. Nei preadolescenti quel che si osserva, di solito, corrisponde a ciò che sentono e pensano.

Uno studio sui bambini delle scuole elementari, condotto da Trudy Solomon, che fa parte del nostro team di ricerca, ha rilevato la stessa prevalenza della timidezza auto-riferita (42%) che, peraltro, abbiamo ripetutamente riscontrato nei campioni composti da adulti. Questi 204 bambini, di età compresa dai nove ai tredici anni, delle scuole di Oakland e Richmond, in California, non hanno mostrato differenze tra i sessi, per quanto riguarda la timidezza. Tuttavia, abbiamo osservato una tendenza, per quanto riguarda la misura della timidezza, che indicava un incremento nei bambini dal quarto al sesto anno di scolarizzazione. Questa evidenza è coerente con altri risultati che riguardano gli studenti delle scuole medie inferiori, i quali indicano il verificarsi di una sorta di escalation della timidezza nel corso dell'adolescenza.

Quando a questi studenti delle scuole medie è stato chiesto di autovalutarsi, impiegando una scala a cinque punti che si riferiva a una serie di tratti, come, per esempio, attivo-passivo e introverso-estroverso, coloro che manifestavano timidezza differivano significativamente da quelli non timidi, dacché si percepivano meno amichevoli, più timorosi, più passivi, meno socievoli, più introversi, meno simpatici e meno tolleranti nei confronti degli altri.

Quest'ultimo tratto solleva una questione particolarmente importante per la nostra comprensione delle dinamiche che riguardano la timidezza. Una conseguenza paradossale del fatto che le persone timide appaiono eccessivamente preoccupate, in merito alle valutazioni espresse nei loro confronti, è costituita dalla loro stessa tendenza a mostrarsi giudicanti e critici nei riguardi degli altri. Sebbene i bambini timidi siano in grado di tener conto dei vincoli esterni che influenzano i "comportamenti problematici" nei coetanei, è comunque probabile che li valutino in modo negativo. Analogamente, in uno studio che ha coinvolto delle studentesse universitarie, è stato osservato che quando alle persone timide venivano presentati dei casi studio che riguardavano coetanee in difficoltà, si dimostravano meno comprensive, proponendo di trattare quel problema psicologico per mezzo di un ricovero, piuttosto che mediante il counseling o una relazione psicoterapeutica.

In un'indagine volta a indagare in che modo gli insegnanti, i genitori e i bambini delle scuole elementari (di età compresa tra sette e otto anni) valutavano la timidezza, i ricercatori hanno osservato che alcuni comportamenti, associati alla riservatezza e la ritrosia, erano specificatamente connessi alla situazione (in casa o a scuola), mentre altri si manifestavano costantemente in diversi contesti. I genitori e gli insegnanti di 135 studenti delle elementari dell'Iowa hanno compilato le scale di valutazione in relazione alle caratteristiche associate a timidezza/non timidezza per ogni bambino. I bambini hanno espresso valutazioni in merito a dei coetanei protagonisti di storie videoregistrate, inerenti a manifestazioni comportamentali associate, o meno, alla timidezza.

È stato possibile evidenziare una correlazione significativa tra i giudizi, in merito alla timidezza manifestata a scuola e in ambito domestico, per i seguenti otto comportamenti. Coloro che hanno convenuto che una certa manifestazione comportamentale fosse indicativa della timidezza, riguardante un determinato bambino, sono indicati accanto al comportamento stesso:

- disponibile a conformarsi: (padre/insegnante) (madre/insegnante);
- timido: (madre/insegnante) (padre/insegnante) (madre/coetanei);
- facilmente imbarazzato: (madre/coetanei);
- voce sommessa: (madre/insegnante) (madre/coetanei);

- parla poco: (madre/insegnante);
- raramente condivide un problema o delle idee: (madre/insegnante);
- raramente avvia le interazioni: (madre/insegnante);
- si dimostra timido quando incontra estranei: (madre/coetanei).

È interessante osservare che i padri tendevano a esprimere giudizi incoerenti nelle loro valutazioni in merito alla timidezza. In termini generali, erano meno d'accordo con tutti gli altri gruppi di valutatori: madri, insegnanti, bambini. Può darsi che facessero riferimento a una definizione o a un criterio differenti per quanto riguarda la timidezza, oppure che conoscessero il loro bambino meno bene rispetto agli altri individui chiamati a esprimere un giudizio.

Per portare a compimento la nostra ricerca dedicata ai bambini in età prescolare non abbiamo potuto somministrare questionari e interviste direttamente ai bambini. Perciò, abbiamo impiegato quattro diverse fonti di informazione, al fine di stabilire cosa significhi essere timido per un bambino di tre, quattro o cinque anni. Noi (e i nostri assistenti di ricerca) abbiamo compiuto delle osservazioni in un insieme di contesti relativi all'asilo, quindi abbiamo somministrato il nostro questionario, lo Stanford Shyness Survey, ai genitori e agli insegnanti, affinché valutassero la timidezza di quegli stessi bambini. Infine, abbiamo ideato un test per la timidezza, per certi versi simile a un gioco, al fine di poter valutare, indirettamente, la concezione della timidezza dei bambini in età prescolare.

I genitori, gli insegnanti e gli altri osservatori coinvolti nella ricerca erano sorprendentemente d'accordo su quali bambini fossero timidi, sostanzialmente perché la timidezza, per quanto riguarda gli individui di questa giovane età, è un evento pubblico. Il bambino non ha ancora imparato a occultare i dubbi in merito a sé stesso, né l'ansia sociale, mettendo in atto quel genere di sottili strategie che, spesso, riescono a mascherare il sé privato delle persone adulte e a sottrarlo al controllo pubblico. Un terzo dei bambini in età prescolare è stato giudicato timido, anche se alcuni individui manifestavano maggior timidezza a scuola piuttosto che a casa, mentre altri apparivano più timidi lontano da quelle "basi sicure" rappresentate dall'istituto scolastico o dalla propria abitazione.

Il nostro gioco, "Quale burattino è timido?", presentava al bambino due simpatici personaggi, uno dei quali veniva descritto come timido, mentre l'altro come non affetto da timidezza. Dovendo rispondere a una dozzina di domande, al bambino veniva chiesto di attribuire al burattino una caratteristica, che rappresentava la risposta corretta: per esempio, indicare quello che "giocava di più per conto proprio", oppure che "non amava parlare con altre persone", e così via. Pur riservando l'illustrazione dei dettagli di quello studio per la successiva discussione in merito a come aiutare i bambini in età prescolare, affinché possano superare la loro timidezza, è importante formulare, fin d'ora, alcune considerazioni di ordine generale. A quattro anni di età (classe intermedia dell'asilo), i bambini che appartengono alla nostra cultura hanno già una concezione coerente in merito a ciò che significhi essere timidi; la timidezza è una condizione negativa che inibisce sia la disposizione all'azione sia le interazioni sociali, e che limita le opportunità di divertirsi. I bambini possono identificarsi con il burattino che è "timido come loro", ma, indipendentemente dalla propria condizione associata alla timidezza, preferiscono l'identificazione con il burattino non timido.

Questa ricerca che riguarda i bambini integra la nostra precedente (e tuttora in corso) indagine sulla timidezza negli adulti. Uno degli obiettivi è giungere a una migliore comprensione di come si sviluppi la timidezza: le forme che assume e le conseguenze che ha. Un altro obiettivo implica l'impiego di tale conoscenza per aiutare i genitori, gli insegnanti e le stesse persone timide, affinché possano attuare modalità comportamentali che riducano al minimo il tributo che la timidezza impone loro. Per coloro che già manifestano timidezza, si può fare molto al fine di ridurne gli effetti inibitori, e persino per superare completamente tale condizione. Tuttavia, in questo volume, prenderemo in considerazione anche la prevenzione della timidezza nell'ambito della discussione che riguarda l'attuazione di un programma generale di sviluppo della personalità, volto a incoraggiare il bambino ad apparire socievole, a divertirsi con le altre persone, a essere in grado di assumersi i rischi adeguati, ad accettare meglio i fallimenti e a manifestare il proprio potenziale.

Prima di iniziare a condividere con voi le nostre idee su come aiutare i bambini timidi in ciascuna delle quattro categorie di età che abbiamo studiato – scuola materna, scuola elementare, scuola media e superiore, università – consideriamo, anzitutto, che cos'è la timidezza, le forme che assume, le esperienze che l'attivano, le modalità attraverso le quali influenza la vita, sia dei più giovani sia degli individui più grandi.

LA TIMIDEZZA È...

La timidezza è un atteggiamento mentale che predispone le persone ad apparire estremamente preoccupate per la valutazione sociale, espressa nei loro confronti, da parte degli altri. In ragione di ciò, la timidezza genera una sensibilità particolarmente acuta nei riguardi dei segnali che potrebbero indicare il fatto di essere rifiutati. Ciò induce una sorta di pronta disposizione, volta a evitare le persone e le situazioni che possono rivelarsi critiche, in relazione a come si pone e agisce una persona timida. Per questi individui si tratta dunque di mantenere un profilo molto basso, trattenendosi dall'assumere iniziative e agire per primi, dacché tutto ciò potrebbe focalizzare l'attenzione su loro stessi. La timidezza è stata definita da Samuel Johnson, nel suo *Dictionary of the English language* del 1804, con tre parole: "riservatezza", "cautela", "sospettosità".

La maggior parte di noi sperimenta, in modo naturale, un certo grado di timidezza. Dopotutto, funziona come una sorta di dispositivo che ci offre una protezione naturale, una riserva di sensibilità che permette alle persone di valutare le nuove esperienze prima di trovarvisi coinvolte. Nel corso di quella pausa di riflessione cerchiamo di determinare cosa sia previsto in quella precisa situazione, cosa appaia appropriato e desiderabile, sia in relazione al "dire" che al "fare", in uno specifico contesto e in quella dimensione temporale. Questo cauto approccio appare più evidente quando interagiamo con persone nuove (tanto più se ci sembrano dissimili da noi), o quando ci troviamo in situazioni in cui ignoriamo "le regole del gioco", oppure non ci sono molto chiare. È possibile osservare il più estroverso dei bambini che si aggrappa alle gambe di un genitore, quando un'"orda" di parenti, che gli fanno visita, si avventano su di lui con l'intento di ricoprirlo di baci "bavosi". («Come sarebbe, il gatto ti ha mangiato la lingua? Vieni qui e di' allo zio Louie cosa farai da grande! Non essere timido, io non ti morderò!»)

Un consiglio: non permettete a nessuno di etichettare vostro figlio come una persona "timida", nemmeno a voi stessi, che siete i loro amorevoli genitori. Raccontate le cose come stanno, fatevi portavoce dei diritti del vostro bambino; per esempio, potreste dire qualcosa del genere: «Ha bisogno di un po' di tempo per conoscerti meglio, dopotutto aveva solo pochi mesi quando ci hai fatto visita l'ultima volta».

La timidezza, questa sorta di "reticenza naturale", è più intensa e pervasiva nei bambini piccoli, semplicemente perché molte situazioni appaiono come nuove e sono tante le persone a loro estranee. Con la maturazione si struttura una memoria maggiormente estesa per i volti, i luoghi e anche per le modalità adeguate a ottenere ciò che desiderano e a mantenersi "lontano" dai guai. In effetti, nella maggior parte dei casi, con l'acquisizione dell'esperienza, il bambino impara a far "chiacchiere" e a impiegare altre tattiche per ridurre gradualmente la distanza con ciò che non gli è familiare. L'aspetto più rilevante al riguardo è cercare di considerare la situazione in essere dal punto di vista del bambino. Di solito, quando riusciamo a farlo, ci appare alquanto evidente che qualcuno, o qualcosa, inerente a quella stessa situazione, sta determinando l'espressione di una reazione timida da parte del bambino. Considerate ciò che un "osservatore proveniente dallo spazio" concluderebbe sulla timidezza se osservasse quanto poco, le creature terrestri, si parlano negli ascensori.

La timidezza è una virtù, "una grazia speciale che merita di essere celebrata", quantomeno secondo alcuni filosofi, artisti e altri individui che preferiscono la solitudine alla socializzazione. Preferiscono stare da soli, pensare, scrivere, dipingere, o entrare in relazione e comunicare con la natura. Se si "sceglie" la timidezza e la si trova compatibile con gli obiettivi della propria vita, allora essere timidi significa semplicemente attuare ciò che si intende fare, perseguendo il minimo contatto sociale. Ci sono individui che, pur non essendo timidi, considerano la timidezza manifestata dagli altri come una qualità positiva, perché consente loro di agire con modestia, senza porre pretese, in modo riservato e gradevole. Tuttavia, ciò rende questi individui più facilmente influenzabili, e controllabili, da sfruttatori che non manifestano alcuna timidezza. Peraltro, dobbiamo ancora incontrare una persona molto timida, che abbia quattro o ottantaquattro anni, che colga nella timidezza una preziosa risorsa sul piano personale. Piuttosto, è spesso considerata come un'afflizione, una condizione esistenziale sgradevole, che costringe a condurre una vita ritirata che, a volte, induce all'isolamento e alla solitudine.

Secondoa<zpiegato dagli psichiatri, la timidezza è una fobia sociale, la sua caratteristica essenziale «è una paura persistente, irrazionale e un desiderio irresistibile di evitare situazioni in cui l'individuo possa essere esposto al controllo degli altri. L'individuo percepisce anche il timore associato al fatto di comportarsi in modo umiliante o imbarazzante».

Alcune persone hanno paura dei ragni o dei serpenti, altre manifestano un evitamento fobico nei riguardi degli aeroplani o delle grandi altezze. In presenza dell'oggetto temuto, l'ansia aumenta e rischia di sopraffare l'individuo, a meno che questi non riesca ad allontanarsi sfruttando la via di fuga più prossima. Tuttavia, gli individui con la fobia dei serpenti possono vivere in città, mentre coloro che temono le grandi altezze possono abitare e lavorare in edifici costituiti da un piano. Ma dove vanno coloro che manifestano una "fobia nei riguardi delle persone"? Evitano le persone che provocano loro ansia, chiudendosi in loro stesse, escludendo e "tenendo alla larga" gli altri. In tal modo, intensificano l'auto-consapevolezza e le loro preoccupazioni egocentriche. Inoltre, quando la maggior parte delle persone manifesta ansia si sente vulnerabile e non desidera che gli altri percepiscano tale condizione. Il modo in cui queste persone fanno fronte a tali emozioni passa per l'isolamento, quantomeno finché non riescono a esercitare nuovamente il controllo sulla loro ansia. Ma tale condizione di isolamento induce solamente un peggioramento delle emozioni associate alla timidezza e sottrae, alle persone, molte delle opportunità per manifestare le proprie abilità sociali.

La timidezza tende ad accompagnarsi alla bassa autostima. Sebbene gli individui timidi possano apprezzare alcune loro capacità, o abilità speciali, che dimostrano di possedere, per la maggior parte si rivelano i peggiori critici di loro stessi. Paradossalmente, una ragione che determina questa scadente immagine di loro stessi deriva dagli standard elevati che tali individui tendono a imporsi. Ovviamente, saranno sempre al di sotto delle aspettative quando il metro di paragone è la perfezione. Un esempio adeguato è rappresentato da Steve, uno studente universitario che si descrive in questi termini: «Sono alto un metro e ottanta, peso duecento libbre e sono ragionevolmente forte, affascinante e intelligente. Pertanto, ci si aspetterebbe che io mi sentissi adeguato, fiducioso e a mio agio quando sono con gli altri. Ma non è così. Mi considero inferiore, sia fisicamente sia mentalmente, rispetto agli altri, e mi sento dolorosamente incompetente e a disagio al loro cospetto».

Per aiutare Steve e le altre persone come lui, è necessario incrementare, di molto, l'autostima, un risultato che, peraltro, è facilmente ottenibile, come vedremo, mediante un lavoro di concerto. Ciò che è più difficile da modificare è la seconda ragione che determina la bassa autostima nelle persone timide, ovvero i sentimenti d'insicurezza.

Idealmente, la relazione tra genitore e figlio dovrebbe permettere al bambino di sviluppare il senso della propria identità, il quale dovrebbe fondarsi su una ferma convinzione in merito alla propria autostima. Laddove l'amore non è offerto incondizionatamente, allora viene concesso in modo subordinato all'aver compiuto la "cosa giusta". In tali condizioni, sia l'ego sia il rispetto nei confronti di sé stessi sono messi in discussione ogni volta che il bambino, e in seguito l'adulto che diventerà, intraprende un'azione. Il messaggio è chiaro: sei bravo solo per quel che vale il tuo successo più recente, ma non sarai mai migliore della somma di tutti i tuoi fallimenti. Approvazione, accettazione e amore sono quindi percepiti come merci che possono essere scambiate con "comportamenti desiderabili". Perciò, l'aspetto più inquietante è che possono essere immediatamente sottratte, in conseguenza del fatto di aver compiuto un'"azione sbagliata". Nondimeno, l'aspetto in assoluto più triste è che una persona insicura, e timida, finisce per accettare la sconfitta, considerandola come giustificabile, "perché" non meritava davvero di "far parte della squadra" o di "ottenere l'aumento", di "essere invitato a ballare", oppure di "fare domanda per una posizione professionale prestigiosa". Anche dopo una serie di battute d'arresto, la persona che si sente sicura di ricevere un amore incondizionato conserva la "fede" nella propria essenziale bontà e non perde l'autostima. Come un buon giocatore di baseball in crisi, o un venditore di alto livello che si confronta con una serie di "vendite mancate", questo individuo accetta il fallimento, e il rifiuto, come una conseguenza inevitabile dell'assunzione dei necessari rischi, della competizione, del fatto di andare al di là del conseguimento di agevoli obiettivi per sfidare l'incertezza.

I prossimi due capitoli sono dedicati specificatamente a questo tema, che è centrale per quanto riguarda la timidezza; perciò, prenderemo in considerazione il fatto che alcuni stili, in relazione con l'esercizio della genitorialità, possono indurre insicurezza, mentre altri possono determinare il consolidamento di una forte fiducia in sé stessi che aiuta il bambino a far fronte agli "assalti" all'autostima, esercitati da parte dei coetanei e da altre figure autorevoli al di fuori dell'ambiente domestico.

PERCEPIRSI TIMIDI

Una persona che non esprime timidezza si può chiedere: come ci si sente a essere timidi? Inoltre, le persone timide spesso si chiedono se altri individui, che manifestano timidezza, provano, o meno, le stesse loro emozioni quando percepiscono il segnale di allarme rosso: "la tua timidezza è qui, a portata di mano". Le nostre approfondite interviste, sia con le persone timide sia con quelle che non manifestano timidezza, rendono evidente l'ampia gamma di reazioni e l'intensità delle emozioni e dei sentimenti che, in questi individui, provocano lo sviluppo di un tale assetto di personalità determinando la formazione di una persona timida.

Alcune persone provano solo sentimenti blandamente associati alla timidezza, ma appaiono esitanti e incerte nelle relazioni sociali, oppure si imbarazzano facilmente. Alcune altre persone sono semplicemente timide. Tuttavia, le condizioni estreme contemplate dallo spettro si associano alla manifestazione di una paura cronica nei riguardi delle persone, che può impedire a un individuo timido di interagire con gli altri in qualsiasi contesto sociale.

Paura!! L'unica parola che compare più e più volte nelle discussioni sulla timidezza è "paura". Le quattro paure maggiormente diffuse e dominanti sono: paura di essere valutati negativamente dagli altri; paura di non riuscire a interagire adeguatamente in contesti sociali (non sapere cosa dire o fare, oppure apparire "impacciati"); paura di essere rifiutati da qualcuno che ci piace o che controlla l'accesso a una risorsa che desideriamo; paura dell'intimità (dovere rivelare il proprio "vero sé" e le nostre "autentiche emozioni" a un'altra persona, in privato).

Tali paure sono tipicamente accompagnate da un arousal somatico che si manifesta con un incremento della secrezione di adrenalina, un aumento della frequenza e della forza del battito cardiaco, con le "farfalle che svolazzano" nello stomaco, con un'eccessiva sudorazione e con l'arrossamento del volto. Ciascuno di questi sintomi, che si associano a un disagio interiore, si verifica in oltre il 40% degli individui statunitensi che manifestano timidezza e che abbiamo intervistato.

Sebbene il soma di una persona timida manifesti tale rilevante attivazione, occorre considerare che la mente appare ancora più in preda all'agitazione. Di fatto, la mente è invasa da pensieri ed emozioni spiacevoli. Si determina un eccessivo grado di autocoscienza, un'esagerata preoccupazione per quanto si stia gestendo male la situazione e per il genere di valutazione che stanno esprimendo gli altri, oltre alla produzione di pensieri negativi fuori controllo.

> Vivo una condizione ansiosa di auto-preoccupazione che mi tormenta e mi affligge, che mi esaurisce e mi rende stanca. Da qualche parte, dentro di me, so che dispongo delle risorse per sentirmi libera, per essere in grado di ridere e di amare (forse anche me stessa). [...] Ho ricevuto molto, quasi tutto ciò che dovrebbe rendere bella la vita: un marito che mi ama, due bambini brillanti e promettenti, una casa in campagna. Dovrei essere felice, invece sono quasi sempre infelice. Mi nascondo e mi chiudo in me stessa. Ho paura delle persone. La mia professione (infermieristica) mi terrorizza. Evito ogni spiacevole confronto a tutti i costi.

Oltre alla consapevolezza di manifestare attivazione somatica e di provare timore, molte persone timide sono fin troppo consapevoli del fatto di subire le conseguenze di un deficit che riguarda le abilità sociali. Manca l'adeguata abilità dialettica, che è necessaria per sentirsi a proprio agio nel contesto di una conversazione. Queste persone non dispongono di quelle abilità assertive, che servono per negoziare nel contesto dei conflitti interpersonali e per agire al fine di perseguire i propri migliori interessi. Infine, sono scarsamente capaci di percepire quelle sfumature che necessariamente caratterizzano un comportamento sociale appropriato; per esempio, per attirare l'attenzione di qualcuno, per interrompere efficacemente un'interazione, per ricevere complimenti autenticamente disinteressati, oppure per capire quando è il momento di agire prima che la situazione diventi troppo complicata.

In qualità di genitori, di insegnanti, oppure di amici pronti a offrire supporto, possiamo avere un ruolo e un impatto considerevoli per quanto riguarda la neutralizzazione della timidezza. Possiamo determinare tutto ciò, modellando comportamenti sociali appropriati, offrendo ai timidi molte occasioni per far pratica nella socializzazione, fornendo feedback costruttivi, non già minacciosi e controproducenti, che favoriscano l'affinamento delle abilità sociali delle persone timide, e, soprattutto, premiando tutti i tentativi agiti da tali individui al fine di apparire socialmente competenti.

Abbiamo avuto modo di osservare che alcune persone timide appaiono tali, in modo del tutto evidente, anche agli occhi di un osservatore non particolarmente esperto, mentre altri individui hanno imparato a occultare il proprio tormento interiore anche all'esaminatore più attento. Questi due tipi fondamentali di persone che manifestano timidezza, i timidi introversi e quelli estroversi, essenzialmente saturano lo spettro e sono al centro del nostro interesse. È da questi due tipi di persone che abbiamo maggiormente imparato come ci si percepisce in tali condizioni e, sempre grazie a loro, abbiamo osservato che le emozioni provate sono abbastanza simili, nonostante il fatto che il loro sé pubblico appaia così straordinariamente differente.

I timidi introversi sono quelle persone la cui timidezza – come la biancheria intima inamidata – non può essere nascosta. Uno studente timido, che si sta specializzando in logopedia, descrive le emozioni e i sintomi associati a un'estrema timidezza in modo molto evocativo.

> Stavo facendo ricerche sulla balbuzie. Durante la revisione della letteratura che descrive i processi che inducono il trauma emotivo e i sentimenti contrapposti che percepisce un balbuziente (il desiderio di parlare e la paura di parlare), mi sono venuti in mente costantemente

simili timori, i comportamenti di evitamento anticipatorio e molti altri fattori causali e associativi, a cui potrei fare riferimento se dovessi descrivere la mia esperienza personale per quanto riguarda la timidezza.

Ricordo di aver pensato, mentre leggevo varie caratteristiche del comportamento di evitamento, quanto tali ansie e paure siano simili alle mie.

Per esempio, anticipo mentalmente il fatto che arrossirò in volto quando dovrò prendere la parola, quindi intervengo in una conversazione manifestando ansia. Quando effettivamente intervengo, la mia ansia si esplicita sul piano fisiologico e somatico: il mio cuore batte forte e sudo. Penso, tra me e me, che devo essere già arrossito in volto, sicché poi arrossisco veramente, e anche se prima non ero rosso, oppure se quel segno si era già manifestato, diventa ancora più esplicito ed evidente!

Tutto ciò è molto simile al fenomeno anticipazione-ansia-balbuzie che caratterizza le manifestazioni comportamentali del balbuziente. Incrementando il mio imbarazzo, perché sto arrossendo, penso di apparire intimidito agli occhi dell'ascoltatore, finendo per porre anche lui in condizioni di disagio. Alla fine, l'intera situazione si trasforma in: 1) confusione, per quanto mi riguarda, perché ormai mi sto concentrando sul mio (odiato) arrossamento del volto; 2) confusione e/o impazienza, nessun rispetto per quello che sto dicendo (ormai, farfuglio), oppure pietà, da parte degli interlocutori – posso coglierlo nei loro occhi, proprio come un balbuziente può percepire la compassione, lo shock o l'imbarazzo nei suoi ascoltatori –, perché si rendono conto che sono a disagio e incapace di esprimermi (dacché tutto ciò che vorrei, in quel momento, è nascondermi in un buco!).

Oltre all'estrema tristezza che caratterizza questo genere di situazioni, possiamo chiaramente osservare che la persona timida finisce per ricevere, ma al contempo anche a esplicitare nei riguardi dell'interlocutore, un rifiuto. In effetti, l'individuo viene rifiutato, e, a un certo punto, nel corso del processo comunicativo, si ritrae nella propria timidezza, ma, così facendo, finisce anche per rifiutare chiunque stia tentando di ascoltarlo o di interagire. Non sorprende quindi la riluttanza di tali persone a prendersi dei rischi e a provare cose nuove. La paura del fallimento (che può riguardare un incontro difficile, sul piano sociale, oppure l'apprendimento di un nuovo sport) è così grande che molti bambini timidi rimangono "bloccati sul posto", senza mai concedersi la libertà di scoprire quanto potrebbero essere in grado di comportarsi adeguatamente sul piano sociale, dal punto di vista accademico, oppure in una dimensione creativa. Quindi, non imparano, perché non hanno accesso all'unico modo che rende possibile l'apprendimento: ovvero per mezzo della pratica, attraverso prove ed errori che, poi, conducono al successo.

D'altra parte, i timidi estroversi riescono a trovare le parole nella maggior parte delle situazioni, rispondono calorosamente alle altre persone, sorridendo, ridendo, guardando negli occhi, esprimendo complimenti e, quindi, si rivelano capaci ed efficaci nell'occultamento della loro timidezza agli altri. Hanno così tanto successo che spesso i loro migliori amici non si rendono conto che quelle persone provano la gran parte delle stesse emozioni e paure che caratterizzano la dimensione esistenziale dei timidi introversi. Nella maggior parte delle occasioni sono in grado di trascendere la loro timidezza e di assumere il ruolo sociale che caratterizza le persone che non sono timide. Un diciottenne, piuttosto vivace, ha descritto, in questo modo, qual è la condizione di un timido estroverso:

> Molte volte, in situazioni che non mi sono familiari, oppure quando sono al cospetto di persone che non conosco, o che inducono in me una forma di soggezione, mi rendo conto che il mio cuore batte così forte che mi vien da preoccuparmi, come se le persone potessero effettivamente vederlo pulsare nel mio torace. La salivazione si riduce moltissimo, le mani si bagnano, ma per tutto il tempo riesco a parlare e a sorridere, perché non voglio assoluta-

mente che qualcuno sappia che sono una persona timida. Continuo a provarci e, di solito, riesco a fingere, perché mi piacciono veramente le altre persone e, per quanto possa riservarmi un fastidioso disagio, mi piace stare con loro.

A volte, quando entro in una stanza piena di gente, non solo tremo, ma percepisco persino delle vertigini. A volte, rifiuto l'invito per andare a bere una tazza di caffè, perché temo che quel mio tremore me lo faccia rovesciare.

La cosa più imbarazzante che mi capita è il fatto che, quando mi presentano persone nuove, la prima cosa che accade è che dimentico i loro nomi, semplicemente perché sono troppo preoccupato in merito al tipo di impressione che sto suscitando in loro.

I timidi estroversi danno il meglio di loro quando possono interpretare ruoli che conoscono bene, in contesti definiti, e specialmente quando sono in grado di controllare la situazione. Attori, politici, docenti universitari, giornalisti, presentatori di talk show televisivi sono, più spesso di quanto si possa sospettare, persone di questo genere. Offrono agli altri l'impressione di "fare con naturalezza" ciò che, invece, richiede molta pratica e uno sforzo sul piano della concentrazione (magari anche un drink o due). La loro timidezza si esprime quando scendono dal palco, o la luce rossa della registrazione si spegne, ovvero in quelle condizioni nelle quali, anche loro, devono fare i conti con la spontaneità, le interazioni imprevedibili e gli incontri, nella quotidianità, con la gente comune.

I timidi estroversi ci rendono consapevoli di un aspetto del tutto particolare che caratterizza la timidezza: la separazione del sé pubblico dal proprio sé "reale" e privato. Carol Burnett assume una varietà di ruoli assai distanti dalla timidezza, con uno stile unico, che le ha consentito di ottenere premi e riconoscimenti, in quanto considerata un'interprete eccezionale. Ma mettetele in mano un prodotto difettoso da restituire, oppure osservatela a un cocktail party pieno di sconosciuti, e vi renderete conto che sarà lei la prima ad ammettere che il suo spauracchio della timidezza si sta materializzando, ponendola fastidiosamente in imbarazzo. L'ex presidente Jimmy Carter e sua moglie Rosalynn hanno entrambi dichiarato pubblicamente quanto poco amassero la campagna elettorale, perché sono entrambe persone timide. L'elenco dei timidi parrebbe infinito, ogni giorno aggiungiamo un'altra celebrità: a cominciare da John Travolta; il compianto Jimi Hendrix; Charlton Heston; Loni Anderson, che in TV è Jennifer, la sexy receptionist di WKRP; e Michael Jackson che diceva di essere timido in privato, ma di sentirsi a suo agio sul palco. In un'intervista con Johnny Carson, Mike Wallace ha fatto riferimento alla timidezza che questo personaggio pubblico e di grande successo manifesta in privato.

MW: C'è uno stereotipo di Carson. Sai bene che c'è.
JC: Be', cos'è?
MW: Ha acqua ghiacciata nelle vene…
JC: Sì, ma l'ho fatta togliere anni fa. Sono andato in Danimarca e mi sono sottoposto al trattamento. Adesso, è tutto finito.
MW: Timido, difensivo…
JC: Probabilmente, è proprio così. Ricordo quando frequentavo il liceo. Se andassi a tirar fuori l'annuario del liceo potrei leggervi alcune cose. La gente potrebbe dire: «Oh, è un presuntuoso, una persona distaccata». In realtà, ero più che altro timido. Vedi, quando sono di fronte al pubblico, per me è una situazione diversa. Se mi trovo di fronte a un pubblico, posso facilmente sentirmi a mio agio.
MW: Perché?
JC: Ho il controllo.
MW: (Voce fuori campo) Questa è una parola chiave per Carson. Controllo. Professionalmente, vi fa molto affidamento. Sul piano sociale, non può pretenderlo, quindi si ritira in sé stesso. È a disagio. Tutto ciò dipende dal fatto che è timido.
JC: Vedi, c'è l'attore Carson e c'è il privato cittadino Carson; io sono in grado di distinguere e separare queste due figure.

ORIGINI DELLA TIMIDEZZA

Alcuni psicologi attribuiscono una componente genetica alla timidezza. Entro la prima settimana di vita, i bambini sembrano differire per quanto riguarda la loro emotività, alcuni piangono molto e manifestano facilmente una condizione di difficoltà. Inoltre, i bambini piccoli mostrano differenze temperamentali, in relazione alla loro socievolezza, che possono evolvere in pattern comportamentali di pertinenza sociale piuttosto consolidati. I soggetti con un sistema nervoso più "sensibile" e reattivo, si argomenta, parrebbero reagire in modo eccessivo alle minacce. Un atteggiamento cauto e una pronta disposizione a ritirarsi dalle situazioni sociali percepite come minacciose si svilupperebbero, quindi, in questi bambini, come delle modalità volte a far fronte a livelli di ansia più elevati.

Tuttavia, le evidenze a supporto dell'ipotesi che si possa attribuire un'origine ereditaria della timidezza paiono indirette e poco conclusive. In effetti, i bambini differiscono sia per l'emotività sia per la reattività sul piano sociale; tuttavia, non è stato possibile dimostrare che coloro che appaiono più "sensibili" manifestino timidezza da bambini, o da adulti, mentre i loro fratelli, sorridenti e resilienti, diventino i bambini più assertivi del quartiere.

Le esperienze sociali apprese possono modellare la maggior parte dei pattern comportamentali geneticamente determinati. I bambini sorridenti vengono ricambiati con altri sorrisi, sono presi in braccio e coccolati più di quelli scontrosi o tranquilli e pacati. I bambini socievoli sono più divertenti, sia nelle interazioni sia nell'accudimento, perché sono sensibili alle attenzioni che ricevono. Ottengono maggiori ricompense sociali e accoglienza, perché offrono di più sia ai coetanei sia agli adulti.

Nella convinzione che ci sia una componente genetica della timidezza viene sottintesa la congettura, peraltro abbastanza diffusa, che si tratti di una condizione ereditata. D'altra parte, sono emerse evidenze che la timidezza si associa a una certa familiarità; in effetti, è probabile che uno dei genitori di un bambino timido manifesti timidezza. Tuttavia, in quelle stesse famiglie, si dà il caso che gli altri bambini non siano affatto timidi. Il problema, in effetti, sta nella difficoltà di distinguere il contributo ascrivibile alle predisposizioni ereditarie, in un particolare individuo, dalle conseguenze che riguardano gli apprendimenti nell'ambiente familiare, scolastico, lavorativo, e anche dalle esperienze culturali che la timidezza produce indipendentemente dall'ereditarietà.

Nel corso della conduzione della nostra ricerca abbiamo osservato che si possono evidenziare diverse origini, per quanto riguarda la timidezza, che si radicano nelle esperienze della prima infanzia e nel modo in cui tali esperienze vengono percepite e interpretate dall'individuo. Alcuni bambini timidi fanno riferimento a specifici fallimenti che si verificano in determinati ambienti sociali; a difficoltà scolastiche; a confronti sfavorevoli con fratelli maggiori, parenti o coetanei. Altri individui, di tutte le età, soffrono della perdita dei quotidiani supporti sociali che derivano da frequenti trasferimenti della famiglia in altri quartieri, oppure in ragione di improvvise variazioni dei legami conseguenti a divorzi, decessi, iscrizione in una nuova scuola e così via.

Laddove i genitori offrono modelli poveri e inadeguati da cui apprendere sia le gioie dell'essere estroversi sia alcune delle abilità sociali di base, essenziali per intessere interazioni efficaci, è maggiormente probabile che i loro figli "socialmente svantaggiati" manifestino maggior timidezza. In effetti, parrebbe che questo sia il caso dei bambini nati negli Stati Uniti i cui genitori appartengono a culture che non favoriscono le manifestazioni pubbliche di affetto, né l'esternazione di emozioni e la discussione attiva, o il dibattito, tra genitori e figli.

La mancanza di esperienze acquisite in contesti sociali contribuisce alla manifestazione della timidezza. Vivere in aree isolate, oppure essere cresciuti in ambienti chiusi, che sfavoriscono l'accesso a una varietà di esperienze sociali, generano la manifestazione dell'imbarazzo e della paura nei confronti di quel che non si conosce. Per esempio, stare sempre con qualcuno del sesso opposto è uno dei più potenti fattori che favoriscono la manifestazione della timidezza, dall'adolescenza alla vecchiaia, ma ciò non riguarda i bambini più piccoli. La ragione è ovvia: le persone di sesso diverso, prima dell'esordio della pubertà, sono soggette a una sorta di separazione per mezzo di una serie di dispositivi sociali. Gli individui dell'altro sesso, quindi, non sono solo "diversi", bensì appartengono a una sorta di specie aliena di cui effettivamente sappiamo poco. Per alcuni genitori che vogliono tenere a bada, il più a lungo possibile, l'interesse naturale tra gli individui di sesso differente (o fino a quando non si uniranno in matrimonio), l'ammonimento è: «Meglio timido ora che pentito in futuro!».

Siamo rimasti ripetutamente sorpresi di quante siano le persone timide che possono individuare il giorno, il luogo e il responsabile che ha attribuito loro l'etichetta di "persona timida". A volte, il bambino considererà quell'etichetta come "autodescrittiva", perché penserà che le cose devono pur essere così, se a dirlo è un padre autorevole o un insegnante "onnisciente". A volte, l'etichetta della timidezza sarà considerata preferibile rispetto ad altre, come, per esempio, "pigro", "ottuso" o "anaffettivo", che potrebbero dar conto delle ragioni per le quali un bambino non risponde in modo adeguato in certi contesti.

Un altro fattore che, molto probabilmente, incanala la bassa autostima nella direzione della timidezza è rappresentato dalla vergogna. L'elenco delle ragioni per le quali si può provare vergogna è pressoché infinito: insoddisfazione per il proprio aspetto, cattive abitudini, familiari particolari (come, per esempio, un Billy Carter "nell'armadio"), solo per citarne alcuni. La vergogna induce le persone a nascondere qualcosa che genera imbarazzo. Quale potrebbe essere considerato il fattore primario, la vergogna o la timidezza? Forse si manifestano in contemporanea. Una donna ci ha detto di essere stata una persona timida per tutta la vita e, da quando ha memoria, ricorda che sua nonna l'ha sempre rimproverata, dicendole «Vergognati» oppure «Dovresti vergognarti di te stessa», praticamente per qualsiasi comportamento scorretto, o per ogni prestazione considerata l'espressione di uno scarso rendimento.

In ogni caso, la nostra ricerca conferma che nella cultura in cui la timidezza è maggiormente diffusa – il Giappone, con circa il 60% degli intervistati che afferma di essere timido – la vergogna viene impiegata come strumento per convincere le persone a funzionare, o a comportarsi come la società indica che "dovrebbero fare". Tipicamente, i giapponesi crescono con l'idea profondamente inculcata che non devono procurare nocumento alla famiglia; perciò, può essere considerato una "disgrazia" il fatto di non andare bene a scuola, oppure fare un errore in una partita della Little League o, in termini generali, manifestare un qualsiasi fallimento. A tal proposito, occorre considerare un importante confronto tra i valori culturali del Giappone e di Israele, perché in quest'ultimo ambito culturale la timidezza è meno diffusa rispetto a qualsiasi paese che abbiamo studiato. In Giappone, il fallimento ricade interamente sulle spalle della persona che ha sbagliato, mentre il suo successo viene attribuito ai genitori, ai nonni, agli insegnanti, agli allenatori o al Buddha. Un tale sistema esclude o sfavorisce l'assunzione di rischi individuali e l'iniziativa personale.

Invece, i bambini israeliani si confrontano, in genere, con un percorso educativo che appare esattamente agli antipodi. Qualsiasi successo è attribuito all'individuo, mentre i fallimenti sono esternalizzati, per cui si conferisce valenza causale a un insegnamento inadeguato, alla concorrenza sleale, al pregiudizio o ad altro ancora. Ci sono ricompense sia per il fatto di aver attuato il tentativo di ottenere qualcosa sia per il raggiungimento dell'obiettivo; mentre non è prevista alcuna punizione, oppure la si considera solo in rare eccezioni, per un eventuale fallimento. I bambini israeliani che "ci provano" non hanno nulla da perdere e tutto da guadagnare. Allora, perché non rischiare? Invece, i bambini giapponesi hanno poco da guadagnare e molto da perdere, perciò si trattengono, differiscono e si lasciano sfuggire le occasioni.

Nella nostra cultura, i bambini che crescono essendo esposti a valori, trasmessi dai genitori, che si avvicinano a quelli dei giapponesi, eviteranno le situazioni di incertezza, o novità, e saranno disposti a correre pochi rischi nei contesti sociali. Questi tratti, che abbiamo illustrato e di cui ci occuperemo ancora più avanti, sono distintivi dell'approccio alla vita della persona timida.

Crediamo che la timidezza sia, in definitiva, causata da una combinazione di sentimenti associati alla bassa autostima, allo stigma e alla vergogna. Purtroppo, quando tutti questi fattori si manifestano in modo estremo, le conseguenze possono rivelarsi devastanti. Un esempio può essere rappresentato da Sarah, una studentessa universitaria che si è trasferita dall'Oregon a Palo Alto nel tentativo di essere ammessa alla Stanford University per poter accedere facilmente alla Shyness Clinic (che considerava la sua ultima speranza).

Quando abbiamo incontrato Sarah per la prima volta, si era seduta in ufficio con le spalle piegate in avanti, assumendo una postura protettiva, con la testa bassa, i lunghi capelli che le coprivano il viso, e non solo evitava il contatto visivo, ma teneva addirittura gli occhi chiusi. Quando le abbiamo chiesto di parlarci della sua timidezza, ha sussurrato che non poteva farlo. Abbiamo continuato a cercare di esortarla a parlare con noi, ma non faceva altro che borbottare, a volte in modo incoerente. Alla fine, poiché non stavamo ottenendo alcun risultato, le abbiamo proposto di parlare con un registratore, e l'abbiamo lasciata da sola in ufficio. Quando abbiamo riprodotto il nastro, che Sarah ha registrato impiegando quasi un'ora, questo è ciò che abbiamo sentito:

> Sto solo sprecando il nastro... (*quattro minuti di silenzio*)
>
> È molto difficile per me stabilire un contatto visivo con le persone perché... perché... per tutta la mia vita è stato difficile comunicare con le persone, sai, stabilire un contatto visivo con loro... mia madre, sai, lo dice sempre... è il modo in cui si esprime la mia personalità. ... sono cresciuta senza avere un amico, sai... nessun vero amico.
>
> Il motivo per cui ho davvero poca familiarità con le persone... quando guardo le persone... è che non riesco a pensare in modo lucido, ed effettivamente non riesco a parlare molto bene. Sento che non

piaccio a nessuno, anche perché le persone non hanno molto a che fare con me. … In fondo, non mi pongo mai in evidenza, né sono vivace… e non so se posso fare qualcosa talmente bene… da poter essere effettivamente una risorsa per le altre persone.

È solo che non posso… sento solo che io… che… non riesco a mettere insieme i miei pensieri… sono nervosa… come mi sta accadendo adesso… e non ha molto senso. Mi sento una dannata idiota… mi chiedo se ci possa essere una qualche speranza per me. Sto provando. Mi sono resa ridicola venendo qui, a Stanford, per cercare aiuto. Non posso andare avanti così. Una parte di me vorrebbe avere amici, ma l'altra parte di me è spaventata… non so se gli altri mi accetteranno… Non credo che ai loro occhi ne valga la pena. Perché sai… ho deciso di combattere… per riuscire a cambiare… per qualcosa. Non l'ho mai fatto prima in vita mia… spero solo che funzioni.

Mi sento un po' più rilassata ora… cercherò di apparire una persona più sensata.

Sono cresciuta, per tutta la vita, con una sorella maggiore che è sempre stata molto estroversa… credimi, è stato molto difficile crescere in quella condizione. Tutti l'hanno sempre elogiata… e ciò mi ha fatto sentire inferiore. Poi, il fatto di avere anche un fratello che è uguale a lei… ti fa sentire come se fossi schiacciata in mezzo a loro due. Un po' strano. Poi avevo un padre abusante… non ho mai potuto sentirmi sicura in quell'appartamento, perché quando tornava a casa era di cattivo umore ed era anche violento… non doveva nemmeno bere per manifestare la violenza… anche se, quando beveva, diventava ancora più violento. Non mi sono mai sentita sicura. Diceva sempre, che in me non c'era nulla di buono, che non sarei mai dovuta nascere, che ero stata un incidente… che lui non voleva una seconda figlia, e poi sono arrivata io. Mio padre non mi ha mai permesso di dimenticare.

Mia madre… era migliore, perché cercava sempre di farmi sentire benvenuta, quando entravo in casa. [Ma sembra che Sarah fosse, nel migliore dei casi, un'ospite.] Ha sempre pensato che non dovevo essere incolpata per...

Gli insegnanti, sai, mi prendevano sempre in giro. Quando ero alle elementari ho sempre avuto solo uno o due buoni amici... Un'insegnante... era solita chiedere ad altri ragazzini davvero "cattivi" di fare amicizia con me. Ma io non ero in grado di stringere amicizia con loro. Erano così cattivi, per tutto il tempo. Gli insegnanti mi hanno sempre segnalata... perché non avevo molti amici. Mi mandavano sempre dallo psicologo della scuola.

In base a questa registrazione e anche alle successive conversazioni con Sarah (nelle quali siamo gradualmente riusciti a farla sentire a suo agio), era del tutto evidente che l'autostima di Sarah era stata davvero distrutta. Eppure, l'ambiente domestico era solo uno dei fattori che avevano prodotto la condizione di timidezza debilitante manifestata da Sarah.

Altri fattori importanti, ci ha indicato Sarah, erano il fatto di dover indossare occhiali spessi e brutte scarpe ortopediche – e "camminare in modo ridicolo" – che la facevano sentire estremamente impacciata e inferiore. Dopo che Sarah ha iniziato a frequentare la scuola, la sua insegnante di prima elementare ha finito per attirare l'attenzione, di tutti, sui suoi problemi con i piedi e la deambulazione, costringendola ad alzarsi di fronte alla classe e a "camminare bene", il che ha fornito ai suoi compagni di classe una sorta di "spettacolo comico", e a Sarah la sgradita esperienza di "esibirsi" davanti a un "pubblico sbeffeggiante". In uno sviluppo dinamico che appare tipico, Sarah è passata dall'essere il capro espiatorio dei suoi familiari a essere quello dell'insegnante, un ruolo che, peraltro, le sarebbe stato affibbiato molte volte nel corso degli anni.

Sicuramente i genitori di Sarah le hanno "teso una trappola", ma l'aspetto che merita di essere considerato, quando si valuta il ruolo che hanno avuto, è che certamente *avevano molti complici*.

Genitori molto meno "colpevoli" di quelli di Sarah si attribuiscono responsabilità per il fatto che i loro figli manifestino timidezza. Se è vero che, a volte, tale condizione può essere ricondotta a quel che accade nell'ambiente domestico, occorre considerare che, come peraltro abbiamo già osservato, giocano un ruolo anche altri fattori causali.

Abbiamo osservato che gli individui più vulnerabili sono i bambini che si relazionano bene con gli adulti, ma non con i loro coetanei, quelli maggiormente dotati, i figli unici, i bambini con un livello di maturazione superiore a quanto previsto dalla loro età, quelli che vivono in ambienti isolati (zone rurali e urbane insicure), gli individui scarsamente atletici e altri che si percepiscono come significativamente diversi dai coetanei. Abbiamo anche osservato che la timidezza spesso si manifesta quando i genitori divorziano, o quando si verifica qualche altro evento critico nel contesto familiare. Essere inseriti in un ambiente universitario altamente competitivo e focalizzato sui risultati può incrinare tutti i fondamenti dell'autostima, fatte salve le migliori risorse. Molti studenti universitari riferiscono di aver manifestato maggior timidezza dopo esser diventati studenti "residenziali" in un college di alto livello.

ELICITATORI DELLA TIMIDEZZA

Proprio come esistono delle differenze in merito alle condizioni iniziali, che predispongono gli individui alla possibilità di manifestare timidezza, ci sono anche molte situazioni specifiche che accelerano la reazione a tali condizioni. I tipi di persone e gli ambienti sociali che innescano la risposta alla timidezza possono essere riassunti come segue:

Altre persone (elencate in base alla loro potenzialità di innescare la timidezza)
1. Estranei
2. Individui autorevoli in virtù delle loro conoscenze
3. Individui del sesso opposto
4. Individui autorevoli in virtù del loro ruolo

5. Parenti ed estranei
6. Anziani (per i giovani)
7. Amici
8. Bambini (per le persone anziane)
9. Genitori
10. Fratelli (meno di tutti)

Sembrerebbe potersi esplicitare un principio di fondo in ragione del quale la timidezza sarebbe indotta principalmente da persone che sono percepite come diverse, relativamente potenti, e in grado di controllare risorse a cui si vorrebbe accedere, oppure sufficientemente familiari da potersi permettere di esprimere valutazioni critiche.

Situazioni (elencate in base alla loro potenzialità di innescare la timidezza)

1. Situazioni in cui ci si trova al centro dell'attenzione – grandi gruppi, come quando si deve tenere un discorso
2. Situazioni in cui il proprio status appare inferiore
3. Situazioni che richiedono assertività
4. Situazioni nuove, in termini generali
5. Situazioni in cui si viene valutati
6. Situazioni in cui si manifesta vulnerabilità (bisogno di aiuto)
7. Interazioni diadiche con individui del sesso opposto
8. Situazioni sociali, in termini generali
9. Situazioni in cui ci si trova al centro dell'attenzione – piccoli gruppi
10. Situazioni in cui si è parte di un piccolo gruppo di lavoro

Le persone timide iniziano a preoccuparsi quando devono funzionare in situazioni non familiari, nelle quali sono fatte oggetto di attenzione, e di valutazioni critiche, da parte di altri individui che loro percepiscono come dominanti o particolarmente esigenti.

Tali circostanze suscitano un po' di ansia anche nelle persone che manifestano sicurezza in loro stesse; tuttavia, tali individui interpretano il loro stato ansioso come un segnale che li motiva a esprimere maggior impegno e determinazione al fine di controllare l'ambiente per farlo funzionare a loro favore. In maniera analoga, un atleta interpreta gli effetti prodotti dall'incremento della concentrazione ematica dell'adrenalina, appena prima dell'inizio della competizione, come uno stato di eccitazione che favorisce la sua "attivazione" somatica nei riguardi della sfida, piuttosto che alla stregua di una manifestazione di preoccupazione ansiosa associata a prospettive relative a un eventuale fallimento. La timidezza tende a essere perpetuata in ragione di modalità interpretative, inficiate da bias, con cui abbiamo imparato a dar conto delle nostre reazioni in alcune situazioni che spesso percepiamo in maniera distorta. Pertanto, una strategia importante per trattare la timidezza consiste nella ristrutturazione di quegli stessi pensieri, affinché ci consentano di attuare strategie di coping costruttive, invece di sprofondare nella paralisi dell'inazione.

COSA PUÒ DETERMINARE LA TIMIDEZZA

La timidezza produce molte conseguenze negative per le persone più o meno giovani.

Rende difficile incontrare nuove persone, o vivere esperienze potenzialmente positive.

La timidezza impedisce alle persone di far valere i propri diritti, di esprimere le proprie opinioni e i propri valori. Le persone timide sono più conformiste e hanno minori probabilità di sfidare le autorità oppressive e le regole.

Limita le valutazioni positive, da parte degli altri, in merito ai propri reali punti di forza personali.

Incrementa l'autocoscienza e l'eccessivo assillo per le proprie reazioni, riducendo la preoccupazione per gli altri.

La timidezza rende complicato pensare in modo chiaro e comunicare in modo efficace, determinando perciò difficoltà di apprendimento negli studenti.

I sentimenti negativi, come quelli ascrivibili alla depressione, all'ansia, alla bassa autostima e alla solitudine, si accompagnano tipicamente alla timidezza.

Le persone timide si rivelano spesso più dipendenti da altre, e anche maggiormente vulnerabili alle pressioni prodotte dai coetanei, un fatto che, nel caso dei giovani, finisce per renderli più suscettibili a quelle che possono favorire il tabagismo, l'assunzione di alcol e di sostanze, a manifestare, anche involontariamente, promiscuità e persino a frequentare delle sette.

Le persone timide tendono a reprimere le proprie emozioni, il che non solo può privarle del calore e dell'intimità che gli altri possono riservare loro, ovvero di qualcosa di cui ogni essere umano ha bisogno, ma può anche indurle a non manifestare la rabbia, per poi finire per farla esplodere, a volte in modo straordinariamente violento.

I bambini timidi sono riluttanti a porre domande, a chiedere chiarimenti o aiuto a scuola, quando ne hanno effettivamente bisogno.

Le persone timide di tutte le età vengono spesso fraintese. Come ha scritto il poeta Alfred Tennyson, «Shy she was, and I thought her cold (Era timida, e la pensavo fredda)». Possono essere considerati disinteressati a ciò che qualcuno potrebbe dire loro, oppure ostili, o inaffidabili, per il fatto di non essere in grado di guardare le altre persone negli occhi. Quando sono fisicamente attraenti, i timidi sono giudicati individui altezzosi e inclini a rifiutare gli altri.

Quando i sintomi si manifestano in maniera florida, le persone timide possono ricordare le esperienze del passato con imbarazzo, finendo anche per preoccuparsi, in via previsionale, di future gaffe. Il presente, quantomeno quello associato alla dimensione sociale, con la sua possibilità di godersi il momento, diventa praticamente inesistente. Quasi il 10% dei timidi manifesta timidezza anche quando è solo.

In ragione di tutte queste preoccupazioni che rivolgono a loro stesse, le persone timide non entrano in sintonia adeguatamente con quel che sta accadendo in un determinato momento e, quindi, spesso non ascoltano in maniera precisa ciò che vien detto loro. Un buon esempio di tale fenomeno è il fatto che le persone timide spesso dimenticano il nome di qualcuno subito dopo che averlo conosciuto. L'incapacità di concentrarsi sul presente e di tener traccia con precisione di quel che stanno dicendo le altre persone, rende difficile pensare con chiarezza ed esprimersi in modo efficace.

Coltivare delle amicizie con i coetanei non solo è piacevole, ma, come ha mostrato la ricerca, è vitale per lo sviluppo dell'emotività e la salute di un bambino. Quando la timidezza impedisce ai bambini di farsi degli amici, un fenomeno che può effettivamente verificarsi, si rivela dannosa per la loro salute emotiva.

La nostra preoccupazione principale è aiutarvi a ridurre al minimo gli effetti indotti dalla timidezza, che potrebbero impedire ai vostri figli di esprimere pienamente il loro potenziale, in quanto esseri umani. Anche quando i bambini manifestano solo una forma moderata di timidezza, perdono comunque alcune preziose opportunità offerte da certe esperienze sociali. Invece, quando la timidezza si manifesta in una forma davvero grave, vivere in quella prigione psicologica può veramente rovinare una vita.

Il caso di Sarah rappresenta solo un esempio di quanto si può fare per i bambini timidi. Non solo il suo colloquio con l'admissions officer ha avuto esito positivo, ma è stata ammessa, come studentessa, nell'Università in cui aveva scelto di studiare. Per la prima volta nella sua vita è riuscita ad avere un certo numero di amici che si prendono cura di lei, e che le hanno insegnato a sorridere, a cercare il contatto visivo, a godersi la vita e a raggiungere anche qualcosa di più. Manifesta ancora un certo grado di timidezza, ma non è la stessa studentessa, dolorosamente timida, che è venuta dall'Oregon per chiedere aiuto. Nelle sue stesse parole: «Dopo essere stata qui per due settimane, tutta la mia vita ha iniziato a cambiare, perché ho effettivamente trovato persone che si prendevano cura di me». Sì, il cambiamento è avvenuto, perché alcune persone si sono preoccupate di offrirle aiuto, affinché lei stessa potesse farlo accadere per il suo bene e grazie alla sua forza interiore.

Sarah rappresenta ora una fonte d'ispirazione per tutti noi – genitori, insegnanti, esseri umani che si preoccupano degli altri – che ci disponiamo per fare tutto il possibile al fine di aiutare i nostri figli a vincere la timidezza.

2
Uno stile genitoriale per contrastare la timidezza

I genitori che hanno più figli spesso adottano tanti stili genitoriali quanti sono i bambini. Per esempio, una madre, in una famiglia di quattordici figli, si è descritta dicendo: «Sono quattordici madri diverse». Tuttavia, ci sono tre stili genitoriali di base, ai quali i genitori generalmente fanno riferimento, ognuno dei quali ha un impatto diverso sui bambini. La psicologa Diana Baumrind descrive questi stili essenzialmente così: lo stile *permissivo* «concede al bambino tanta libertà quanto è compatibile con la sua sopravvivenza fisica»; lo stile *autoritario* «considera l'obbedienza come una virtù e si fonda sulla limitazione dell'autonomia del bambino»; lo stile *autorevole* «cerca di dirigere le attività del bambino in modo razionale, in una maniera orientata ai problemi». Dopo aver studiato gli effetti prodotti da questi stili genitoriali su 150 bambini, Baumrind ha concluso che, fra i tre, lo stile autorevole è quello più efficace.

Quando si cerca di stabilire una possibile relazione tra la timidezza e gli stili genitoriali, si osserva che lo stile autorevole ha maggiori probabilità di generare, in un bambino, sentimenti di sicurezza e di fiducia in sé stesso e, quindi, è il più efficace nel contrastare la timidezza. Per una comprensione più profonda delle ragioni alla base di tutto ciò, diamo uno sguardo più da vicino a questi tre stili genitoriali, considerando quel che determinano per promuovere, o complicare, lo sviluppo di un bambino socialmente reattivo.

Contrariamente alla credenza popolare, la permissività non contribuisce molto a rinforzare il senso di sicurezza di un bambino. È stato osservato che, spesso, i genitori permissivi appaiono troppo disinvolti in relazione a tutto: dal pianto di un bambino che segnala il bisogno di conforto o di cura, allo stabilire le linee da seguire in merito alle manifestazioni comportamentali di un figlio durante il suo percorso di sviluppo. I genitori permissivi, a volte, appaiono negligenti e incoerenti, seppur per benevolenza, e possono comunicare ai loro figli che non si stanno preoccupando di loro. Ricordando la propria esposizione a uno stile educativo permissivo, una studentessa universitaria ci ha detto: «Non è che i miei genitori fossero inadeguati e, certamente, non erano severi. Non credo che a loro importasse molto, perché semplicemente non desideravano essere disturbati. Sono cresciuta percependo di non essere molto importante, ovvero con l'idea che non valeva la pena di preoccuparsi di me; ebbene, io credo che in ciò risieda uno dei motivi della mia timidezza».

All'altra estremità dello spettro si collocano i genitori autoritari, che paiono altrettanto disattenti quando si tratta di mostrare affetto e garantire la cura. Anche questi genitori lasceranno piangere un bambino, invece di offrirgli conforto, per l'infondata paura del fatto che rispondere alle lamentele di un bambino che vuol essere preso in braccio lo "vizierà". Fin dall'inizio, anche se sono in grado di occuparsi di tutti i reali bisogni somatici dei loro figli, e anche di prestar loro molta attenzione, quando si tratta di esprimere direttive e imporre la disciplina, i genitori autoritari non offrono molte attenzioni positive ai loro figli. Svolgono silenziosamente il loro lavoro di genitori e non li confortano, né li coccolano, non leggono loro delle favole, non parlano molto spesso con i loro figli, e nemmeno si dispongono per giocare frequentemente. I genitori autoritari tendono a preoccuparsi che il "buon" comportamento dei loro figli si rifletta adeguatamente sulla loro immagine. Spesso sono più interessati a esprimere valutazioni nei riguardi dei bambini estranei, piuttosto che nei confronti di quelli che fanno parte della loro famiglia. Sebbene possano esser sinceramente convinti che con la severità e il rigore faranno in modo che il loro ragazzo "diventi un uomo", potrebbero finire per ottenere esattamente l'opposto. Come afferma Eleanor Maccoby, la specialista dello sviluppo infantile della Stanford University, i «due modi per rendere un bambino eccessivamente dipendente sono ignorarlo, per un verso, e trattarlo in modo rude, per l'altro. [...] Proprio l'indisponibilità a manifestare affetto e a offrire risposte, l'insensibilità e il rifiuto, possono portare alla manifestazione di comportamenti dipendenti». Quando il bisogno di affetto del bambino non viene percepito e accolto, rimane insoddisfatto, e ciò produce sentimenti di insicurezza che possono contribuire alle manifestazioni di dipendenza nei confronti degli altri.

La relazione tra autoritarismo e timidezza appare chiaramente in questa descrizione, offerta da uno studente timido. «Il fatto che mi comportassi bene era tutto per mia madre, perché si preoccupava sempre delle apparenze. Era molto severa e voleva che fossimo sempre tranquilli, gentili e ben educati. Era sempre tesa e mai molto espansiva. Insisteva continuamente sulla disciplina. Penso che fosse talmente impegnata a cercare di avere dei bambini perfetti che non ha avuto il tempo di essere affettuosa. Non ricordo di essere mai stato tenuto in braccio, invece ho memoria di una madre che interpretava il suo ruolo con fare torvo.

La sua severità e le sue richieste di perfezione mi hanno reso nervoso e mi hanno indotto a percepire che non sarei mai potuto essere all'altezza dei suoi standard, mai sufficientemente bravo come avrei dovuto essere. Mi sono sempre sentito inferiore e molto impacciato».

È più probabile che uno stile genitoriale autoritario sia caratteristico dell'approccio di un padre nei confronti dei suoi figli, poiché questo stile è più consonante, rispetto agli altri stereotipi maschili, in relazione ai ruoli sessuali e ai valori tradizionali espressi sul "posto di lavoro". L'enfasi è posta sul prodotto, non già sul processo; le emozioni e i sentimenti sono relegati in secondo piano, perché spesso ostacolano l'esecuzione efficiente del compito. Controllo, potere, status e autorità sono i mezzi impiegati per raggiungere obiettivi tangibili. La cooperazione, la negoziazione e la partecipazione democraticamente condivisa, in merito alla definizione degli obiettivi e dei mezzi per raggiungerli, non fanno parte dell'approccio autoritario all'esecuzione dei compiti.

Ma cosa accade quando un bambino incorpora tali valori nel suo approccio con le altre persone? La sopravvivenza degli individui e dei gruppi richiede flessibilità, capacità di affrontare l'incertezza, un processo decisionale che integri diversi input prodotti da altre persone e, sempre, una certa volontà di negoziare e di accettare i compromessi. Agli occhi delle persone autoritarie, queste strategie e tattiche "socio-politiche" appaiono come barriere e fastidi inutili, piuttosto che come parte integrante delle interazioni tra esseri umani tutt'altro che perfetti.

In uno studio che ha coinvolto gli studenti universitari abbiamo identificato una relazione significativa tra la timidezza e la tendenza ad avallare valori autoritari. Queste evidenze sono coerenti con la nostra analisi della natura della timidezza, che abbiamo illustrato nel capitolo precedente, dove abbiamo anche osservato che l'evitamento delle situazioni sociali nuove, e non strutturate, è tipico delle persone timide, mentre il loro funzionamento migliora quando viene loro assegnato un ruolo specifico da interpretare in una relazione sociale ben definita. Ma le vie del mondo sono spesso costituite da sentieri mal segnalati, con segnavia che riportano indicazioni imprecise e mutevoli accompagnatori.

La condizione intermedia tra questi due estremi è, ovviamente, lo stile autorevole, che, secondo gli studi di Baumrind, riguarda un genitore in grado di agire un notevole controllo, ma di garantire anche molto accudimento. Il genitore autorevole è affettuoso, ha una comprensione realistica di ciò di cui è capace un bambino che si trova in un particolare stadio del suo sviluppo, parla e ascolta il proprio figlio. Quel genitore modificherà sia le regole sia le decisioni che prende quando cambiano le situazioni, oppure quando dispone di prove convincenti (a volte, offerte dal bambino) che evidenziano l'opportunità di comportarsi diversamente.

Prima di tormentarvi nella disperazione di essere stati troppo permissivi, di aver manifestato l'atteggiamento di un tiranno, o di aver causato, in qualsivoglia modo, la timidezza di vostro figlio, fatevi coraggio. Ricordate che ci sono un certo numero di cause e fattori che possono indurre e mantenere la timidezza in un bambino. La psicologa Louise Bates Ames, del Gessell Institute of Human Development della Yale University, ci ha riferito: «Sebbene l'ambiente domestico sia un fattore importante nello sviluppo psicologico di un bambino, non è più che uno tra molti. Altre influenze si manifestano a scuola, nella chiesa, nelle relazioni di un bambino con altri adulti e, soprattutto, nel gruppo dei pari; inoltre, occorre considerare anche i tratti di personalità innati».

Tuttavia, la maggior parte dei genitori, ha aggiunto Ames, «manifesta un profondo timore di ledere, in qualche modo, i propri figli. Il punto è che i genitori coscienziosi, probabilmente, generano dentro di sé più ansia, in relazione a tali preoccupazioni, di quanta ne potrebbero indurre nei loro figli».

«Ovviamente», ci ha ricordato, «se i genitori sono molto severi, appaiono indifferentemente permissivi, oppure terribilmente incoerenti, nelle interazioni con i loro figli, è probabile che possano generare nocumento. Tuttavia, questi genitori tendono a non manifestare questo genere di preoccupazioni, mentre i genitori coscienziosi, paradossalmente, lo fanno, ma proprio il fatto che si allarmino così tanto mi induce a pensare che abbiano meno probabilità di provocare danni.

La genitorialità è probabilmente il lavoro più difficile del mondo; in tutta franchezza, penso che sia un miracolo che quei genitori facciano tanto bene. In effetti, la maggior parte dei genitori fa davvero molto bene».

Quindi, sì, potreste aver commesso degli errori, che possono, o meno, aver contribuito a generare la timidezza in vostro figlio, ma ricordate che esistono anche altri fattori, nella vita di un bambino, che determinano degli effetti. E riconoscendo gli errori, potete smettere di commetterli.

Prima di descrivere (e prescrivere) cosa dovrebbe fare un genitore che intende contribuire positivamente al percorso di sviluppo di un bambino socialmente estroverso, emotivamente reattivo e non timido, è d'obbligo esprimere con chiarezza un'avvertenza: potrebbe esser necessario, per voi, affrontare alcuni cambiamenti. Dovrete forse modificare alcune modalità di interazione con gli altri, in presenza di vostro figlio – qualora siate timidi, prepotenti, eccessivamente dipendenti, troppo autarchici o ipercritici. Potreste anche dover essere disposti ad agire come "agenti del cambiamento sociale" per rinnovare l'intera atmosfera socio-emotiva in casa vostra, al fine di promuovere un ambiente che non induca timidezza. Tutto ciò potrebbe implicare il fatto di riuscire a suscitare cambiamenti nel vostro coniuge, oppure in altri adulti che vivono a casa, o che la visitano regolarmente, così come nei fratelli di vostro figlio. La timidezza non è come un disturbo dell'udito che, in un bambino, potete correggere con un apparecchio acustico, è più simile a una disabilità motoria, che richiede cambiamenti strutturali nell'ambiente domestico.

Diamo ora uno sguardo più da vicino ad alcuni degli elementi fondamentali che caratterizzano lo stile genitoriale autorevole, i quali, con maggior probabilità, sfavoriscono la manifestazione della timidezza.

TOCCARE

Poiché la relazione tra timidezza e insicurezza non può essere minimizzata, non si può nemmeno sottovalutare l'importanza del contatto fisico in relazione alla sicurezza di base del bambino. Numerosi studi confermano ciò che ci pare ovvio. Per esempio, uno particolarmente rilevante è stato condotto da Mary Salter Ainsworth della University of Virginia. Ainsworth e i suoi colleghi hanno esaminato le relazioni madre-figlio, per circa dieci anni, e hanno osservato che i bambini, le cui madri sono sensibili alle loro necessità emotive – il bisogno di essere toccati e coccolati – così come a quelle di ordine somatico, tendono a essere molto sicuri o, in termini più precisi, manifestano un "attaccamento sicuro". In genere, le madri di questi bambini li hanno stretti a loro e manipolati molto spesso, fin dall'inizio, e hanno risposto ai loro pianti prendendoli in braccio e offrendo loro conforto.

Anche se potrebbe non esserci una relazione di causa-effetto diretta tra la quantità di affetto, espressa sul piano somatico, che un bambino riceve e la timidezza, crediamo che esista una correlazione, non semplicemente perché la manipolazione e la sicurezza "vanno di pari passo" (per così dire), ma in ragione di ciò che alcuni dei nostri studenti timidi ci hanno riferito. Un giovane, ora ventenne, ci ha detto che non ricordava affatto che i suoi genitori lo avessero mai abbracciato, né di esser mai stato seduto sulle ginocchia di sua madre. Una giovane donna invece ci ha detto: «Desideravo che i miei genitori mi abbracciassero. Vedevo mia madre che teneva in braccio il mio fratellino, e cercavo di convincerla a comportarsi così anche con me, ma mio padre mi cacciava sempre via dicendo: "Non comportarti come una neonata". All'epoca, non avevo più di quattro anni».

Quel bisogno di contatto fisico e di sentirsi amati non scompare affatto, a qualsiasi età. La condizione ottimale è forse quella in cui avete iniziato a stabilire dei contatti fisici, con vostro figlio, fin dalla nascita, ma la buona notizia è che potete effettivamente iniziare in qualsiasi momento. Come ha riferito un padre, che, a un certo punto, ha divorziato dalla madre di suo figlio e, poi, si è risposato:

> Mio figlio, che ora ha quindici anni, era molto riservato da bambino. Non ha mai mostrato affetto nei riguardi di nessun membro della famiglia, nemmeno nei confronti di sua nonna. Penso che tutto ciò dipendesse dal fatto che io e sua madre stavamo attraversando un brutto momento, con moltissimi problemi, quindi non percepiva affetto nel contesto familiare. Poi, circa quattro anni fa, eravamo seduti a guardare la TV, quando Jane, la mia seconda moglie, mi ha deliberatamente messo un braccio intorno al collo e, in seguito, ha abbracciato anche mio figlio in un modo molto affettuoso, dicendo: "È il mio bambinone". In quel modo, quello che stava dicendo era che, in quella casa, non solo potevamo abbracciarci e toccarci, ma che desideravamo farlo. Da allora, quando sta con noi e scende a fare

colazione, ci dà il buongiorno, bacia me e anche il mio ragazzo. Ed è un adolescente! Ha dovuto attendere dodici anni prima di vivere questa esperienza. Lo adoro. Lo bacio a mia volta. E lui adora queste manifestazioni d'affetto.

Quindi, anche se non l'avete fatto in passato, toccate i vostri figli, baciateli, abbracciateli, e mostrate loro tutto il vostro amore.

Non abbiate paura di commettere un errore, lasciando che i vostri figli più piccoli vengano nel vostro letto per farsi coccolare. O, almeno, permettete che vi capiti di coccolarvi, tutti insieme, in una mattina del fine settimana. È davvero un peccato che alcuni genitori, inibiti da pregiudizievoli limiti culturali in senso generale, perdano l'occasione di vivere e offrire un certo genere di intimità e vicinanza. Alcuni genitori, lo sappiamo, hanno persino paura di accogliere i propri figli nei loro letti quando hanno avuto degli incubi.

Tuttavia, la paura di esporsi a una deriva erotica impedisce di esprimere affetto, sia nel "letto di famiglia" che fuori. I genitori devono rendersi conto che è naturale provare una certa quantità di piacere sensuale nel toccare (e persino guardare) i propri figli. Finché quel piacere sensuale è "platonico", non c'è bisogno di limitarsi nell'esprimere affetto. Come ci ha riferito una madre: «L'amore che provi per tuo figlio è il più puro e il più vero». Se questa è la vostra percezione, assecondatela.

Tra l'altro, toccare il vostro bambino è un buon modo per calmarlo, quando compie qualche bizzarria. In qualche occasione, potreste pensare che stia facendo di tutto, che quasi vi stia "implorando", per ricevere una sculacciata, da quanto vi pare scalmanato; invece, può darsi che vi stia chiedendo di toccarlo in un altro modo. Provate ad accarezzarlo e sfioratégli i capelli, le braccia, le spalle, la schiena, le gambe. Quando i bambini vi paiono davvero "fuori controllo", un forte abbraccio "da orso" e un bacio, quando si calmeranno, faranno miracoli, mentre una punizione non provocherà questo genere di conseguenze.

Lo psicologo James Prescott ci offre un argomento, piuttosto convincente, a favore dell'idea che il piacere somatico inibisca effettivamente la violenza fisica. «È chiaro», sostiene Prescott, «che il mondo ha solo limitate occasioni per perdere l'abitudine di risolvere i conflitti con la violenza... [Per riuscire a farlo] possiamo impegnarci nel promuovere il piacere e incoraggiare relazioni interpersonali affettuose, considerando tutto ciò un mezzo per contrastare l'aggressività».

Il potere, insito nel tatto, di aiutare le persone a entrare in relazione, in modo significativo, con gli altri esseri umani, non riguarda solo la timidezza ma, secondo James Lynch, autore di *The broken heart*, svolge un ruolo importante anche nelle condizioni di malattia e nella preservazione della salute. Lynch afferma che quando una persona è privata delle carezze, della fiducia e della tenerezza espressi dagli altri esseri umani, ha maggiori probabilità di ammalarsi. «C'è un fondamento biologico alla base del nostro bisogno di stabilire e coltivare le relazioni umane», conclude in base ai dati prodotti dalla sua ricerca. «Se non riusciamo a soddisfare tale bisogno, la nostra salute è in pericolo».

PARLARE

È stato osservato che se le madri parlano con i loro figli, quando questi neonati diventano bambini, paiono maggiormente competenti, sul piano verbale, rispetto a quelli delle mamme che si limitano a parlare tranquillamente delle loro questioni, mentre si prendono cura della loro prole. Anche quando un bambino è troppo piccolo per comprendere la lingua, il fatto di parlargli, leggere delle storie e cantare aiuterà a mettere in moto il suo "programma della socialità". Quando quel bambino inizierà a parlarvi per la prima volta, la via per mantenere aperti i canali della comunicazione dipenderà dalla vostra disponibilità, o meno, ad ascoltare e a rispondere.

Ecco alcune regole di base per mantenere ulteriormente aperti i canali della comunicazione:

- Consentite ai vostri figli di esprimersi liberamente; incoraggiateli a esprimere le loro opinioni, a dirvi cosa apprezzano e cosa non gradiscono, su tutto: da quel che avete appena servito per cena a dei parenti per i quali non vanno pazzi. Perché un particolare libro o personaggio dei cartoni animati è il loro preferito? Cosa hanno sognato la scorsa notte?
- Consentite ai vostri figli di esprimere rabbia. Questo è particolarmente importante perché la maggior parte delle persone timide ha difficoltà a gestire la rabbia. Quando permettete ai vostri figli di esprimerla in modi non distruttivi, si dimostreranno meno inclini a reprimerla, più propensi a difendere i loro diritti e a essere assertivi, invece che timidi.
- Incoraggiate i vostri figli a parlare in modo chiaro e diretto dei loro sentimenti, affinché siano in grado di dire "mi sento triste", oppure "felice", o in qualsiasi altro modo.
- Invitate i vostri figli a parlare con voi, ma senza forzarli.

Molto probabilmente la più grande barriera alla conversazione tra i membri della famiglia è il fatto di guardare la televisione, dacché si tratta di un'attività che tende a isolare le persone. Tuttavia, può anche trasformarsi in un'opportunità, quantomeno per quei genitori che vorrebbero parlare di più con i propri figli, ma non sanno davvero cosa dire per alimentare la conversazione. Per esempio, quando guardate alcuni programmi insieme a loro, potete disattivare l'audio nel corso delle interruzioni pubblicitarie, e conversare in merito a ciò che sta succedendo: potreste chiedere a un bambino cosa pensa che stiano facendo i personaggi di un cartone animato e perché si comportano in quel modo. Spesso, anche in "Sesame Street", si verificano processi complessi che possono andare al di là del livello di comprensione di un bambino – per esempio, doppi sensi, singole parole complicate, concetti associati al dare-e-avere. Se chiedete a un bambino come si sente in una particolare situazione o cosa pensa di un certo personaggio, lo incoraggerete a proferire affermazioni su sé stesso – "Penso", "Sento" –, ovvero a compiere qualcosa che le persone timide non fanno molto spesso. I dati prodotti dalle ricerche più recenti hanno evidenziato che guardare un programma educativo, come "Sesame Street", migliora effettivamente le abilità cognitive di un bambino solo se tale attività si compie insieme con un genitore che osserva e discute insieme a lui quelle immagini televisive.

Infine, la maggior parte dei genitori presume che i propri figli sappiano che loro li amano, ma i bambini hanno bisogno di molte rassicurazioni. Hanno bisogno di sentirsi dire "ti amo" e di percepirlo molto spesso. Tuttavia la risposta più frequente che ci offrono i genitori (soprattutto i padri nei riguardi dei figli più grandi) è: «Lo sanno anche se non lo dico apertamente».

Un recente profilo dedicato alla personalità di Henry Fonda, un attore che appare così diretto, onesto e amorevole nella maggior parte dei suoi ruoli cinematografici, rivela quanto sia realmente timida quella persona. Secondo la testimonianza dello scrittore e critico teatrale Leonard Probst, Fonda diceva di essere «dolorosamente, dolorosamente timido... La peggiore tortura che mi possa capitare è non avere una maschera dietro la quale nascondermi. Mi sono impegnato per la prima volta nella recitazione quando ho scoperto che era una terapia per un giovane molto impacciato come me».

Per quanto ci riguarda, è particolarmente interessante la difficoltà, chiaramente ammessa da Fonda, di non esser riuscito a godersi pienamente i suoi figli, come peraltro desiderava, fino alle fasi avanzate della sua vita. Ha dichiarato candidamente:

> Solo negli ultimi due anni sono stato in grado di dire "ti amo" ai miei figli! Non è terribile non poter baciare, abbracciare, né dire "ti amo"? Certo che li ho amati, fin dalla loro nascita.

Com'è accaduta la trasformazione dell'amorevole padre di Jane e Peter Fonda, alla tarda età di sessantanove anni? I suoi figli hanno dovuto prendere l'iniziativa per cambiare la "sceneggiatura". Come ha spiegato Peter:

> Abbiamo dato inizio a tutto ciò per telefono. Ho preso sfacciatamente l'abitudine di dirgli: «Ti amo». È accaduto quattro anni fa [1974]. La prima risposta di Henry è stato un commento imbarazzato, che si è concluso con un confuso «arrivederci». Ma non gli ho lasciato la possibilità di cavarsela così a buon mercato. Col passare del tempo sarebbe stato obbligato a rispondermi. Ma le prime 40, 50 volte si sono concluse nell'imbarazzo, magari con qualche lacrima, senza che sapesse come rispondere. (*San Francisco Chronicle*, 8 novembre 1978.)

Questo racconto toccante, pur col suo lieto fine, ci fa venire in mente l'analisi della timidezza e del bisogno di comunicare sentimenti d'amore di cui ha scritto il drammaturgo George Bernard Shaw. In *Candida* una commedia di Shaw, il romantico e timido poeta Marchbanks, segretamente innamorato dell'eroina Candida, confessa:

> Vado alla ricerca dell'amore; e lo trovo in quantità smisurate in seno ad altri. Ma quando provo a chiederlo, questa orribile timidezza mi strangola; e rimango muto, o faccio anche peggio, perché dico cose senza senso: stupide bugie. Vedo quell'affetto che desidero ardentemente offerto a cani, gatti e uccellini domestici, perché loro sono capaci di chiederlo. Bisogna chiederlo: è come un fantasma; non può parlare se prima non gli rivolgi la parola. Tutto l'amore del mondo desidera parlare; solo che non osa, perché è timido! Timido! Timido! Questa è la tragedia del mondo.

AMATE I VOSTRI FIGLI "INCONDIZIONATAMENTE"

C'è qualcosa di più dietro il consiglio, spesso offerto ai genitori, di comunicare al proprio figlio che, sebbene non apprezzino particolarmente quel che fa a volte, è il comportamento, non già il bambino stesso, quel che detestano in quel momento. In altre parole, ciò che viene consigliato ai genitori di fare è assicurarsi che i loro figli sappiano sempre che l'amore che provano per loro è costante, cioè è incondizionato.

Nel profondo, molto probabilmente l'amore che provate per i vostri figli è incondizionato. Ma chiedetevi se siete in grado di comportarvi in alcuni modi che occultano quest'evidenza ai vostri figli. Quante volte trattenervi dal manifestare amore è stato il vostro "asso nella manica"? Quante volte eravate consapevoli di poter aggiungere, o togliere, un po' d'amore per far sì che vostro figlio si comportasse nel modo desiderato: raccogliere i suoi giocattoli, portare fuori la spazzatura, rientrare a casa in orario, andare a letto? *Oppure, farlo stare zitto?* Una persona ci ha riferito che la sua timidezza è cresciuta per il fatto di esser stata invitata a star tranquilla e silenziosa: «Avevo circa tre anni», ha riferito, «quando ho capito che potevo ricevere carezze dai miei genitori per il fatto di stare in silenzio. Quindi, stavo tranquillo. Un bel bambino tranquillo».

Abbiamo già avuto modo di osservare che le persone timide spesso investono, in ogni performance sociale, il bene più caro di cui dispongono: il loro ego. Quando una loro richiesta viene negata, oppure un loro approccio non viene ricambiato, giungono a trarre certe conclusioni: «Non gli piaccio»; «Pensa che non sia abbastanza bravo»; «Non mi vogliono intorno». In qualche modo, hanno erroneamente imparato a identificare ciò che fanno, o non fanno, come agiscono, con la loro più profonda essenza: la loro identità e la loro autostima. Invece di concentrarsi su come potrebbero modificare la loro richiesta la prossima volta, oppure di analizzare i motivi del rifiuto che hanno ricevuto, i quali non hanno nulla a che fare con le loro caratteristiche personali, traggono una conclusione che riguarda il loro ego: «Sono stato valutato negativamente e sono stato respinto».

In parte, questo errato modo di pensare deriva dal fatto di aver appreso, in famiglia, che sono amati e rispettati in base a come si comportano. Il fattore che aggiungono all'equazione è il seguente: «Il modo in cui gli altri rispondono al mio comportamento indica cosa pensano di me e mi definisce in quanto persona desiderabile o meno». Riteniamo convintamente che un comportamento possa esser considerato indesiderabile (quindi, non accettabile o addirittura punibile), ma pensiamo anche che non si dovrebbe mai far sentire il proprio figlio come una persona indesiderabile.

DISCIPLINA CON AMORE E COMPRENSIONE

Tutti i bambini hanno bisogno di limiti per sentirsi al sicuro. Inoltre, non solo desideriamo che i nostri figli siano al sicuro, ma vogliamo che si comportino in una maniera socialmente accettabile, anche fuori casa. Pertanto, non vogliamo che si dimostrino "impertinenti", o che agiscano senza considerare i bisogni degli altri.

Poiché la ragione per la quale applichiamo un certo grado di disciplina è quella di ottenere che i nostri figli manifestino un comportamento desiderabile, è utile analizzare le percezioni dei genitori in merito a ciò che considerano tale. Molti genitori, ci ha riferito lo psicologo Fitzhugh Dodson, pensano che i loro figli si comportino male quando «in realtà si comportano semplicemente come bambini». Questi genitori, dice Dodson, autore di *How to parent* e *How to grandparent*, si aspettano che i loro figli si comportino come degli adulti, perciò manifestano sorpresa e frustrazione quando non lo fanno. Quindi, analizzate attentamente le vostre aspettative in merito al comportamento di vostro figlio, senza rilevare qualcosa di scorretto, in un bambino di due anni e mezzo, quando si comporta semplicemente come tale.

Un'eccessiva disciplina (soprattutto se si rivela iniqua e brutalmente eccessiva) influisce sulla timidezza in molti modi.

a. La disciplina si basa spesso sul presupposto che il bambino sia stato colto in fallo e che, quindi, debba manifestare un altro comportamento. Il bambino che considera "giusta" l'autorità dei genitori, non solo percepisce i provvedimenti, in termini di disciplina, come adeguati e meritati, ma pensa a sé stesso come a un bambino "cattivo". L'autostima, che gioca un ruolo fondamentale nella genesi e nel mantenimento della timidezza, viene in tal modo a ridursi.

b. La paura nei riguardi dell'autorità percepita in famiglia può generalizzarsi e determinare inibizioni al cospetto di tutte le figure autorevoli. Le figure autorevoli, come abbiamo già osservato, sono tra le principali cause della timidezza. Tale fenomeno non si genera per eccessivo rispetto dell'autorità, bensì per paura, manifestata dalle persone timide, nei riguardi del potere che viene esercitato su di esse.
c. Analizzando altri dati, raccolti nel corso delle nostre ricerche, abbiamo osservato che gli studenti universitari timidi riferiscono un maggior timore di non disporre del controllo e si preoccupano di più, rispetto ai colleghi non timidi, del fatto che gli altri agiscano quello stesso controllo su di loro. In effetti, il controllo è una preoccupazione importante per quei genitori che applicano la disciplina severamente, perciò i nostri studenti timidi crescono sia manifestando timore sia con la preoccupazione per il controllo, subendolo eccessivamente e agendolo in maniera insufficiente.
d. Le persone sono disciplinate, non le situazioni. Spesso la verità si stabilisce esaminando il contesto in cui si è manifestato un determinato comportamento: altre persone possono rivelarsi responsabili, oppure altri fattori situazionali possono aver avuto un ruolo decisivo. Per esempio, una bambina si è lamentata con la madre di un coetaneo, di cinque anni, timido e mite, perché l'avrebbe picchiata "senza motivo". Come si è avuto modo di accertare, quella bambina aveva schernito quel bambino, definendolo uno storpio. Quel bambino era effettivamente menomato alle gambe, infatti indossava degli ingombranti tutori. Sebbene avrebbe fatto meglio a non colpire quella bambina, è facile comprendere perché l'abbia fatto. Dati questi presupposti, è sempre opportuno chiedere la sua versione a vostro figlio, in merito a qualsiasi episodio in cui si verifica l'infrazione di una delle vostre regole "da seguire", prima di infliggere qualsiasi punizione. Inoltre, è altrettanto opportuno ottenere informazioni dalle persone presenti in merito a quali siano state le circostanze (attenuanti) dell'episodio in questione. Il bambino era distratto in classe

perché aveva terminato il proprio compito e si stava annoiando? I bambini sono messi nella condizione di competere per una risorsa limitata e, poi, quella stessa competizione è sfuggita di mano?

Le stesse persone timide tendono a sottovalutare, o addirittura a ignorare, la rilevanza dei fattori situazionali che potrebbero determinare il loro comportamento o quello manifestato dagli altri nei loro riguardi. Il loro modo di pensare è stato indotto a considerare le persone-come-cause. C'è molta attività di ricerca, nell'ambito della psicologia, la quale supporta l'idea che per attuare il cambiamento sia necessario identificare le condizioni esterne che favoriscono tali manifestazioni comportamentali, per poi modificarle. Tuttavia, è difficile cambiare per le persone timide, anche quando sono fortemente motivate a farlo, proprio perché non riescono a comprendere che le loro reazioni sono causate da specifici fattori situazionali ai quali sono esposti, non solo dalla loro timidezza.

La disciplina deve essere una questione privata. Qualunque provvedimento del genere venga posto in essere, dovrebbe essere attuato in modo da preservare la dignità di un bambino. Dovrebbe essere attuato in privato e, qualunque sia il comportamento che abbia determinato la scelta di porre in essere un provvedimento, dovrebbe essere sottoposto alla riservatezza. Il ricorso al rimprovero in pubblico, e la vergogna che spesso percepisce il bambino, è controproducente per evitare che si manifesti nuovamente il comportamento indesiderato; anzi, rinforza i fattori che favoriscono le manifestazioni ascrivibili alla timidezza.

In uno studio dedicato al ricorso "istintivo" alla punizione da parte degli insegnanti, sono stati osservati due bambini di ciascuna delle cinque classi per un periodo di cinque mesi. Questi bambini erano "indisciplinati" in classe e sono stati rimproverati, a gran voce, dagli insegnanti, di fronte al resto della classe. Tali rimproveri, esternati pubblicamente, hanno modificato ben poco la frequenza delle manifestazioni comportamentali dirompenti. Tuttavia, quando i ricercatori hanno convinto gli insegnanti ad attuare rimproveri più "morbidi" e discreti, che solo il bambino poteva percepire, la frequenza dei comportamenti dirompenti è diminuita drasticamente. Per mostrare in modo convincente che la vergogna del bambino, al cospetto dei pari, era inefficace rispetto ai provvedimenti disciplinari "personalizzati", agli insegnanti è stato chiesto di esprimere, nuovamente, palesi rimproveri per diverse settimane, per poi ritornare ad applicare provvedimenti più "morbidi" nelle ultime settimane dello studio. I comportamenti degni di reprimenda sono aumentati quando i rimproveri sono stati nuovamente resi espliciti, mentre sono diminuiti quando sono stati applicati quelli più "morbidi e personalizzati".

Dorothy Corkille Briggs, autrice di *Your child's self-esteem*, raccomanda quella che lei chiama "democracy in discipline". Questo approccio, afferma Corkille Briggs, riconosce un bambino come una persona distinta, non già come un'estensione del genitore, o una sua proprietà. Proprio in qualità di persona distinta, un bambino, come d'altra parte ognuno di noi, che viviamo in una democrazia, vuole aver voce in capitolo per quanto attiene le questioni che riguardano la sua vita. Ha osservato che «spesso gli adulti confondono la disciplina democratica con l'eccessiva permissività. Condividere il potere è ben lungi dal cederlo incondizionatamente. *La democrazia non implica la rinuncia; mentre l'eccessiva permissività sì*».

Briggs osserva anche che l'autoritarismo permane solo finché è presente la figura investita dell'autorità. Siamo d'accordo. Conosciamo tutti dei bambini che si scatenano, una volta che sono fuori dal raggio d'azione, per quanto riguarda il controllo, dei loro genitori. Tuttavia, dobbiamo aggiungere che abbiamo anche osservato bambini talmente intimiditi dall'autorità da dimostrarsi troppo timidi per ribellarsi anche quando farlo è sicuro, e non li espone a conseguenze. Crescono con un ego timido, che è davvero troppo controllato; non possono mai lasciarsi andare, perché temono di perdere il controllo. Hanno interiorizzato i valori e le regole restrittive imposte dal loro "carceriere", che ora li tiene rinchiusi nella prigione della loro timidezza.

Tante più sono le regole impiegate da genitori e insegnanti per "gestire la bottega", tanto meno faranno riferimento a incentivi e lodi. Poiché le regole stabiliscono gli standard di ciò che ci si aspetta, un bambino che segue obbedientemente tutte le regole "fa solo ciò che ci si aspetta", quindi, di solito, non ci sono ragioni per ricompensarlo. Ma la violazione delle regole comporta sempre guai, ammonizioni, "chiamare gli sbirri" e infliggere punizioni. È una situazione che non offre alcuna possibilità di vittoria per le persone che vivono in ambienti così controllati dalle regole. Per coloro che sono timidi, o in procinto di diventarlo, tutto ciò significa disporre di poche occasioni pratiche per gestire le lodi e i complimenti – perciò crescono come adulti timidi ancora del tutto incapaci di accettare con grazia ciò che desiderano così tanto.

Forse un'opportunità per i bambini di esercitarsi a gestire le lodi (oltre a favorire un buon comportamento) può presentarsi quando non infrangono le regole. I genitori possono, per esempio, bilanciare gli ammonimenti con lodi pertinenti quando i bambini seguono le regole. Peraltro, non dovrete esagerare, magari dicendo a vostro figlio di sette anni: «È meraviglioso che tu, oggi, non abbia rubato niente», oppure «Che bello, non hai preso a calci in testa tua sorella», ma quando i figli mettono via i loro giocattoli, tornano a casa, in orario, per la cena, o fanno i compiti senza che glielo si debba dire con insistenza, una semplice parola di lode può rivelarsi un ottimo rinforzo.

Insegnare la tolleranza

I pregiudizi possono contribuire al manifestarsi della timidezza, perché nella misura in cui sono condivisi in casa, rendono consapevoli i bambini che anche le persone che amano pensano a classi, o a tipi, di persone in termini valutativi. Questo dice loro che le persone tendono a valutare negativamente gli altri semplicemente in ragione di quel che sono. Ciò rinforza l'impressione del bambino timido che il mondo sia un contesto giudicante in cui le persone sono pronte a esprimere, per l'appunto, giudizi e, di conseguenza, diventa consapevole, o addirittura timoroso, delle altre persone che sono in grado di (mal)giudicarlo.

Quindi, con il vostro esempio, insegnate ai vostri figli a essere indulgenti. Insegnate loro a concedere agli altri anche il beneficio del dubbio, considerando gli errori alla luce delle circostanze, invece che le conseguenze dell'inettitudine di qualcuno. Chiedetevi, parlando ad alta voce insieme a loro, cosa potrebbe aver indotto un individuo a commettere un atto deviante, o quale motivazione potrebbe aver determinato un cambiamento, tanto inspiegabile, nel comportamento di qualcun altro. Laddove gli errori sono dovuti all'inadeguatezza del comportamento di qualcuno, mostrate in che modo il fallimento ci indichi la necessità di fare pratica, di esser previdenti, di pianificare per la prossima occasione, ed esprimete empatia, non sarcasmo, nei riguardi di chi ha fallito. La sensibilità nei confronti dei sentimenti degli altri dovrebbe rientrare tra le regole d'oro del bambino timido, quantomeno se ci si aspetta che gli altri siano sensibili nei confronti delle sue delicate emozioni. Ciò significa che i genitori e i fratelli maggiori dovrebbero evitare di ridicolizzarlo, di esprimere valutazioni ipercritiche e insulti, anche nei riguardi di "avversari" e di persone che si comportano in modo inadeguato.

BASTONI E PIETRE POSSONO ROMPERE LE OSSA, MA LE ETICHETTE DURANO PER SEMPRE

La maggior parte dei genitori è profondamente consapevole che dovrebbe evitare di affibbiare etichette negative, come, per esempio, "stupido", "ottuso", "pigro", ed evitare di dire qualcosa come «Sei inutile, non sarai mai apprezzato», perché minano l'immagine del sé del bambino. Quindi, quando siete tentati dall'idea di usare tali etichette, tenete ben presente la relazione tra la timidezza e l'autostima di un bambino, ed evitate di favorire un percorso che conduce alla timidezza, e che, peraltro, potrebbe rivelarsi già in essere.

Prestate particolare attenzione quando etichettate un bambino di fronte ai suoi coetanei. Questa considerazione ci è venuta in mente quando la madre di una bambina, di tre anni, ci ha detto di aver appellato sua figlia, sostenendo che era «una cattiva bambina» di fronte ai suoi compagni di gioco. Il giorno dopo, la madre ha sentito gli amici di sua figlia dire che non volevano giocare con lei perché: «Sei cattiva. L'ha detto tua madre».

Nella Stanford Shyness Clinic, un tema costante che ritroviamo nella storia di ogni cliente, e che diventa un obiettivo importante per il cambiamento terapeutico, è quello degli appellativi che ciascuno attribuisce a sé stesso. Siamo arrivati a pensare all'autostima nei termini del semplice rapporto tra il numero di considerazioni positive che le persone attribuiscono a loro stesse e il numero di occorrenze nelle quali si sminuiscono. Le persone con un'elevata autostima sono libere di concedersi lodi, laddove siano meritate, e parche nel riservarsi autocritiche, a meno che siano palesemente giustificate. I nostri clienti timidi, e con bassa autostima, dicono poco di positivo in merito a loro stessi, ma troveranno, ogni volta, un aspetto negativo, anche marginale, che devono comunque riferire. Il trattamento consiste dapprima nell'insegnar loro come registrare, per una settimana o due, ogni occorrenza in cui si rendono conto di esprimere autovalutazioni positive o negative. Possono fare tutto ciò a partire da un numero definito di piccoli oggetti (monete, graffette, fiammiferi e così via) che possono tenere in tasca, oppure in una borsa, per poi trasferire un token, in un altro posto, ogni volta che si rendono conto di un giudizio positivo che hanno espresso nei loro confronti. Scoprono, fin dall'inizio, che non è un esercizio molto edificante. Quindi devono imparare a dire "*Stop*" a loro stessi non appena si rendono conto delle affermazioni che stanno per proferire: «Sono stato stupido ad aspettarmi... *Stop*»; «I miei capelli sono così brutti oggi... *Stop*»; «Certo, ho fatto un casino, è proprio da me... *Stop*». Successivamente, le affermazioni negative vengono modificate al fine di garantire un feedback costruttivo, che indichi cosa si potrebbe fare diversamente la prossima volta. «Avrei dovuto aspettarmi quella reazione da lui, quindi la prossima volta... Bene»; «Non ho fatto la domanda che volevo perché non ci avevo pensato a fondo, domani sarò il primo a chiedere se... Bene».

Quando le affermazioni positive, riferite a sé stessi, superano quelle negative, l'autostima aumenta e una fonte di timidezza si riduce.

COSTRUIRE LA FIDUCIA

Se la timidezza è una fobia nei riguardi delle persone, cosa possiamo fare per eliminare la paura degli altri? Fare in modo che un bambino esprima maggior fiducia negli altri è solo una parte della risposta. I bambini si fidano maggiormente se hanno fiducia in loro stessi. Si fidano degli altri quando dispongono di una storia appresa caratterizzata da esperienze positive che si sommano a una visione della natura umana che afferma: «Le persone tendono a mantenere le promesse che mi fanno; quando non le rispettano, di solito, c'è una buona ragione. Le persone tendono a rispettare la mia privacy, le mie cose e i segreti che ho condiviso con loro; le persone a cui tengo sono disposte a rivelarmi le loro confidenze in merito a paure e frustrazioni, dolori e speranze».

La rivelazione di sé genera fiducia, la fiducia è essenziale per l'intimità, l'intimità è vitale affinché le persone evolvano, formando strette amicizie. D'altro canto, come abbiamo indicato nell'ultimo capitolo, nemmeno i timidi estroversi si sentono a proprio agio nelle situazioni di intimità. «Non credo che qualcuno mi amerebbe se conoscesse il vero me», è il «ritornello della loro canzone». Voi, in qualità di genitori dovreste avvicinarvi il più possibile alla conoscenza del "vero sé" di vostro figlio, mostrandogli amore e rispetto. Anche gli altri faranno così, purché gli sia permesso avvicinarsi. Certo, ci sono momenti e ci sono persone là fuori, nel mondo freddo e crudele, che mentiranno, imbroglieranno, inganneranno e agiranno in modo fraudolento nei confronti di noi stessi e dei nostri figli; tuttavia, sono in minoranza, e in poco tempo li considererete per quello che sono. I bambini che non apprendono le dinamiche associate alla fiducia dai loro genitori, in tenera età, potrebbero non dimostrarsi mai in grado di fidarsi completamente di chiunque altro, nemmeno del proprio coniuge e dei propri figli.

PRESTARE ATTENZIONE A VOSTRO FIGLIO

La tipica risposta di un genitore, a cui viene detto che prestare attenzione a un bambino è importante, potrebbe essere: «Ma io *dedico* attenzione a mio figlio. In effetti, ogni due minuti, mi fa una domanda, e non solo si aspetta che lasci perdere quello che sto facendo per soddisfare un suo bisogno, ma che gli risponda. Cosa posso offrirgli di più?».

Molti bambini sembrano desiderare sempre il 110% della vostra attenzione. Alcuni pongono effettivamente questo genere di richiesta e, dal momento in cui aprite gli occhi al mattino fino a quando non chiudono i loro la sera, potrebbero esaurirvi. Tuttavia, c'è un modo per non finire stremati e garantire, al contempo, che vostro figlio riceva l'attenzione che desidera ardentemente, persino di quel genere che rinforzerà la sua autostima. Per raggiungere tale obiettivo, dovete comprendere perché alcuni bambini sono tanto esigenti.

La psicologa infantile, Annye Rothenberg, che è a capo del Child-rearing Education Program presso il Children's Health Council di Palo Alto, in California, afferma che è naturale per i bambini essere esigenti, e anche dimostrarsi in grado di interromperci, in parte perché hanno ritmi circadiani diversi rispetto agli adulti. «I bambini mantengono l'attenzione per brevi periodi», ci ha riferito, «mentre gli adulti sono in grado di stare attenti per tempi più lunghi, sicché i nostri figli non capiscono che noi abbiamo bisogno di tempo per riflettere, tempo per leggere una frase completa, oppure semplicemente di tempo per stare da soli, mentre loro stanno facendo qualcosa. I bambini semplicemente non sono sensibili ai bisogni degli adulti, quindi anche dei loro genitori, e invece manifestano i propri bisogni e hanno centinaia di domande da porre». Vivono anche nella dimensione temporale del "presente espanso", nella quale passato e futuro paiono marginali rispetto al qui e ora.

Ciò significa che dovete rispondere alle richieste di attenzione di un bambino, ma potete farlo spiegando perché, a volte, non siete in grado di soddisfare una particolare richiesta immediatamente, bensì dopo un po' di tempo (quando avrete completato il vostro compito attuale). Insegnate al bambino come "interferire educatamente" con quel che state facendo, magari imparando a dire «Scusami», oppure «Posso interromperti?». Occorre anche che si abituino ad attendere la vostra risposta, prima di buttarsi a capofitto nell'urgenza del momento.

Se una richiesta specifica che vi imporrebbe di agire, non può essere soddisfatta, di solito potete rispondere alla richiesta di attenzione. La rivalità tra fratelli, che si sviluppa quando un "nuovo arrivato" inizia a "vivere" in casa, è solitamente ricondotta a una significativa riduzione del livello di attenzione a cui è stato abituato il bambino più grande. «Figlio mio, il tuo fratellino ha bisogno di me ora, più tardi darò retta te» è il messaggio implicito comunicato dalla mamma. Non è necessario che le cose vadano così. Per esempio, mentre allattava l'ultimo nato, la moglie di Phil giocava anche con sua figlia, di quattro anni, che diceva apertamente: «Hai così poco tempo per me e così tanto per il mio fratellino». La bambina era in grado di deambulare, anche senza l'ausilio della madre, quindi, giocare a nascondino poteva essere una soluzione. Mentre la mamma contava fino a dieci, la bambina correva e si nascondeva, da qualche parte, a una distanza tale da sentire la voce di sua madre, per poi uscire dal nascondiglio quando veniva scoperto. «Sei sotto il lavandino? Nell'armadio del corridoio? Vicino alla lavatrice?», diceva la mamma. La piccola bambina rispondeva con un gioioso: «Sì, sono qui» quando veniva individuato a voce il suo nascondiglio, ed era pronta a correre in un altro per il turno successivo.

Tuttavia, anche i genitori intelligenti possono spesso rivelarsi insensibili nei riguardi del punto di vista del bambino, in merito alla quantità di attenzione che necessita. Un buon esempio di ciò si è verificato quando abbiamo partecipato a una festa organizzata da un'altra coppia, entrambi erano professori universitari. Poco dopo il nostro arrivo, ci stavano descrivendo quelle singolari librerie, le quali erano riempite di libri a partire dalla mensola posta a circa quattro piedi dal pavimento. Ci dissero che, avendo un bambino piccolo, che nel frattempo stava crescendo, erano costretti a spostare i libri sempre più in alto, perché, se li avesse avuti a portata di mano, li avrebbe fatti a pezzi. Alla fine, dissero, si erano resi conto che lo stava facendo perché, in un certo senso, i libri entravano in competizione con lui, contendendo l'attenzione dei genitori. Sembra che i suoi genitori passassero quasi tutto il loro tempo libero a leggere, e quando li interrompeva, dicevano: «Lasciaci in pace, stiamo leggendo». A questo punto, il bambino avrebbe iniziato a strappare i libri.

Sebbene questi genitori fossero giunti a comprendere il motivo per cui il bambino stava distruggendo i loro libri, non sono stati in grado di capire come avrebbero potuto risolvere il problema. In effetti, sarebbe bastato semplicemente dedicargli alcuni minuti di totale attenzione, oppure avrebbero potuto spiegargli, oltre a dire che erano occupati, perché non potevano sempre dedicargli del tempo, e poi stabilire quando avrebbero giocato o conversato con lui, disponendosi, infine, per mantenere la promessa. Né si sono resi conto, come d'altra parte accade a molti genitori, che i bambini otterranno attenzione, in un modo o nell'altro, sentendosi in diritto di rivendicarla in più occasioni nel corso della giornata per un periodo di diverse ore.

Oltre ai fratelli e ai libri, quantomeno per dei genitori-insegnanti, anche la TV, il quotidiano e il telefono competono col bambino per ricevere attenzione. Siate consapevoli di quanto spesso state completamente ignorando il bisogno di attenzione di vostro figlio. Cercate di ridurre al minimo il tempo in cui la distogliete completamente da lui, evitate i periodi lunghi o ripetuti, ricordatevi di comunicare al bambino quando tornerete a occuparvi di ciò che sta facendo. Come sa ogni genitore single che lavora, anche con disponibilità limitate, ciò che più conta è la qualità del tempo che trascorrete vicino a vostro figlio, piuttosto che la totalità complessiva delle ore in cui vi capita di stare col vostro bambino.

Anche gli altri bambini beneficiano della vostra attenzione nei loro confronti. La maggior parte degli adulti tratta i figli degli amici, che rispondono alle loro telefonate, come se fossero operatori telefonici. «Passami tuo padre, digli che sono Morris». Provate a parlare con loro per un minuto o due, chiedendo come stanno, cosa stanno facendo, se hanno visto il nuovo film di Superman oppure qualcos'altro, e così via. Scoprirete presto di esservi fatti un nuovo amico, che crescerà amandovi e rispettandovi, in parte perché «apparirete diversi dagli altri adulti che prediligono le vie spicce, e non mostrano mai troppo interesse per i bambini». Potreste anche indicare ai vostri amici adulti che questi apprendimenti potrebbero essere estesi al modo in cui si relazionano con i vostri figli.

Mostrare attenzione nei riguardi degli altri, porre domande personali, manifestare interesse per loro vi farà onore e, solitamente, verrà apprezzato. Durante una partecipazione al Phil Donahue Show, Phil ha interrotto la serie di domande poste da Donahue, per porne una lui: «Sei timido? Mi piacerebbe saperlo, e sono sicuro che interesserebbe anche ai tuoi fan». Prima che Donahue rispondesse «Solo ai cocktail party», ha confessato di essere lieto che uno dei suoi ospiti si fosse preoccupato per lui, dacché era raro che qualcuno si dimostrasse tanto premuroso. Anche le superstar, a volte, hanno bisogno della nostra attenzione; quindi, ciò vale anche per quella che avete messo al mondo e state crescendo.

IN SINTESI

Se ora pensate che le vostre pratiche genitoriali possano aver contribuito a favorire lo sviluppo della timidezza in vostro figlio, sappiate che ciò è rilevante solo nella misura in cui alcuni vostri comportamenti possono mantenere stabile questa sua condizione e, in tal caso, dovrete impegnarvi in alcuni cambiamenti che vi riguardano. A tal fine, ponetevi le seguenti domande:

- Sono troppo permissivo o troppo autoritario, in particolare con questo mio bambino?
- Manifesto adeguatamente il mio amore? Il mio bambino ha bisogno di più abbracci e carezze?
- Quando è stata l'ultima volta che ho parlato veramente col mio bambino? Quand'è stata l'ultima volta che ho ascoltato per davvero quel che aveva da dirmi?
- Offro un buon esempio sul piano comunicativo? Sto mantenendo aperta la comunicazione, facendogli sapere che può parlare con me? Incoraggio la sua libera espressione?
- Evito attività che determinano un isolamento eccessivo, come guardare la TV e leggere (costantemente)?
- Offro al mio bambino la più completa attenzione ogni giorno?
- Faccio quelle cose particolari, come organizzare una bella festa per il compleanno, che fanno sentire speciali i bambini?
- Ispiro nei miei figli quel tipo di fiducia che li rende consapevoli che possono contare su di me e fidarsi degli altri?
- Sto insegnando al mio bambino che dev'essere tollerante nei confronti dei suoi limiti, istruendolo a manifestare tale atteggiamento anche verso gli altri? Insegno al bambino il valore dell'unicità dell'individuo?
- Applico la disciplina in modo tale da preservare la dignità di mio figlio, offrendogli sempre un senso di sicurezza?
- I miei provvedimenti, in termini di disciplina, comunicano anche un messaggio di attenzione e comprensione?
- Faccio sapere a mio figlio che lo "amo incondizionatamente"?
- Le mie aspettative nei riguardi del comportamento di mio figlio sono realistiche? Oppure mi aspetto che si comporti come un adulto, piuttosto che come un bambino?

3
Strategie per ridurre al minimo la timidezza

Oggigiorno, non è poi così insolito che i genitori abbiano aspettative irrealistiche nei riguardi dei propri figli e, in effetti, data la natura competitiva della nostra cultura, è difficile non averne. «Mostrami il bambino e ti descriverò il genitore», è un luogo comune che ancora alberga nella mente di molte persone, e spesso, senza che ce ne accorgiamo, i nostri figli diventano i nostri status symbol più esposti. La loro missione nella vita sembra essere quella di doverci portare a casa le prove che sono i bambini più brillanti, più abili, più belli, di tutto il quartiere.

Purtroppo, indipendentemente da quanto i genitori desiderino i migliori riconoscimenti per i loro figli, non tutti i bambini possono riceverne molti, o anche uno solo.

Dopo esservi assicurati che il vostro stile genitoriale è quello che massimizzerà il senso di sicurezza in vostro figlio, è molto importante che il vostro programma di riduzione della timidezza vada oltre, insegnandogli ad essere indipendente, ad assumersi dei rischi, a sviluppare abilità che gli offrano la possibilità di avere fiducia in sé stesso. Altrettanto importante è il ruolo assunto dalle vostre aspettative in relazione al fatto che vostro figlio continui a manifestare timidezza, e anche quello che queste stesse aspettative assumeranno quando applicherete le strategie, che illustreremo in questo capitolo, volte a favorire la strutturazione dell'autostima di vostro figlio e il superamento dell'attuale condizione.

Il fatto che l'autostima di un bambino soffra o meno a causa dei desiderata espressi dai genitori dipende essenzialmente dal fatto che tali aspettative siano realistiche. Se sono troppo elevate, un bambino può, in un certo qual modo, essere predisposto al fallimento e il genitore può essere esposto a priori alla delusione, che, d'altra parte, passa raramente inosservata al bambino stesso.

Se le aspettative di un genitore sono troppo basse, è probabile che il bambino riesca a soddisfare gli obiettivi con il minimo sforzo. Sebbene non fallisca in tali condizioni, la percezione del successo, da parte del bambino, sarà poco significativa e l'autostima ne risentirà.

QUANDO LE ASPETTATIVE DEI GENITORI SONO TROPPO ELEVATE

Un buon esempio della sindrome "mio-figlio-dovrebbe-essere-perfetto-o-almeno-il-migliore" può essere osservato nel caso di Betsy, una bambina di 4 anni che abbiamo coinvolto nel nostro studio condotto sulla scuola materna. Betsy ha attirato la nostra attenzione per la prima volta quando ci siamo resi conto che non giocava con gli altri bambini in giardino, per restare in disparte, ai margini di quell'attività ricreativa. Di fatto, si limitava a guardare i bambini che giocavano a palla, o che si arrampicavano sulle barre di una jungle gym. A volte, l'abbiamo osservata in classe, mentre girava tra i banchi senza un obiettivo, oppure quando se ne stava seduta in un angolo, a sfogliare un libro. Quando abbiamo chiesto informazioni su tali manifestazioni comportamentali alla sua insegnante, ci ha risposto: «Betsy è molto timida. Non solo non gioca con gli altri bambini, ma non canta, né balla, quando lo fanno gli altri coetanei. Passa la maggior parte del suo tempo seduta in silenzio e legge dei libri».

A quanto pare, i genitori di Betsy sembrano aver interiorizzato un valore culturale, piuttosto diffuso nella comunità dei docenti universitari – la misurazione del valore di un bambino in base all'intelligenza e alle performance –, perciò considerano il fatto di saper leggere, sin dalla più tenera età, come il simbolo di quel "potere del cervello" al quale attribuiscono fin troppa importanza. Per questa ragione, hanno fatto pressioni su Betsy, affinché imparasse a leggere fin da quando aveva 2 anni. Betsy semplicemente non era pronta, ma invece di lasciarla crescere al proprio ritmo, i suoi genitori hanno reagito ai suoi "fallimenti" insistendo ancor di più, e ora, sempre più spesso Betsy si sente "un fallimento". L'insegnante ci ha riferito che, ora, Betsy balbetta gravemente.

Poiché le aspettative dei suoi genitori erano troppo elevate, Betsy era esposta al fallimento fin dall'inizio. Anche ora che è capace di leggere a 4 anni, piuttosto che considerare la rilevanza di un tale risultato, molto probabilmente, Betsy crede di non essere abbastanza brava, perché ha raggiunto risultati risicati e troppo tardi. La nostra ipotesi è che lei senta che non sarà mai in grado di soddisfare le richieste dei suoi genitori.

Non c'è dubbio che la fiducia di Betsy di poter realizzare qualsiasi cosa sia stata minata da quel grave fallimento associato al tentativo di compiacere i suoi genitori. Lo abbiamo osservato quando si è rifiutata di giocare a palla con gli altri bambini, dicendo, in un'esplosione "isterica" della balbuzie, che "non sapeva" lanciare una palla.

Abbiamo osservato un atteggiamento comune nelle persone timide: subendo la pressione dei loro genitori, che si aspettano troppo, interiorizzano quelle aspettative, imponendole a loro stesse, per poi giungere persino a evitare di provarci, perché se non riescono a compiere perfettamente qualcosa, non la faranno affatto.

È importante, quindi, che voi riconosciate dapprima l'adeguatezza delle competenze di un bambino, in relazione al fatto di poter svolgere un compito specifico, affinché possiate comprendere, e poi comunicare a vostro figlio, che alcuni tipi di prestazioni, come, per esempio, lanciare una palla, sono in gran parte una questione di pratica – che richiede un'analisi e un apprendimento, onde poter offrire una risposta adeguata. Per esempio, i bambini canadesi, in genere, sono abili giocatori di hockey su ghiaccio quando raggiungono l'adolescenza; i loro coetanei europei fanno cose straordinarie con il pallone da calcio; i giovani hawaiani cavalcano le onde, in equilibrio precario sulle tavole da surf; mentre i ragazzi del ghetto giocano spesso a basket con una impressionante abilità. La chiave del successo, per un bambino, è la pratica. Cominciano tutti a praticare lo sport localmente preferito, fin dalla più tenera età, e continuano ad allenarsi ora dopo ora. Non si tratta di nascere con una particolare coordinazione, oppure di essere "dotati"; di fatto, la maggior parte dei giovani impara piuttosto un gesto attraverso l'osservazione degli altri, per tentativi ed errori e dedicandosi al gioco.

Tuttavia, agli occhi dei nostri figli, noi genitori siamo, soprattutto, le autorità o gli esperti, e quando trasmettiamo loro il messaggio che dovrebbero essere in grado di fare così e così, semplicemente ci credono. Quindi, quando non possono fare tutto ciò che ci si aspetta da loro, piuttosto che chiedersi se i loro genitori hanno ragione, presumono che ci sia qualcosa di sbagliato in loro. Parlando dell'infelicità che i bambini provano, quando sono sottoposti a tali pressioni, Eugene Kennedy, nel suo libro, *If you really knew me would you still like me?*, afferma:

> Avete mai osservato dei bambini mentre si sforzano nel tentativo di soddisfare le esigenze irrealistiche di alcuni genitori? Questi bambini hanno un disperato bisogno di amore e desiderano essere amati. Lottano con tutte le loro forze per trovare il modo di ricevere questo genere di risposte dai loro genitori. A volte, per perseguire tale intento si trasfigurano completamente. Si sforzano di adeguarsi all'immagine ideale che i genitori hanno di loro, ma questo significa che la "verità" su loro stessi non è mai abbastanza soddisfacente. Non c'è dunque da stupirsi per il fatto che non si sentano mai bene con loro stessi...
>
> Per esempio, potrebbero essere semplicemente dei bambini che rientrano nella media, ma i loro genitori potrebbero essersi fatti l'idea che dovrebbero prendere sempre A e vincere soltanto primi premi. I bambini che sono considerati in questo modo a casa non possono mai rivelarsi all'altezza. Quello che sono non può mai ap-

parire sufficientemente buono agli occhi di genitori che hanno deciso, in anticipo, quanto devono essere meravigliosi e straordinari i loro figli. È triste, ma non certo sorprendente che questi bambini trovino difficile entrare in contatto con quel che sono veramente, o che possano manifestare problemi di autostima, e di fiducia in loro stessi, per tutta la vita.

Abbiamo interagito con un uomo che credeva così fortemente che il fatto di esser considerato un bravo giocatore di baseball fosse una "misura" importante del valore di suo figlio e, ogni volta che quel ragazzo non giocava bene nella Little League, smetteva di parlargli. In un'occasione, suo figlio e un altro ragazzo stavano giocando la stessa partita, ma nelle due squadre avversarie. Li accompagnò alla partita e si rifiutò di parlare con *entrambi* mentre tornavano a casa – non rivolgeva la parola a suo figlio, perché la sua squadra aveva perso, e non comunicava con l'altro ragazzo perché aveva realizzato il fuoricampo che aveva determinato la vittoria dell'altra squadra. Non siamo certi che la timidezza di questo ragazzo avesse qualcosa a che fare con la Little League, ma potremmo scommettere, con una certa sicurezza, che il "metro" che suo padre impiega per valutare sé stesso ha molto a che vedere con quello che applica al suo ragazzo.

AMORE INCONDIZIONATO RIVISITATO

Torniamo a considerare l'esempio di Betsy, perché illustra la nostra convinzione che quando i bambini non riescono a soddisfare le aspettative dei genitori o, come nel caso di questa bambina, non le soddisfano nei tempi previsti, i loro sentimenti di fallimento si combinano con la percezione che l'amore dei genitori per loro dipenda dai successi che conseguono. In altri termini, se falliscono, perderanno l'amore dei loro genitori e, di conseguenza, questi bambini mettono in dubbio il loro valore intrinseco, in quanto esseri umani.

Quando si concretizzano tali condizioni, la situazione non può che peggiorare. Betsy, per esempio, "non compiaceva" i suoi genitori quando non riusciva a leggere. A mano a mano che loro la ponevano sempre più sotto pressione, poteva solo rispondere con fallimenti sempre più evidenti, che distruggevano non solo la sua fiducia in sé stessa, ma anche il senso di sicurezza in merito all'idea che i suoi genitori l'amassero. Ora balbetta, una manifestazione comportamentale che la fa sentire a disagio al cospetto dei coetanei, e che si configura anche come l'evidenza di un'altra "inadeguatezza" che procura dispiacere a quei due genitori, per i quali la competenza verbale è molto importante (la madre è una logopedista).

Possiamo solo chiederci se Betsy riceverà mai il supporto, di cui ha così disperatamente bisogno, da parte dei genitori. La nostra ipotesi è che manterrà la convinzione che ciò accadrà solo se soddisferà i desiderata che i suoi genitori considerano adeguati per poter esprimere la loro approvazione. Quindi, anche se nei loro cuori probabilmente amano davvero Betsy incondizionatamente, poiché la bambina ha ormai maturato una convinzione differente, questi genitori appaiono inevitabilmente come *donatori di un amore condizionato*.

Quando i genitori negano affetto e approvazione, perché il loro bambino non si comporta secondo gli standard che hanno stabilito, il figlio si convince che l'amore dei genitori sia condizionato. I genitori che associano l'espressione dell'amore a una performance di successo sviluppano nei loro figli l'idea che: «Sono bravo solo per quanto si inferisce dalla mia performance più recente» e «Esisto, in quanto eseguo delle performance di rilievo». Abbiamo osservato che uno dei maggiori problemi per le persone timide è la loro "concezione" del mondo, inteso come un palcoscenico in cui assumono il ruolo di attori sottoposti costantemente al giudizio di critici molto esigenti. Come potete rilassarvi, perdervi nel flusso associato al compito da svolgere, essere totalmente assorbiti dal processo di cui fate parte, se siete ipersensibili al fatto che quel che state facendo sarà valutato in termini di performance? Le persone timide ci dicono, implicitamente, che non sono in grado di fare tutto ciò.

In realtà, la maggior parte dei genitori ama *incondizionatamente* i propri figli, ma non sempre comunica loro tale messaggio. Anche quando esordiamo manifestando abbondantemente i sentimenti d'amore, mentre i nostri figli crescono, a volte, è facile riprodurre un pattern in base al quale sembra che il nostro affetto e la stima nei loro confronti dipendano da come si comportano. In altri termini, solo quando si comportano bene e acquisiscono delle abilità, che ci rendono orgogliosi, offriamo loro dei segni: lodi e manifestazioni d'affetto; ovvero i simboli del nostro amore.

Possiamo impiegare la "leva" del nostro amore, senza renderci conto che un bambino può interpretare quei segni come le evidenze del fatto che il nostro amore si manifesta solo quando si rivela all'altezza delle nostre aspettative. Quindi, dobbiamo tutti analizzare la qualità del nostro amore, sia quando lo mostriamo ai nostri figli come fosse una costante sia quando inviamo loro un messaggio differente per averci deluso.

Ovviamente, dobbiamo anche considerare la prospettiva che, di fatto, viene determinata dalle nostre aspettative. Sono realistiche? Sono troppo elevate? Consideriamo i nostri figli come dei "piccoli adulti" e ci aspettiamo delle prestazioni che trascendono il loro livello di sviluppo? Oppure le nostre aspettative sono troppo modeste? Diamo per scontato che siano bambini, quando da tempo non lo sono più, e li trattiamo in base a questa pregiudizievole considerazione?

QUANDO LE ASPETTATIVE DEI GENITORI SONO TROPPO BASSE

Un bambino di 2 anni e mezzo che abbiamo avuto modo di conoscere, turbato per il fatto di essere ancora imboccato con un cucchiaio e, al contempo, eccessivamente "preso in giro", un giorno reagì coraggiosamente: «Nonna, non trattarmi come un bambino, voglio che mi consideri un adulto!». Le rivendicazioni, nei riguardi dell'acquisizione di una certa indipendenza, espresse da un bambino devono essere riconosciute, e anche incoraggiate, entro i limiti del possibile, in ogni fase dello sviluppo. Tuttavia, per sentirsi indipendente, un bambino deve percepire delle alternative, disporre di opzioni significative e poter compiere delle scelte. Da tale libertà comportamentale conseguono il merito e il senso di realizzazione associato all'espressione di decisioni oculate, nonché la responsabilità per quelle scelte che non si rivelano adeguate.

Quando i genitori manifestano aspettative irrealisticamente modeste nei confronti dei loro figli, possono minarne così tanto la fiducia in loro stessi che potrebbero indurre i bambini a percepire che non sono in grado di far fronte, e padroneggiare, compiti semplici, compatibili con il loro livello di sviluppo. Per esempio, ci è capitato di interagire con una madre, che agendo le sue abituali manifestazioni di cura, era indotta a tagliare, senza nemmeno pensarci, la carne nel piatto del figlio di 16 anni, mentre discuteva, anche con ospiti in casa, i pro e i contro dei college della Ivy League, ai quali il ragazzo avrebbe dovuto inviare le application. Abbiamo conosciuto un'altra madre che ha continuato a vestire il suo "bambino" di 6 anni, finché non le è stato fatto notare che era perfettamente in grado di farlo da solo, che avrebbe dovuto essere incoraggiato a prendersi cura di sé e che si sarebbe sentito bene nel poterlo fare.

Ricordate, i bambini considerano i loro genitori come degli esperti. Quindi, se la madre, o il padre, credono che un bambino non possa vestirsi da solo, tagliare la carne, allacciarsi le scarpe, oppure compiere qualche altra attività, indipendentemente dal fatto che sia effettivamente in grado di dimostrarsi competente, potrebbe finire per interiorizzare il punto di vista del genitore.

Abbiamo avuto a che fare con una madre che si è opposta allo sviluppo dell'indipendenza, da parte di suo figlio adolescente, il quale quando ha iniziato la scuola media, ha manifestato alcuni comportamenti che hanno suscitato, in quella stessa donna, il panico. All'improvviso il suo ragazzo, un tempo assai mite, «ha iniziato a rispondere in modo inadeguato», perciò quella madre si è terribilmente arrabbiata in ragione di comportamenti che considerava come l'evidenza di aver perso il controllo sul proprio figlio. È difficile accettare e accogliere l'emergente indipendenza di un ragazzo, quando si manifesta innescando discussioni che coinvolgono i genitori e ne mettono in discussione l'autorevolezza, facendo così balenare la minaccia che il palesarsi di un comportamento oppositivo, provocatorio e ribelle sia imminente e inevitabile.

Tuttavia, recenti evidenze, prodotte da ricerche condotte in ambito medico, confermano le nostre osservazioni generali in merito a coloro che tendono ad apparire maggiormente sottomessi. Questi pazienti, per esempio, hanno maggiori probabilità di guarire più rapidamente se sono considerati pazienti "cattivi". È colui che si lamenta, che difende i propri diritti, che chiede spiegazioni su ciò che viene, o non viene, eseguito, sul proprio corpo che ha la prognosi migliore. Gli ospedali, come molte altre istituzioni, rendono i pazienti (o i clienti) troppo passivi facendo, al posto loro, quel che potrebbero benissimo portare a termine da soli. Questa passività imposta deprime la personalità, e tende a rendere omogenea la variabilità degli individui che necessitano di cure, per i loro problemi medici, trasformando quest'insieme di persone in una massa scarsamente differenziata, costituita da soggetti che assumono il ruolo di paziente.

In ragione di tutto quel che sappiamo, in merito alla facilità con cui i timidi cedano a quanto richiesto dall'autorità, dovremmo prevedere che, tipicamente, si adeguino ad apparire come dei pazienti "buoni", persone che soffrirebbero in silenzio, non volendo creare problemi, comportandosi con "signorilità". In cambio di tali manifestazioni comportamentali, apparentemente positive, verrebbero ricompensati con una degenza più lunga in ospedale. Un altro aspetto di questo problema è la riluttanza delle persone timide ad attribuire il ruolo di causa alla situazione in cui si trovano, o a esternare la rabbia, pur secondo modalità accettabili, che si coniuga alla loro disposizione a reindirizzare verso l'interiorità tali sentimenti negativi, e a incolpare loro stessi. Tale orientamento stimola i sensi di colpa che, a loro volta, gettano le basi per la depressione e l'espressione di un atteggiamento eccessivamente autocritico.

Fate attenzione a non essere le vittime, oppure a rivelarvi coloro che confezionano la "trappola" della dipendenza associata alle basse aspettative, siate consapevoli della necessità di infondere, in vostro figlio, dei sentimenti di indipendenza e il senso della responsabilità.

ASPETTATIVE, INDIPENDENZA E RESPONSABILITÀ

James, uno studente universitario che si è rivolto a noi per ricevere aiuto in relazione al suo problema associato alla timidezza, è un esempio estremo di quella dipendenza che si osserva comunemente nelle persone timide. Prima che ce ne rendessimo conto, stavamo già facendo molte cose per lui, che peraltro era perfettamente in grado di fare da solo, semplicemente perché aveva trasferito la sua dipendenza dai genitori su di noi, e non avrebbe voluto prendersi assolutamente la responsabilità di sé stesso. Paradossalmente, James doveva solo pensare a sé stesso e alle sue preoccupazioni, mentre noi ci occupavamo dei compiti del nostro lavoro a tempo pieno, dei nostri obblighi associati alla stesura di contributi in forma scritta, delle richieste dei nostri figli con tutte le specifiche complicazioni che variavano in ragione delle loro diverse età. Eppure l'uno, o l'altro, di noi due, chiamava, per esempio, la compagnia di trasporti per richiedere gli orari degli autobus di cui James aveva bisogno, oppure distoglieva l'attenzione da qualsiasi cosa stessimo facendo, ogni volta che manifestava un accesso d'ansia. Se era solo, lo invitavamo a casa nostra, semplicemente per parlare con lui; lo abbiamo anche fatto partecipare alle nostre cene, dove si è seduto come una sorta di statua, lasciando a tutti i commensali l'onere di alimentare qualsiasi genere di conversazione.

Quanta più è stata la gentilezza che abbiamo manifestato nei suoi confronti, tanto più esigente e manipolatorio si dimostrava, col fine di evitare di assumersi la responsabilità di sé stesso. All'improvviso ci siamo resi conto che, invece di produrre un effetto positivo, il nostro atteggiamento, volto a offrire tutte le attenzioni possibili a James, e ad accudirlo come desiderava, lo stava facendo diventare sempre più timido. Il punto è che più si promuove la dipendenza in un bambino (o anche in qualunque altro individuo, se è per questo), tanto più si favorisce la timidezza; si tratta di un fenomeno che conosciamo fin troppo bene, ma che, comunque, finiamo per alimentare, almeno per un po'. Quindi, in qualità di genitori, dovete guardarvi dall'incorrere in questo inconveniente, e insegnare a vostro figlio in che modo dimostrarsi indipendente; ovviamente, tenendo conto delle sue abilità.

Quando i bambini, o gli adulti, timidi, abbandonano la casa in cui è stato insegnato loro a essere dipendenti, inviano segnali agli altri in merito al fatto che non si aspettano di essere trattati da pari a pari. Nella nostra clinica per la timidezza, per esempio, osserviamo comunemente i segni rivelatori di un atteggiamento che intende comunicare: «Sono fragile, non propormi una sfida, altrimenti potrei "scompormi" alla minima pressione». In effetti, nel tentativo di avviare conversazioni tra una mezza dozzina di studenti timidi, ci siamo sentiti come se stessimo camminando bendati in una stanza cosparsa di gusci d'uovo: una sola mossa sbagliata e quegli "involucri" si sarebbero frantumati in mille pezzi. Quindi, è facile per gli altri, sempre che non rifiutino apertamente una persona timida, assumere un ruolo protettivo che preservi quell'individuo dalle asprezze della vita sociale.

Tuttavia, questo atteggiamento da parte dei coetanei, non favorisce molto le persone timide. In uno studio, che ha confrontato le percezioni di sé espresse dagli studenti timidi con quelle, che li riguardavano, riportate dai loro compagni di stanza, si evidenziava una certa concordanza in relazione ad alcuni tratti ascrivibili alla timidezza. D'altra parte, alcuni altri tratti erano considerati tipici solo dalle persone timide e, infine, altre caratteristiche erano percepite, dagli altri, come facenti parte di una sorta di maschera sociale "indossata" da quelle persone.

Come si può osservare nell'elenco seguente, gli attributi condivisi tendevano a essere quelli associati ai comportamenti osservabili (minor loquacità, ridotta assertività e così via). Dal momento che solo la persona timida ha accesso ai propri pensieri e sentimenti, ci sono alcune caratteristiche interiori e, dunque, private, come la "maggior disposizione a sentirsi in colpa", la "più elevata probabilità di sorprendersi a rimuginare", le "minori probabilità di considerarsi fisicamente attraenti", che esistono solo nella mente delle persone timide. Tuttavia, le più significative erano quelle qualità di cui le persone timide non erano affatto consapevoli, ma che i loro compagni di stanza osservavano nelle loro manifestazioni comportamentali. Questi tratti di personalità sono piuttosto negativi. Alcuni, come, per esempio, risultare "più autocommiserativi", "più autolesionisti", "più propensi ad arrendersi di fronte alle avversità", comunicano un'immagine particolare dei loro timidi compagni di stanza: il profilo delle persone deboli, solo parzialmente degne di rispetto. Ovviamente, le ragioni di tali percezioni raramente vengono discusse apertamente, perché, come ci ha riferito uno di quei compagni di stanza: «Non penso che potrebbe gestire tali feedback, quindi cerco di fingere di non percepire certe sue caratteristiche. Tuttavia, ciò ostacola lo sviluppo di un'autentica amicizia».

Percezioni della persona timida
(Riportate dagli studenti timidi e dai loro compagni di stanza)
A. Riportati sia dai timidi sia dai loro compagni di stanza
Più sottomesso
È più probabile che tenga le persone a distanza
Più diffidente nei confronti delle persone in generale
Più ansioso
È più probabile che confronti sé stesso con gli altri
Emotivamente più moderato e diafano
Meno loquace
Meno abile nelle tecniche sociali

È meno probabile che esordisca con un motto di spirito
Ha meno probabilità di comportarsi in modo assertivo
Meno socievole
Meno allegro
Meno socialmente equilibrato

B. Riportati dai timidi ma non dai loro compagni di stanza
Più sensibile alle critiche
Più introspettivo
È più probabile che percepisca la mancanza di significato della propria vita
Più timoroso, in termini generali
Maggior propensione a sentirsi in colpa
Più preoccupato della propria adeguatezza, in quanto persona
Ha maggior probabilità di ruminare e avere pensieri intrusivi, persistenti e preoccupanti
Maggior probabilità di percepire stati d'animo fluttuanti
Meno probabilità di suscitare simpatia e accettazione da parte degli altri
Minor espressività con la mimica facciale e/o gestuale
Meno interessante, in quanto persona
Meno probabilità di sentirsi soddisfatto di sé
Meno attraente fisicamente
Meno affascinante, sul piano personale
Meno fluente, sul piano dell'eloquio

C. Riportato solo dai compagni di stanza, ma non dalle persone timide
Maggiori autodifese
Ipercontrollato
Maggiori probabilità di arrendersi di fronte alle avversità
Più autolesionista
Più incline all'autocommiserazione
Ha minori probabilità di essere consultato per offrire consigli o rassicurazioni
Meno interessato ai membri del sesso opposto

L'IMPORTANZA DELLA SOLITUDINE PER LO SVILUPPO DELL'INDIPENDENZA

Un paradosso della timidezza è che le persone che la manifestano, più delle persone non timide, non amano stare da sole, e sembrano anche dipendere dagli altri per divertirsi o per alleviare la noia. Sebbene non sia desiderabile incoraggiare i nostri figli timidi a isolarsi, ci interessa invitarli a godersi il piacere della propria compagnia per almeno due motivi. In primo luogo, vogliamo che i nostri figli siano indipendenti e ciò richiede che si dimostrino tali, quando l'occasione lo demanda, anche al fine di divertirsi. In secondo luogo, riteniamo che se devono essere apprezzati e accettati dagli altri, devono dapprima godere di loro stessi e accettarsi. Qualcuno ha detto che per piacere agli altri bisogna prima piacere a sé stessi. Quindi, insegnate ai vostri figli a godere del piacere di stare in compagnia di loro stessi.

Un altro singolare paradosso della timidezza riguarda il fatto che alcune persone dipendono così tanto dagli altri, e bramano a tal punto la compagnia dei coetanei, che, per quanto siano spaventati o maldisposti a interagire con altri soggetti, spesso lo fanno, ma in maniera piuttosto inadeguata, finendo per rischiare di allontanare gli altri individui. Non vogliamo che il loro desiderio di interagire allontani i loro potenziali amici, ci interessa invece che sviluppino un ego solido, e che lo manifestino, affinché le altre persone le trovino attraenti.

Potete insegnare ai vostri figli a essere indipendenti incoraggiandoli a compiere, da soli, qualche specifica attività, come fare una passeggiata per strada, andare al museo o in biblioteca, oppure, quando sono più grandi, andare al cinema o effettuare un'escursione nei boschi. Questi sono solo alcuni suggerimenti per iniziare a individuare alcuni modi in cui vi piacerebbe che vostro figlio si intrattenesse con sé stesso.

Un recente studio sugli studenti delle scuole superiori di Chicago ha evidenziato che passavano da soli circa un quarto del loro tempo di veglia. La solitudine sembrava produrre alcuni effetti positivi, come aumentare la capacità di focalizzare l'attenzione e incrementare la capacità di concentrarsi. Questo studio ha anche osservato che imparare ad apprezzare la solitudine spesso ha permesso agli adolescenti di sentirsi maggiormente a loro agio con gli altri.

FAR FUNZIONARE L'INDIPENDENZA E LA RESPONSABILITÀ

Dovete fare attenzione ai momenti nei quali i vostri figli sono pronti ad assumersi maggiori responsabilità, per poi concedere loro tale opportunità e incoraggiarli. Come fate a sapere quando sono "pronti"? Osservate, chiedete, offrite opportunità, proponete approssimazioni del comportamento desiderato, approntate un percorso per piccoli passi che, alla fine, permetterà di raggiungere un obiettivo più importante. Per esempio, i bambini di 2 anni possono imparare a "cucinare", essendo coinvolti in compiti di assistenza in un percorso per piccoli passi: aggiungere delle erbe predosate alle salse, il formaggio alla frittata, infarinare il pesce, e molti altri compiti simili. Possono anche aiutare a ripulire, e si divertono a farlo, se tale compito non viene presentato come un noioso "lavoro di routine", e se un genitore ricorda che lo standard, per quanto riguarda la pulizia, di un bambino può essere leggermente diverso da quello già appreso e applicato quotidianamente da un adulto.

Il miglior punto di partenza è quello di incoraggiare i bambini a prendersi cura di loro stessi. Insegnate contemporaneamente la responsabilità e l'indipendenza (alimentando un'elevata autostima nel processo) quando incoraggiate i vostri figli e li convincete a:

- Scegliere gli abiti che indosseranno e a vestirsi da soli. Ciò favorisce la manifestazione dell'iniziativa e il raggiungimento dell'obiettivo dell'indipendenza, purché permettiate loro di commettere errori quando abbinano i loro abiti. Ovviamente, potete spiegare loro che le persone, normalmente, non indossano un calzino rosso e un calzino blu, ma se il bambino insiste nel suo stravagante abbinamento, la lezione sarà appresa con più forza, perché imparerà attraverso l'esperienza conseguente a quella scelta. Anche quando si acquistano dei vestiti, dovreste concedere a vostro figlio di compiere l'ultima scelta tra le alternative che avete selezionato e, dopo qualche tempo, anche di definire le varie opzioni. (Chiarite le differenze di valore che spesso causano inutili scontri, per esempio: voi volete variare il suo aspetto quotidiano, mentre lui vuole indossare il suo paio di jeans preferito ancora, ancora... e ancora una volta.)

- Raccogliere i loro giocattoli e metterli via. Disporre di un vano dedicato per metter via i giocattoli, nella stanza stessa del bambino, può rivelarsi molto utile.
- Rifare i letti. A seconda delle abilità del bambino, il letto potrebbe avere un aspetto peggiore dopo che è stato rifatto. Nondimeno, si impara facendo, ma ciò non avverrà se ce ne occuperemo noi, in quanto genitori che sono terribilmente turbati dall'osservare letti disfatti o rifatti male.
- Pettinarsi i capelli, lavarsi i denti, allacciarsi le scarpe. Delegate tutte queste attività, non appena i vostri figli mostreranno che sono capaci di farlo.
- Pulire le loro camere da letto. Nondimeno, i genitori devono comunque mantenere un atteggiamento di vigilanza, dacché i loro standard sono di ordine superiore, rispetto a quelli assunti dai loro figli. Quando, per esempio, dite a un bambino di 8 o 9 anni di pulire la sua stanza, in base ai vostri standard, ciò che indicate può rivelarsi inadeguato, come se chiedeste a un adulto inesperto di costruire una casa. Quando interagite con i bambini piccoli, dovete ricordare che è vostro compito mostrar loro come fare e, spesso, collaborare, considerandovi parte di una squadra. Il punto importante, in questo contesto, è far sentire il bambino responsabile della sorveglianza del proprio "territorio".
- Fare il proprio bucato. Ai bambini dagli 8 anni in poi, potete mostrare quali pulsanti premere, e ricordare loro di pulire il filtro dell'asciugatrice. Ancora una volta, ricordate che,

probabilmente, i loro standard non saranno uguali ai vostri, quindi potrebbero non preoccuparsi di distinguere i capi bianchi da quelli colorati.

- Prepararsi la colazione al mattino e anche i loro pranzi.
- Dai 10 anni in poi, gestire l'agenda dei loro appuntamenti con medici, dentisti, ortodontisti, e tenerne traccia.
- Quando sono abbastanza grandi per farlo, dovrebbero essere sufficientemente capaci per recarsi agli appuntamenti, usando i mezzi pubblici o le biciclette, in autonomia.
- Le stesse considerazioni valgono per altre attività, come, per esempio, lo sport, le lezioni di musica e di danza, anche lo scrivere i propri biglietti di ringraziamento.
- Esercitarsi a usare il telefono per controllare gli orari degli spettacoli, per richiedere informazioni, per esprimere il proprio rammarico in conseguenza del fatto di non aver potuto partecipare a qualche manifestazione a cui erano stati invitati.

Incoraggiare i bambini a essere responsabili della condivisione degli oneri domestici. È possibile far percepire, anche ai bambini piccoli, che i loro contributi, in questo senso, sono utili e importanti.

Quali sono alcune delle faccende, di cui vi occupate in casa quotidianamente, che i vostri figli potrebbero essere in grado di fare: dar da mangiare agli animali domestici di famiglia? portare fuori la spazzatura? caricare la lavastoviglie? differenziare le lattine di alluminio per il riciclaggio? falciare il prato? passare l'aspiratore sul pavimento? mettere le lenzuola e gli asciugamani nella lavatrice e nell'asciugatrice?

Fate un elenco di tutte le faccende domestiche che vi vengono in mente e, poi, associatele a ciascun bambino della famiglia, in base a ciò che potrebbe essere in grado di fare. Inoltre, preparatevi a esser parte attiva nelle negoziazioni, non appena si manifesterà disaccordo su alcune delle faccende domestiche. Quando si assegnano le faccende domestiche, è una buona idea resistere alla tentazione di delegare solo quelle meno gratificanti o che non ci piacciono.

Riteniamo inoltre che sia più facile convincere i bambini a svolgere le faccende domestiche, in casa e in giardino, se hanno modo di osservare che anche i loro genitori se ne occupano, e se entrambi hanno un ruolo nell'assegnazione dei compiti ai bambini. Questo è particolarmente importante quando la madre si occupa, di solito, della maggior parte delle faccende domestiche, perché i bambini, non vedendo i loro padri lavorare in ufficio, possono farsi l'idea che, qualora contribuisca poco a casa, non faccia altro che guardare le partite di football in TV e leggere il giornale.

Infine, la chiave per convincere i bambini a compiere qualsiasi cosa è farla insieme a loro. Condividete l'attività all'inizio, quindi affidatela interamente al bambino, affinché se ne assuma la responsabilità.

Qualunque sia il compito che assegnate ai vostri figli e qualunque sia il metodo che escogitate per farglielo eseguire, ricordate la nostra regola di base: siate realistici. Ricordate a voi stessi che i bambini impiegano più tempo a svolgere compiti rispetto agli adulti e hanno bisogno di fare molta pratica, quindi "avere pazienza" rappresenta la vostra seconda regola fondamentale.

OLTRE LE FACCENDE DOMESTICHE: L'IMPORTANZA DI INSEGNARE AI VOSTRI FIGLI A ESSERE RESPONSABILI NEI CONFRONTI DEGLI ALTRI

I bambini possono anche apprendere come dimostrarsi maggiormente responsabili e indipendenti quando gli viene insegnato a manifestare tale atteggiamento nei confronti delle altre persone. Possono, per esempio, prendersi cura dei bambini più piccoli della famiglia e aiutarli con le loro faccende e i compiti un po' più complessi. Un vantaggio accessorio, che si configura come un fattore che sfavorisce la manifestazione della timidezza, è rappresentato dal fatto che, quando i bambini si dispongono per aiutare le altre persone, tendono a sviluppare un pattern di focalizzazione dell'attenzione sugli altri, invece di concentrare l'auto-consapevolezza su loro stessi.

Per i bambini piccoli, il "gap generazionale" è tipicamente quel grande divario di tempo tra un compleanno e l'altro. L'età è un aspetto molto importante nella scelta degli amici, poiché ci sono spesso significativi cambiamenti, in termini di sviluppo, da un anno all'altro nella prima parte della crescita del bambino. Le amicizie tra coetanei sono desiderabili per la loro natura egualitaria e perché offrono la possibilità di stabilire confronti sociali affidabili e stabili (delle proprie capacità, delle opinioni, dell'arousal emotivo). Tuttavia, dato che i bambini timidi spesso iniziano a minimizzare la manifestazione delle loro caratteristiche e qualità, c'è molto da dire in merito all'opportunità di incoraggiare le amicizie con bambini di diverse età.

Gli antropologi che hanno studiato diverse culture, in cui ci si aspetta che i bambini interagiscano, sia con coetanei sia con fratelli di età diverse, riferiscono che questi bambini diventano più attenti al benessere generale della comunità sociale, intesa in senso ampio, e sono meno egocentrici. Un altro vantaggio è che la loro maggiore indipendenza, associata, al contempo, alla dipendenza dai coetanei, riduce la frequenza delle richieste che pongono ai genitori.

Esiste una notevole quantità di risultati prodotti dalla ricerca psicologica che evidenzia i benefici, in senso biunivoco, indotti dall'interazione tra bambini di diverse età. Per il bambino più grande, questi contatti non sono minacciosi e favoriscono sia l'assunzione di un ruolo di leadership sia l'assertività, oltre a consentirgli di rivelarsi premuroso. I bambini più piccoli manifestano ampiamente ammirazione (anche perché spesso si sentono privilegiati per il fatto che un bambino più grande stia giocando con loro) che si associa agli elogi offerti dagli adulti che osservano. Mentre il "bambino più grande" ha l'opportunità di sviluppare un senso di competenza, grazie a tali contatti, che fungono da rinforzi, con i bambini più piccoli, questi ultimi vengono aiutati in diversi modi. Le loro capacità di conversazione possono migliorare, imparano a seguire indicazioni e orientamenti, vivono anche un'esperienza diretta di negoziazione con figure di riferimento più vicine a loro, rispetto a quelli trasmessi e interpretati dagli adulti.

Dal momento che i bambini più piccoli in genere non possono ricorrere alla forza per sistemare le cose, devono affidarsi al tatto e alla diplomazia per ottenere ciò che vogliono, o per ritagliarsi il giusto spazio. Le sottili capacità interpersonali, che riguardano la negoziazione e il sapersi destreggiare in situazioni di potenziale conflitto, sono tra le risorse più preziose che una persona possa possedere. La ricerca ha mostrato che, rispetto ai primogeniti, i bambini nati successivamente tendono a essere maggiormente popolari e apprezzati da un numero più ampio di coetanei. Forse ciò rappresenta un epifenomeno che consegue al fatto di aver dovuto imparare a impiegare certe abilità sociali, non già la forza fisica, per vivere adeguatamente in un "mondo" popolato da sorelle e fratelli maggiori.

Nel prossimo capitolo esamineremo in dettaglio le recenti evidenze prodotte dal University of Minnesota Child Development Laboratory, le quali mostrano, in maniera convincente, gli effetti prodotti dall'interazione tra bambini di età differente al fine di ridurre la timidezza. Quando i bambini più grandi e timidi vengono fatti interagire con quelli più piccoli, per brevi periodi di gioco, in seguito, quando si trovano in gruppi composti da coetanei, appaiono socialmente meno introversi.

Come primo passo per aiutare un bambino a superare la propria timidezza, ci permettiamo di consigliare l'idea di creare opportunità di gioco (o di aiuto, come abbiamo indicato prima) con un altro bambino più giovane e fisicamente più piccolo. Potreste anche provare a monitorare a distanza cosa fa il bambino che manifesta timidezza. Più tardi, chiedete al compagno di giochi più giovane se ha apprezzato il tempo che ha trascorso con un compagno di giochi più grande (se sì, perché? se no, per quale motivo?). Queste informazioni possono offrire dei feedback costruttivi che possono aiutarci a modellare le abilità interpersonali e lo stile di interazione del bambino timido.

INSEGNARE AI BAMBINI A DIFENDERSI DA SOLI

Un modo in cui i genitori possono minare, pur senza volerlo, la fiducia dei figli in loro stessi, e nella loro capacità di difendere i propri diritti, è quello di farsi coinvolgere nei loro screzi e scontri. Quando un genitore si schiera dalla parte del figlio che sta litigando con un coetaneo, il bambino riceve il messaggio che non è in grado di gestire la situazione senza il suo aiuto.

Tuttavia, probabilmente non c'è un genitore al mondo che non si sia intromesso, quantomeno nei casi in cui sembrava che suo figlio stesse avendo la peggio. Stabilite con attenzione che le cose stiano davvero così e, a meno che la situazione non sia quella in cui un bambino grande che se la prende con uno piccolo, è davvero molto meglio che facciate in modo che i vostri figli combattano le proprie battaglie, in modo che non introiettino un pattern di dipendenza, in ragione del quale finiscano per aspettarsi che voi interveniate in loro favore, oppure ne considerino un altro che si fonda sull'idea che siano inadeguati al compito. Desideriamo che i nostri figli si rivelino adeguatamente assertivi e che appaiano indipendenti, almeno in ogni occasione nella quale ci sembri adeguato che si dimostrino tali.

COMPENSAZIONE, ASSUNZIONE DI RISCHI E ASPETTATIVE DEI GENITORI

Un'accortezza importante che i genitori possono attuare quando i loro figli si dimostrano timidi è individuare una qualche attività compensatoria che offra a un bambino l'opportunità di costruire la propria autostima attraverso il conseguimento di risultati. Si pensi, per esempio, alle lezioni di musica, di ballo, alla ginnastica, al ricamo e alla pittura o ad altre forme d'arte.

Tuttavia, poiché un processo che caratterizza la timidezza si manifesta nella riluttanza a correre rischi, i genitori dei bambini timidi dovrebbero davvero incoraggiarli a farlo; sebbene occorra ricordare diversi punti:

- Cercate di stabilire che l'attività sia davvero qualcosa che il bambino desidera compiere. Sollecitatelo a offrirvi una ragione che dia conto, secondo il suo punto di vista, del perché gli altri bambini stiano praticando tale attività. In altri termini, fatevi spiegare cosa potrebbero ricavarne di buono. Impiegate tale strategia come se si trattasse di una sorta di dispositivo proiettivo, queste domande vi aiuteranno a comprendere l'interpretazione di vostro figlio in merito a ciò che crede di ottenere, impegnandosi in tale attività.
- In relazione alla partecipazione, valutate quelli che il bambino percepisce come oneri o pericoli nascosti. Perché un bambino potrebbe non voler partecipare a una particolare attività, anche se sa come fare?
- Determinate quali siano le abilità o le caratteristiche che vostro figlio ritiene necessario possedere per svolgere bene una particolare attività. Vostro figlio ne dispone?
- Avendo stabilito che un bambino ha sia le motivazioni sia le abilità fondamentali, siete in grado di indurre una disposizione all'azione. Tutto ciò si ottiene abbassando le tensioni che stanno producendo una tendenza all'evitamento, mentre rinforzate quelle favorevoli a un concreto approccio a quell'attività, descrivendo sia il piacere associato al fatto di impegnarsi in quel processo (il gioco, l'escursionismo e così via) sia i benefici previsti dal conseguimento di un risultato.

Sebbene i genitori debbano offrire la "spinta", c'è una linea sottile che separa gli incoraggiamenti dalle pressioni esercitate su un bambino. In ragione di ciò, i genitori di bambini timidi devono fare particolarmente attenzione a non oltrepassarla, mentre supportano i loro figli. Per esempio, costringere Betsy a giocare a palla con altri bambini sarebbe un errore altrettanto grave quanto imporle di imparare a leggere quando non era pronta. Betsy ha dapprima bisogno di imparare a giocare a palla, poi di acquisire la fiducia di poterlo fare con gli altri, e anche di capire che una parte necessaria in questo processo implica che, con ogni probabilità, prima di ottenere in qualche misura dei successi, sperimenterà qualche fallimento.

C'è un'ulteriore considerazione da compiere in merito alla linea sottile che distingue l'incoraggiamento dall'agire delle pressioni su un bambino, a cui tutti i genitori devono essere sensibili: di fatto, occorre stabilire se l'attività che state incoraggiando sia necessaria o desiderabile per vostro figlio.

È necessario, per esempio, che i bambini compiano determinate attività in certe fasi del loro sviluppo: usare il bagno, mangiare con le posate, vestirsi, allacciarsi le scarpe, andare a scuola. I genitori devono determinare quando i loro figli sono in grado di compiere tali attività, e assicurarsi che le facciano. Tuttavia, non è affatto necessario che un bambino diventi un ballerino, un giocatore di baseball, un musicista, oppure che legga all'età di 2 anni.

In altre parole, se avete sempre coltivato il desiderio segreto di ballare come Ginger Rogers, e avete iscritto vostra figlia a un corso di tip-tap che a lei non interessa, la state esponendo alla pressione associata all'intento, alquanto singolare, di soddisfare uno dei vostri sogni personali. D'altra parte, se ama il tip-tap, e desidera prendere lezioni, le state offrendo l'opportunità di coltivare un'attività interessante, che le piacerà, e che, probabilmente, favorirà la costruzione della sua autostima.

COMPIERE IL PRIMO PASSO

Facendo, per un momento, un passo indietro e considerando ancora una volta l'esempio estremo di Betsy, se desidera vivere una vita piena e soddisfacente, non può permettersi di continuare ad attuare ciò di cui le persone timide sono massimamente esperte: evitare. Di fatto, scegliendo di non mettersi alla prova, Betsy, come le altre persone timide, si priva dell'opportunità di costruire la propria autostima, e anche la mancanza di coraggio contribuisce inevitabilmente a contornare una bassa immagine di sé. Per evitare tutto ciò, dopo aver determinato che Betsy è perfettamente in grado di imparare a giocare a palla, è opportuno insegnarle come farlo, per poi offrirle l'opportunità di mettere in pratica, e padroneggiare, questa nuova abilità, secondo i suoi ritmi.

Possiamo apprendere come supportare in questo percorso una bambina come Betsy, considerando le pratiche previste dal trattamento impiegato per aiutare le persone a superare l'agorafobia, una forma estrema di timidezza che può impedire ad alcuni individui, che ne sono affetti, di fare anche solo un passo fuori dalla porta di casa.

I terapeuti accompagnano letteralmente gli agorafobici, un passo dopo l'altro, rispettando il ritmo dei pazienti stessi. Dapprima, ci si limita a compiere soltanto un passo fuori dalla porta, e a ripetere tale pratica, finché non diventa agevole realizzarla; poi, viene fatto il secondo passo, anch'esso ripetuto molte volte, finché, alla fine, l'agorafobico potrà giungere alla cassetta delle lettere, al termine della strada e, infine, aprirsi di nuovo al mondo. Il fattore decisivo è rappresentato dalla strategia che prevede di compiere un passo alla volta, riducendo gradualmente l'ansia, mentre l'agorafobico si rende conto semplicemente che non è stato esposto a nulla di terribile in ogni fase di quel percorso.

Questi sono alcuni punti da tenere a mente quando cercate di far correre dei "rischi" al vostro bambino timido, che si tratti di lanciare una palla, oppure di imparare a ballare il tip-tap.

Spesso il primo passo è quello più difficile: far alzare la mano al bambino, indurlo a dire "Ciao", a esprimere un'opinione, a partecipare al gioco. Una volta intrapresa quell'azione tanto ansiogena, il piacere intrinseco dell'attività prenderà il sopravvento e, da quel momento in poi, è probabile che si osservi un susseguirsi di miglioramenti, come se il processo si sviluppasse in maniera alquanto naturale. Fate in modo che il bambino compia la prima azione, assumete un ruolo in una determinata situazione e interagite con lui e, poi, concedetegli di compiere una sorta di prova generale.

Premiate i tentativi del bambino che vanno nella direzione desiderata, lodate anche i piccoli passi di avvicinamento all'obiettivo e siate comprensivi, soprattutto nei riguardi dei fattori che innescano in lui la paura. In altri termini, fate vostro il punto di vista del bambino in merito alla situazione.

PREPARATE VOSTRO FIGLIO SIA AL SUCCESSO SIA AL FALLIMENTO

Avete compreso da tempo che vostra figlia ama il tip-tap, ha anche preso un numero adeguato di lezioni, ed è stata organizzata una grande manifestazione nella quale potrà esibirsi. Desiderate che si esibisca e, magari, che le sia assegnata una parte in una produzione pianificata dal Community Center. Ma cosa succede se la incoraggiate ad esibirsi pubblicamente e poi fallisce? Ancora una volta, dovete esaminare le vostre motivazioni. Volete che diventi pubblicamente nota per voi stessi? Oppure lo volete per lei? Se lo desiderate, in tutta onestà, per vostra figlia, allora la successiva valutazione che dovete compiere riguarda l'analisi delle sue possibilità di successo. Potete chiedere direttamente all'istruttore di danza se ritiene che vostra figlia sia pronta, o meno, potete osservarla nel corso delle lezioni, e potete anche chiederle se si sente pronta ad affrontare quell'evento. Quindi, stabilite realisticamente quante sono le sue effettive possibilità di successo. Non deve trattarsi di una "vittoria scontata", ma nemmeno desiderate esporla a un triste fallimento a causa della sua impreparazione.

Una volta che avete stabilito che, probabilmente, è abbastanza preparata per compiere quel passo, e che intende farlo, il successivo accorgimento è avvisarla in merito al fatto che il fallimento, quando si cerca di raggiungere un obiettivo desiderato, è una possibilità concreta. Non intendete far presente che ci siano ampie probabilità che il fallimento sarà l'esito, bensì comunicare che esiste anche questa possibilità. È possibile far comprendere a un bambino che il fallimento è una possibilità, per poi aggiungere che, dopotutto, non è poi così terribile, magari facendo presente che un insuccesso è più probabile all'inizio, quando si prova a realizzare qualcosa di nuovo, che si tratti di dondolarsi sulle sbarre, all'asilo, oppure di sostenere un provino per entrare a far parte della squadra di atletica, alle scuole medie. I genitori possono favorire la comprensione da parte del bambino condividendo i "fallimenti" che hanno esperito nel corso della loro vita. Dato che siete "sopravvissuti", di fatto, rappresentate una prova tangibile di ciò che potrebbe accadere a vostro figlio.

Bisognerebbe spiegare a un bambino in cosa consiste una battuta d'arresto e che il vero fallimento si configura soltanto quando qualcuno "gioca sul sicuro", senza provare mai nulla di nuovo o di stimolante. Non solo si dovrebbe insegnare ai bambini che è meglio aver provato a giocare e aver subito una sconfitta, piuttosto che rinunciare del tutto, ma dovrebbero esser riservate delle lodi, espresse sia da loro stessi sia dagli altri, per il fatto di aver corso un "rischio".

Desiderate trasmettere a vostro figlio che, indipendentemente dal risultato, correre un rischio è, di per sé, una misura del successo. Una prospettiva sana, che illustri questo punto, è quella che abbiamo appresa da uno psicologo, che è anche un alto ufficiale dell'esercito, il quale lavora a West Point. Per esempio, ci ha detto che uno dei maggiori problemi che l'Accademia deve affrontare, nella formazione degli ufficiali, è la rilevante paura del fallimento che si osserva in molti giovani. Cercheranno di applicare "la soluzione consolidata", il vecchio metodo, sicuro e ben collaudato, piuttosto che sperimentare, innovare, rischiare, scommettere. Non è proprio questo ciò che distingue maggiormente i leader creativi dai pedissequi gregari? Quando abbiamo confrontato i cadetti che manifestavano timidezza con quelli che non esibivano tale caratteristica, gli individui timidi, in media, ricevevano valutazioni meno positive in merito all'efficacia della leadership. Dipendenza, bassa autostima, evitamento di situazioni nuove, riluttanza ad avviare contatti, sono le caratteristiche sfavorenti che caratterizzano le persone timide nel percorso che conduce all'assunzione del ruolo di leader.

Sfruttando molte possibilità, la conseguenza di uno qualsiasi (o anche di una serie) di fallimenti viene ridotta, in termini di magnitudo, rispetto a quando il fallimento è l'esito dell'unico tentativo posto in essere. Se vostro figlio chiede a cinque bambini di giocare e tre rifiutano l'offerta, disporrà di due compagni di gioco in più, rispetto a quando un rifiuto consegue alla sua unica richiesta. I venditori porta a porta, i testimoni di Geova e gli atleti conoscono bene una verità fondamentale: il successo consegue al numero di volte in cui ci si cimenta, indipendentemente dai tentativi nei quali non si ottiene un risultato positivo. Il mondo del baseball era estremamente entusiasta della fenomenale abilità nel colpire di George Brett che, peraltro, non colpiva adeguatamente la palla, dunque falliva, in circa sei occasioni di battuta su dieci: nessun altro giocatore "fallì" meglio di lui fino a quando Ted Williams migliorò quel record, quarant'anni fa, portandolo a 0.406! Di fatto, parte di ciò che costituisce il fallimento dipende da come classificate gli eventi positivi e negativi che vi accadono nel corso della vita. Crediamo che i bambini timidi siano inibiti dal "timore di perdere", quindi, qualora decidano di provarci, devono essere incoraggiati a superare quella stessa paura.

FAR FUNZIONARE IL FALLIMENTO A NOSTRO VANTAGGIO

Per ottenere il massimo dai tentativi che non vanno a buon fine, ovvero che non si sviluppano nel modo in cui noi, o i nostri figli, avevamo sperato, occorre attenersi a una serie di passaggi.

- Definite l'errore. Siate specifici nel descrivere la prestazione, il fondamento della sua valutazione e lo standard, ovvero il metro, con cui viene misurata. Il fallimento può essere "assoluto" (non far parte della squadra, bocciato al college) oppure relativo (non essere scelto come capitano della squadra, o non riuscire a ottenere una media da "tutte-A")?
- Manifestate sensibilità nei riguardi delle interpretazioni alternative relative a ciò che costituisce un fallimento, per una data persona, in un particolare ambiente, in una certa fase della vita.
- Esplicitate gli obiettivi che non sono stati raggiunti. Chi li ha definiti? Rappresentavano ciò che voi, oppure il bambino, avevate pianificato di raggiungere? Oppure li avete cambiati mentre era-

vate impegnati nell'attività? Il problema potrebbe risiedere nella vaghezza degli obiettivi, nella mancanza di opzioni secondarie più abbordabili, nella variazione delle motivazioni che vi hanno indotto ad attribuire altri significati a quei risultati da ottenere, o alla loro irraggiungibilità in quel momento?

- Descrivete il tipo di persona che ha vinto, la cui performance ha permesso di ottenere il risultato desiderato. Desiderereste (o lo vorrebbe il bambino) essere quel tipo di persona, oppure riuscire a fare ciò che quell'individuo ha realizzato per avere successo (lunghe ore di pratica, rinuncia ad altre attività, amici e così via)?
- Specificate le circostanze attenuanti che, un "buon avvocato" potrebbe evocare per giustificare l'insuccesso. Tra i possibili candidati:
  - il livello (o la correttezza) della concorrenza
  - la parzialità (o la scarsa competenza) dei giudici
  - la "miopia", il pregiudizio o le errate valutazioni da parte degli altri membri del team
  - i fattori situazionali e di contesto (vantaggio del tifo di casa, distrazioni, condizioni atmosferiche ecc.)
  - il fallimento, attribuibile ai dirigenti sportivi, nell'offrire le informazioni appropriate sulle aspettative, sulle opportunità tattiche, sulla costruzione e sulla valorizzazione dei punti di forza.
- Determinate (dal punto di vista dei vincitori) quali livelli e tipi di abilità sono necessari per avere successo; stabilite quante ore di allenamento dovranno essere investite e quali tipi di sacrifici saranno richiesti.
- Definite cosa dev'essere fatto meglio nella prossima occasione.

COSA FARE PER OTTENERE IL SUCCESSO

Supponiamo che il vostro bambino si dimostri particolarmente talentuoso, o quantomeno che voi così lo consideriate, in un'attività particolare, come, per esempio, cantare, ballare o suonare il piano.

L'ultimo scenario che vi augurate è relativo al fatto di trasformare quell'eccellenza in un processo che generi emozioni e sentimenti associati alla timidezza. Non costringete i vostri figli a esibirsi davanti a parenti, o amici, quando manifestano palesemente che non intendono farlo.

Di solito, siete in grado di inferire come si sente un bambino quando trascina i piedi, guarda a terra, o mugugna, quando lo esortate davanti agli altri. Invece di trovarvi in quella condizione, potete stabilire, informandovi in privato, come si sente quel bambino quando gli vien chiesto di esibirsi, semplicemente ponendo una domanda in anticipo. In quell'occasione, potete anche spiegargli perché vorreste che si esibisse. Idealmente, non dovreste esser mossi da intenti che abbiano a che vedere con la vanteria, bensì condividere con gli altri il talento, o il dono artistico, di cui dispone quel bambino, ma solo a condizione che vostro figlio abbia voglia di esibirsi.

A volte, i bambini manifestano una forma di "paura da palcoscenico", quindi lasciate che la elaborino. In certi casi, tali paure anticipatorie si rivelano banali dopo essersi effettivamente esibiti davanti ad altre persone, o quando l'ambiente è più favorevole e accogliente di quanto si sarebbe potuto immaginare. Quindi, una volta di più chiedete in privato, oppure stabilite con lui un segnale, per esempio, "pollice su" o "giù", che consenta al bambino di prendere autonomamente la decisione finale. Attenetevi alla sua "saggezza", magari discuterete in seguito come si potrebbe ottenere un risultato diverso alla prossima occasione.

Se il bambino decide di esibirsi, è meglio evitare di assumere il ruolo dell'apologeta né è opportuno che vi trasformiate in una sorta di PR. Potreste semplicemente annunciare che «Adam vorrebbe suonare la nuova composizione su cui sta lavorando» o, meglio, lasciare che sia il bambino a fare la presentazione. In ogni caso, non permettete che vostro figlio subisca la delusione conseguente all'esternazione delle vostre irrealistiche aspettative, magari nel serpeggiante diffondersi, nel vostro pubblico, di quell'inadeguato e inelegante: «È tutto qui?». Potreste anche invitare gli amici e i parenti a condividere i loro talenti per il piacere del gruppo, giammai per orgoglio personale.

Peraltro, i visitatori della Repubblica popolare cinese, così come i nostri colleghi che hanno studiato i bambini cinesi, si sono resi conto che appaiano alquanto estroversi e "non timidi". Sono desiderosi di assumere il ruolo di "guide", di mostrare la loro scuola, di cantare canzoni, di recitare poesie, anche al cospetto di perfetti sconosciuti. Questa reattività sociale deriva, almeno in parte, dall'orientamento che i loro genitori e insegnanti hanno impartito loro: ciò che sanno e ciò che sono in grado di fare dal punto di vista artistico non deve essere inteso come una sorta di misura della loro autostima individuale, quanto piuttosto come un mezzo e un'opportunità per donare felicità agli altri e offrire un tributo alla loro cultura. Considerate quanto sia differente il nostro tipico orientamento nei riguardi delle esibizioni pubbliche, e vi farete un'idea del perché "fare un discorso davanti a una platea" è la fobia più comune tra gli statunitensi.

LE ASPETTATIVE DEI GENITORI DEVONO RIMANERE PROPORZIONATE

Incidenti circoscritti e isolati, che riflettono aspettative genitoriali irrealistiche, non producono troppi danni e, talvolta, si rivelano persino ridicoli. Tuttavia, quando gli incidenti sono frequenti e sono conseguenza di un pattern che riflette le eccessive aspettative dei genitori, che poi non fanno altro che crogiolarsi nello "splendore" delle eccellenti prestazioni della loro prole, o che, al contrario, rispecchia la convinzione di un genitore che un figlio sia indifeso e incompetente, l'effetto cumulativo si rivelerà dannoso per l'immagine di sé di quel bambino. Probabilmente, finirà per determinare un peggioramento delle condizioni di un figlio che già manifesta i segni della timidezza.

Riconsiderando il caso di quella madre che ha tagliato la carne nel piatto di un ragazzo ormai adolescente, è facile rendersi conto che, sebbene ami suo figlio e sia animata da buone intenzioni, quello è stato il suo immodificato pattern comportamentale per tutta la vita di quel giovane. Si è sempre aggirata intorno a lui, manifestando ansia, vestendolo, insistendo perché indossasse i paraorecchie, obbligandolo a mangiare tutto ciò che aveva nel piatto, come se dovesse morire di fame, mentre lo assillava facendogli presente ogni pericolo immaginabile. Non sorprende che quel figlio, cresciuto giungendo infine a sentirsi una sorta di "disabile", essendo incapace persino di allacciarsi le scarpe, appaia alquanto timido, quando percepisce di doversi "esibire" in un qualsiasi contesto sociale.

Quando le aspettative dei genitori sono troppo elevate, un'eventualità di cui i genitori potrebbero non essere effettivamente consapevoli, riusciamo a individuare il motivo per cui, a volte, ci aspettiamo, del tutto inopinatamente, che i nostri figli manifestino un comportamento ineccepibile e specchiato. Nel tentativo di indurli ad agire secondo modalità che incontrino la nostra approvazione, forse noi stessi, a volte, non facciamo altro che assicurarci quella stessa approvazione. Probabilmente, non c'è un genitore al mondo che, a volte, non sia caduto nel tranello del "cosa penseranno gli altri?", magari giungendo al punto di fare particolari richieste a un figlio, oppure sentendosi in imbarazzo quando le prestazioni, o il comportamento, di un bambino non sono state delle migliori, semplicemente perché assillato dalla preoccupazione in merito a cosa potrebbero pensare gli altri di come sta interpretando la genitorialità. A volte, proprio in qualità di genitori, percepiamo che il mondo intero ci sta guardando, mentre fatichiamo a fare la cosa giusta; oppure, quando non ci pare che i nostri figli non si dimostrino all'altezza e temiamo di essere valutati in ragione dei loro fallimenti, più o meno rilevanti.

Probabilmente, tutto ciò è massimamente verosimile quando i nostri figli frequentano la scuola. Sin dalla prima elementare e, spesso, nel corso dell'intera carriera scolastica, un bambino è ingiustamente considerato come lo "specchio" dei suoi genitori, che riflette quanto si siano rivelati adeguati nel suo percorso di sviluppo in ragione di come si comporta.

«In parte questo è dovuto al fatto che gli insegnanti dicono ai genitori, assai spesso, che i loro figli potrebbero fare meglio», ci ha detto Louise Bates Ames che ha lavorato presso il Gessell Institute. «La maggior parte dei genitori teme che, a scuola, i propri figli non si stiano impegnando adeguatamente. Invece, di solito, a meno che il bambino non stia inopinatamente fallendo, sta realmente facendo il meglio che può, in quel momento. Tuttavia, molti genitori si preoccupano eccessivamente, qualora i loro figli non ottengano soltanto A o B».

Lavorare con impegno al fine di opporsi al rischio di cadere nella trappola del "cosa penseranno gli altri?" è un modo per far sì che i genitori coltivino aspettative realistiche nei riguardi dei loro figli. Come ci ha riferito una madre, non priva di saggezza: «Dico ai miei figli che se una C riflette il meglio che possono fare, allora per me vale come una A». Certamente, questa è una prospettiva genitoriale che può essere applicata a tutti gli aspetti della vita di un bambino.

Quella che segue è una checklist che vi aiuterà a sviluppare quel genere di prospettiva, e a mantenere realistiche le vostre aspettative in qualità di genitori:

- I primi risultati sono stati quasi sempre importanti per me? Mi aspettavo che mio figlio impiegasse il vasino a diciotto mesi, fosse in grado di leggere a due, si allacciasse le scarpe a quattro, e cavalcasse una bicicletta a sei e sono rimasto deluso quando non ha rispettato le tappe?
- Mi sono preoccupato quando mio figlio non riusciva a portare a termine un compito particolare, e ho finito per temere che ci fosse, in lui, qualcosa che non andava?
- Come posso stabilire che mio figlio abbia acquisito una nuova abilità? In base all'età del bambino? Alla sua statura? Considerando ciò di cui sono capaci i figli dei miei amici? Sono incapace di rilevare e interpretare correttamente i segnali che, in tal senso, mi invia?
- A volte mi trattengo nel manifestare esplicitamente l'affetto nei suoi confronti quando si comporta male, o non troppo adeguatamente, inviando implicitamente il messaggio che il mio amore è condizionato?

- Sono così abituata ad accudire mio figlio che continuo a farlo, anche quando, ormai da molto tempo, è perfettamente in grado di occuparsi da solo di certe faccende?
- Mi aggiro intorno a lui, facendo alcune cose, come, per esempio, aiutarlo a indossare un maglione, oppure imboccandolo? Sono una "tagliatrice" della carne nel piatto?
- Provo sentimenti ambivalenti in merito al fatto, sempre più evidente, che mio figlio ha meno bisogno di me? A volte, vorrei che non crescesse tanto in fretta, e non si dimostrasse così indipendente da me?
- Sto ancora prendendo gli appuntamenti dal dentista per mio figlio, che ormai ha 12 anni? (Nota: l'esempio più estremo in cui ci siamo imbattuti è quello di una madre che fa tutto ciò per un figlio ventunenne, e che cederà questo ruolo di "badante" soltanto alla sua sposa, sempre che, quel ragazzo, riesca a contrarre un matrimonio.)
- Sono ancora l'"autista sempre a disposizione" anche ora che i miei ragazzi sono perfettamente in grado di giungere puntualmente a tutti gli appuntamenti per conto loro?
- Combatto le "battaglie" dei miei figli, anche quando non c'è alcuna necessità del mio intervento?
- Incoraggio costantemente i bambini a occuparsi di certe faccende domestiche, a dimostrarsi utili con gli altri e, in termini generali, a essere responsabili e indipendenti?
- Offro a mio figlio le opportunità e gli strumenti per provare esperienze nuove, lo incoraggio anche a correre dei ragionevoli rischi e, poi, gli ricordo di coltivare sempre aspettative realistiche in merito ai risultati?
- Faccio pressione su mio figlio affinché si realizzi e ottenga quel che, un tempo, era importante per me, anche se, in effetti, non sono mai stato capace di raggiungere quegli obiettivi?
- Sono un "bravo perdente" e insegno anche a mio figlio a esserlo? Oppure mi arrabbio quando perde una partita e non porta a casa dei premi? Per quale ragione mi arrabbio?
- In tali occasioni, manifesto la mia delusione per quanto compiuto da mio figlio?

- Ho preso l'abitudine di forzare mio figlio a mostrare i suoi successi ad amici e parenti, anche se so che preferirebbe evitare questo genere di "esibizioni"?
- Sono adeguatamente comprensivo quando mio figlio non va bene a scuola?
- Chiedo il permesso al bambino prima di raccontare di nuovo una storia che lo riguarda, o di mostrare qualcosa che ha fatto? (Attuare questa forma di attenzione nei confronti del bambino lo aiuta a percepire che è rispettato, e trattato come un individuo titolare di diritti, non semplicemente l'"estensione" delle ambizioni dei genitori.)

Per alcuni genitori è molto difficile individuare quel che ci si può realisticamente aspettare da ogni bambino, in ogni fase dello sviluppo, e quali obiettivi è legittimo porsi. Una certa conoscenza in merito a come si compie lo sviluppo del bambino è importante per aiutarvi a stabilire quando il suo comportamento e le sue prestazioni sono normali, oppure quando potreste aspettarvi i segni di una maggior maturità.

Le guide che descrivono lo sviluppo del bambino sono utili, a patto che voi comprendiate che si fondano su un'ampia gamma di comportamenti; quindi, quando viene indicato che, per esempio, un bambino solitamente compie i suoi primi passi intorno ai dodici mesi di età, occorre considerare che tale affermazione si basa su una media, dacché i bambini iniziano a camminare tra i dieci e i sedici mesi.

Lo sviluppo intellettuale e motorio si compie secondo fasi e sequenze piuttosto fisse, che tutti i bambini attraversano, all'incirca nel corso della stessa fascia di età. Tuttavia, lo sviluppo sociale, sebbene dipenda dalle abilità verbali, dalla memoria, dallo sviluppo delle capacità di assumere dei ruoli, mostra una varianza molto maggiore, da bambino a bambino, anche in ragione degli effetti prodotti dall'appartenenza a diverse classi socio-economiche e a differenti culture. Non esiste alcun parametro oggettivo rispetto al quale valutare lo sviluppo sociale di vostro figlio. Invece, la questione riguarda la propensione del bambino a stare con gli altri, ad agire secondo modalità attraenti, che non respingono gli altri, traendo piacere e offrendone ad altre persone. Inoltre, la vita sociale dovrebbe essere parte di un insieme, più complessivo, di coinvolgimenti equilibrati che includano, peraltro, anche attività compiute in solitudine (lettura, scrittura, altri hobby) e il piacere di stare da soli, in compagnia dei propri pensieri, delle proprie emozioni e del proprio immaginario.

È essenziale che, in qualità di genitori, voi facciate tutto il possibile per incoraggiare vostro figlio a condividere, insieme a voi, la sua interpretazione delle ragioni che lo hanno indotto a comportarsi in un modo particolare. Quella conoscenza è spesso più importante del fatto di aver realizzato, o meno, qualcosa.

Per il genitore che appare confuso nel momento in cui deve adattare le proprie aspettative allo sviluppo motorio, cognitivo, e alle abilità sociali del bambino, il consulto con un pediatra attento e dotato di sottile discernimento può rivelarsi molto utile.

Tuttavia, qualora vostro figlio appaia un po' lento, e non raggiunga, secondo dei tempi poco più che presunti e prestabiliti, tutti i traguardi dello sviluppo, la cosa più importante è accettarlo per quello che è in quanto essere umano. L'accettazione è amore. Nondimeno, non siate troppo risoluti nel giudicare un bambino "lento": ricordate che Albert Einstein non parlò fino all'età di 3 anni, ma quando acquisì quella facoltà, giunse poi a dire qualcosa di davvero rilevante!

4
Insegnare a vostro figlio ad essere un attore sociale

Ken Margerum è stato un giocatore di football che ha stabilito un record: ha infatti ricevuto il maggior numero di passaggi da touchdown, quando ha militato negli Stanford Cardinal, durante gli anni del college. Nel corso di un'intervista al termine di un incontro di football, ha sorpreso i giornalisti osservando che una volta terminata la partita, raramente ne parlava, né conservava gli articoli dei giornali che descrivevano le sue imprese.

«Prendo molto sul serio quello che faccio», disse, «ma non mi prendo sul serio».

Quest'affermazione rappresenta l'antitesi di quel che potrebbe dichiarare la tipica persona timida, la quale proclamerebbe, sottovoce: «Non posso prendere troppo sul serio quello che faccio, perché mi prendo sempre molto sul serio». È difficile, per i timidi, essere coinvolti in qualsiasi compito più di quanto non lo siano con loro stessi. Pertanto, la maggior parte non è in grado di disporsi in modo tale che la gioia intrinseca di un gioco, una danza, uno spettacolo, un evento sociale li coinvolga. Ogni volta che si trovano in contesti che coinvolgono altri individui, in qualità di spettatori o partecipanti, la persona timida, di solito, finisce per preoccuparsi eccessivamente della *gestione delle impressioni* che suscita negli altri.

Ci impegniamo tutti per cercare di gestire le impressioni che le altre persone si formeranno di noi. Lo facciamo prendendo decisioni consce, e persino inconsce, che influiscono sulla nostra condotta, sul nostro modo di porci e di apparire. La maggior parte delle persone desidera comunicare agli altri un'immagine positiva di sé stessi, al fine di ottenere riconoscimenti e approvazione sociale. Un buon modo per farlo è impegnarsi in attività che gli altri approvano o apprezzano. D'altro canto, potremmo ingenerare un'impressione positiva quando ci comportiamo in un modo tale che porti gli altri a considerarci "interessanti", "attraenti", in possesso di un qualche attributo, o abilità, speciale, oppure dal quale possano trarre beneficio. Condividere delle risorse, come, per esempio, dei giochi, delle attrezzature sportive e così via, ci aiuta a creare un'immagine positiva. Lo stesso discorso vale quando agiamo per offrire supporto, per incoraggiare, aiutare, accudire o elogiare. Pensate a che "tipo" di persona siete, quando vi trovate in un gruppo di altri individui ai quali volete piacere. Considerate ciò che fanno gli altri per suscitare in voi una valutazione positiva nei loro riguardi. Le caratteristiche della situazione sono importanti, che si tratti di un contesto intimo, nel quale interagite solo con un'altra persona, dell'attività svolta in piccoli gruppi, di una cena formale, oppure di un incontro casuale. Altrettanto rilevanti sono l'età, il sesso e il background del vostro "target".

Il nostro ragazzo timido adotta una diversa strategia di gestione delle impressioni, che riflette uno stile conservativo e auto-protettivo in merito alla presentazione di sé stesso. Invece di agire per ottenere l'approvazione, la persona timida si comporta in un modo tale che gli garantisca di ridurre al minimo la disapprovazione. Come abbiamo già indicato, questo stile monocorde di approccio al mondo, che caratterizza le persone timide, trae origine, almeno in parte, in quella disposizione all'anticipazione delle valutazioni negative che, eventualmente, gli altri potrebbero esprimere. Questa stessa disposizione può derivare dalla bassa autostima che caratterizza le persone timide. Oppure potrebbe configurarsi come la conseguenza di un grado elevato di ansia sociale. I risultati prodotti dalla ricerca hanno mostrato che le persone con un grado elevato di ansia sociale si rivelano particolarmente sensibili al controllo, da parte degli altri, del loro comportamento. Di conseguenza, appaiono più modesti e insicuri, riguardo alle loro capacità e attributi, quando si confrontano in una sfida pubblica che potrebbe concludersi con un esito imbarazzante. Non solo offrono al mondo un sé pubblico, "poco attraente, modesto", ma di solito giungono a farlo loro e a introiettarlo.

D'altra parte, i risultati prodotti dalla ricerca hanno anche mostrato che, mentre gli studenti universitari che non erano socialmente ansiosi apparivano, nella negoziazione con altri individui che li stavano valutando, attivamente "orientati alla ricompensa", i loro coetanei con elevata ansia sociale tendevano ad attribuirsi maggiori responsabilità per i fallimenti che per i successi. Disponiamo anche di altre evidenze prodotte dalla ricerca, le quali mostrano che tali persone appaiono eccessivamente preoccupate in merito a loro stesse, quando sono esposte alla "minaccia" rappresentata dalla valutazione, al punto che finiscono per non prestare sufficiente attenzione al compito che devono svolgere. Di fatto, se la cavano peggio rispetto a coloro che manifestano un basso livello di ansia sociale e che non sono così condizionati dalla prospettiva di essere valutati.

Inquadrare e comprendere la timidezza in questo modo, ovvero come uno stile protettivo, ci aiuta a stabilire la nostra strategia per risolvere tale problema nei bambini. Possiamo comprendere meglio l'immagine tutta improntata all'auto-protezione e a quella modestia, quasi diafana, che appartiene alla persona timida, e che caratterizza quella "sindrome della reticenza" (per come è stata descritta da Gerald Phillips). Il bambino timido è poco incline a interagire con gli altri, perché ha stabilito che ciò che potrebbe essere guadagnato è ampiamente superato da ciò che, con più probabilità, potrebbe perdere, lasciandosi coinvolgere e consentendo agli altri di avvicinarsi sufficientemente da rendersi conto di tutti i difetti che lo caratterizzano (nascondendo, per esempio, l'acne, che considera orribile, spalmandosi sul volto un correttore color carne). Le situazioni nuove, sconosciute, non strutturate, valutative, esacerbano la timidezza, perché ci espongono a un rischio maggiore di agire in modo inappropriato e di subire un rifiuto. Assumendo un atteggiamento improntato alla modestia, o addirittura autoironico, la persona timida toglie il "vento alle vele" di quegli individui potenzialmente critici, prima ancora che possano esprimere il loro giudizio. Dopotutto, che tipo di lesioni subirebbe una persona timida che si gettasse dalla finestra del seminterrato dove abita il suo ego?

Questa eccessiva paura di essere valutati negativamente può essere gestita in un modo molto diverso, sebbene consenta di ottenere un obiettivo comparabile. Invece di adottare l'immagine del wallflower, dell'anima diafana e incolore, abbiamo osservato delle persone timide che tenevano a bada gli altri assumendo l'atteggiamento dei "bulli", dei chiacchieroni compulsivi, oppure apparendo stravaganti sia nello stile comportamentale sia scegliendo di indossare abiti bizzarri. Piuttosto che aspettare che qualcuno esprima il proprio verdetto negativo, ogni volta che ne ha occasione, la persona timida, scostante o ribelle, riduce l'incertezza facendosi anticipatamente carico di quella valutazione negativa, provocando oppure allontanando gli altri: «Vedi, te l'avevo detto, non vale la pena averci a che fare; sono femminucce, non hanno niente da dire, nulla in comune con me, e sono troppo attente alla superficialità, a come appare una persona». Risultato finale: una persona timida, isolata e profondamente fragile, che si nasconde dietro una dura corazza.

La confusione e il conflitto tra l'immagine pubblica di sé e ciò che la persona timida crede sia il proprio "vero sé privato" sono espressi con forza e chiarezza da Sheryl (che ha scritto, per chiedere un consiglio, al Dr. Schlessinger, la cui rubrica appare nel *San Francisco Chronicle*):

> Le mie condizioni interiori sono decisamente distanti dai miei atteggiamenti esteriori. Esteriormente appaio coma una sorta di ribelle, socievole, estroversa, affascinante. Interiormente sono timida, isolata, riservata, spaventata, una specie di bambina con i piedi sporchi.

> Ho sempre pensato che ciò fosse inaccettabile per tutti coloro che mi circondavano. La gente ha bisogno che io appaia in un certo modo; nondimeno, è mia responsabilità essere come vogliono le persone. Percepisco che le persone mi usano per soddisfare le loro fantasie!

"Usato", "abusato", "ignorato" o "rifiutato" sono espressioni che appartengono al lessico delle persone timide, le quali vi fanno riferimento per descrivere in che modo consentono al mondo, anche per via di quel loro atteggiamento passivo, di trattarli. Dobbiamo aiutare il bambino timido a considerare le persone come delle risorse preziose, che meritano di essere attivamente cercate e valorizzate, non già da "comperare" facendo della propria integrità e indipendenza delle merci di scambio. Dobbiamo fare tutto il possibile per far sì che un bambino si piaccia e sia anche apprezzato dagli altri. Dobbiamo lavorare per "forgiare" ciascuno dei nostri figli, affinché si rivelino gli anelli vitali che costituiscono quella grande catena dell'essere sociale che è rappresentata dal consorzio umano con tutte le sue interazioni.

BAMBINI VINCENTI

In questo capitolo, delineiamo la nostra strategia generale del piano di gioco e sviluppiamo anche alcune tattiche specifiche per far sentire, e agire, i bambini come dei vincenti. Nel processo di modellazione di un nuovo futuro per il bambino, un tempo timido, mostreremo come ridurre al minimo le pratiche negative, sia in contesti domestici sia in quelli scolastici, e indicheremo le modalità attraverso le quali costruire le sue aree di forza e di competenza.

Un bambino per tutte le stagioni

«Sono buono!», «Sono amato!», «Riesco a farlo!». Questa è l'immagine positiva che vogliamo che i nostri bambini timidi abbiano ed esprimano. Possiamo farlo per mezzo di dichiarazioni lusinghiere e, in qualche modo, rassicuranti, piuttosto che esprimere commenti negativi e sminuenti, come, per esempio: «Sei un babbeo», «Nemmeno tua nonna potrebbe amarti», «Non provarci nemmeno, sei senza speranze».

Iniziate monitorando la frequenza con cui vostro figlio esprime commenti positivi e negativi su sé stesso. Osservate anche la frequenza con cui voi, e anche gli altri, inviate questo genere di messaggi al bambino. Se vi rendete conto che i commenti negativi sono più frequenti di quelli positivi, è necessario attuare un cambiamento.

Rinforzate tutte le affermazioni che pongono il bambino in una luce favorevole, così come quelle costruttivamente critiche, ovvero che indicano cosa si può fare meglio alla prossima occasione. «Sarò in grado di rispondere più adeguatamente alla domanda dell'insegnante, se riguardo gli appunti, prima che la lezione inizi», invece di «Che sciocco, non sono stato in grado nemmeno di rispondere a una domanda tanto semplice!».

Aspetti negativi: «Stop!».

Mortificazioni: «Non vanno affatto bene!».

Etichette sminuenti: «Non da queste parti!».

Attestazioni di incapacità: «Con la pratica, ce la farai domani".

Convincere il bambino a pensare ed esprimere affermazioni positive su sé stesso fa parte del processo di condizionamento, che, peraltro, verrà agito con discrezione. La ricerca psicologica ha mostrato che tale apprendimento "silente" può esercitare potenti effetti che determinano il cambiamento, nelle direzioni desiderate, delle manifestazioni comportamentali.

Tuttavia, potreste aver bisogno di qualcosa in più. La visione del mondo del bambino timido necessita di essere "scossa" attraverso la "ristrutturazione cognitiva". Quel bambino ha bisogno di narrazioni, e anche di tangibili evidenze, che gli consentano di percepire che il mondo non è un luogo ostile, infestato da persone inclini ad esprimere critiche pungenti, che si nascondono in abissi silenziosi, come fossero squali, pronti a divorare gli "incompetenti" che nuotano ingenuamente in superficie, sopra le loro teste. Occorre, piuttosto, rendere consapevoli questi bambini del fatto che abbiamo intorno a noi milioni di persone che vorrebbero conoscerci, che desiderano condividere le gioie della vita, purché gli si offra l'opportunità.

Immaginate di rinunciare a nuotare in un lago, perché ci sono squali nell'oceano!

È fondamentale che i bambini colgano lo splendore del sole e non solo le nuvole scure. L'assunzione di un orientamento positivo, nel quale la ricompensa e l'approvazione sono sempre possibili, consente al bambino di agire in modo tale da dar vita a una profezia comportamentale che si autoavvera (come mostrato dalle ricerche di Mark Snyder). L'ottimista, che sorride e saluta, osserverà che almeno sei persone, su una dozzina, sono felici, mentre il timido pessimista noterà le sei che sono accigliate.

Ai bambini si può trasmettere l'idea che impariamo dai nostri errori, che un feedback critico, ma costruttivo, è più prezioso della gratuita e distratta approvazione, che non ci offre alcuna informazione. Quindi, desideriamo avere persone intorno a noi che ci dicano quando stiamo "superando il limite", al fine di consentirci di impegnarci nella nostra autoanalisi, e individuare le modalità che ci consentano di migliorare. Tuttavia, è importante riconoscere che, ogni tanto, la critica è mossa in ragione di idiosincrasie, e particolari motivi personali, che riguardano colui che la esprime: a volte, si tratta di mettersi in mostra, vendicarsi, oppure suscitare sensi di colpa, magari per ottenere un vantaggio o una rendita di posizione. Cercate di fare riferimento a esempi concreti relativi a questo genere di "critiche ostili", per consentire al bambino di discriminare questi "attacchi personali" dalle osservazioni costruttive.

Altri messaggi che sono parte integrante di questo insieme di idee che è opportuno trasmettere al vostro bambino timido includono:

- Assumere rischi intelligenti e calcolati; non c'è niente da perdere.
- Quello che siete, in quanto persone, non corrisponde sempre a come vi comportate, in pubblico, in qualità di attore sociale.
- L'ego non è sminuito dalle prestazioni poco brillanti o scadenti, bensì viene a formarsi, affinché possa realizzare le cose in modo diverso alla prossima occasione.

- Quando si prova, non si fallisce, poiché il processo è comunque entusiasmante e l'esperienza ci offre sempre delle informazioni.
- Si fallisce sempre quando si rinuncia a provare, pur disponendo delle capacità e delle motivazioni per impegnarsi.
- Anche se dobbiamo pianificare il futuro per adeguare le nostre risorse ai nostri obiettivi, una volta che siete coinvolti nel compito, lasciate che sia totalizzante. Affrontate ogni compito sociale come un bambino che sta giocando. Non è tanto importante quale sia l'esito del gioco, invece è rilevante restarne completamente assorbiti per un po' di tempo, perché ciò ci arricchisce.
- Spesso paghiamo il fio a pensieri irrazionali, che ci ostacolano nel compiere un'azione efficace e ci fanno pensare, a noi stessi, in termini negativi. Il noto psicologo Albert Ellis ha mostrato in che modo tali pensieri irrazionali possano ferirci emotivamente. Ecco un insieme esemplificativo, costituito da dieci di questi pensieri irrazionali, peraltro alquanto comuni:

Atteggiamenti e credenze irrazionali

1. Per essere felici e degni è necessario essere approvati e amati, pressoché da tutti, in ragione della quasi totalità di quel che si fa; perché se si viene criticati, o rifiutati, si determina un catastrofico fallimento personale per il quale si finisce per essere penalizzati e/o ci si sente totalmente infelici.
2. Per essere all'altezza, in quanto persone, è essenziale rivelarsi del tutto competenti, adeguati e realizzati sotto ogni rispetto.
3. Certe persone sono cattive, scellerate, malvagie, perciò dovrebbero essere incolpate per le loro malefatte. Si dovrebbe essere incolpati (invece di essere ritenuti responsabili) per i propri errori. Non si dovrebbe mai agire male, e ci si dovrebbe sentire totalmente indegni se si fa qualcosa di sbagliato.
4. Per essere felici non bisogna mai essere troppo frustrati: quando le cose non vanno come si vorrebbe, si generano

conseguenze snaturanti e catastrofiche; d'altra parte, alla frustrazione si dovrebbe reagire con sdegno e furore.

5. La felicità è in gran parte determinata da condizioni esteriori, disponiamo di poche, o nessuna, capacità che ci consentano di liberarci dall'ansia e da altri sentimenti negativi.
6. Se qualcosa è, o può essere, temibile e pericolosa, occorre preoccuparsene ampiamente, ovvero continuare a pensare alla possibilità che tale evento si verifichi.
7. Si dovrebbe cercare di evitare la maggior parte delle difficoltà e delle responsabilità della vita, e fare in modo di ricevere sempre una gratificazione immediata. Non si dovrebbero fare piani a lungo termine, quanto perseguire piuttosto il proprio piacere e il divertimento.
8. Il proprio passato è molto importante per determinare la propria felicità: poiché certi eventi, a volte, hanno ampiamente condizionato la nostra vita, devono inevitabilmente continuare a farlo.
9. Gli eventi e le persone dovrebbero essere migliori di quel che sono, è davvero grave non essere in grado di trovare immediatamente soluzioni perfette alle tristi realtà della vita.
10. La massima felicità umana si raggiunge per inerzia e anche "divertendosi" spensieratamente e senza impegno.

Ecco un esercizio per un ragazzo timido che frequenta le scuole medie o le superiori:

a. Il ragazzo scrive diverse frasi che descrivono il suo atteggiamento mentale quando interagisce con un adulto autorevole al quale deve chiedere aiuto, o un consiglio, oppure quando si avvicina a una persona del sesso opposto per chiedere un appuntamento. Per esempio: «Sento che penserà che sono uno stupido, perché ho chiesto aiuto».
b. Il genitore considera l'elenco dei dieci atteggiamenti e delle credenze irrazionali, per poi scegliere quelle che si adattano alle dichiarazioni di atteggiamento mentale del ragazzo, nelle situazioni descritte.
c. Il genitore e il ragazzo discutono in merito al modo in cui quelle affermazioni personali potrebbero essere cambiate,

per renderle più razionali e adeguate al fine di garantire il benessere emotivo del giovane.

L'essenza di questa costruzione dell'immagine di sé è lo sviluppo di uno stile che non si dimostri troppo conservativo, vincolato e auto-protettivo, bensì avventuroso, flessibile e aperto nei confronti di nuove persone e idee.

Ricordate la differenza tra il modello israeliano e quello giapponese per quanto riguarda l'educazione dei figli: nella fattispecie, il bambino ebreo è preparato per ricercare, e ottenere, gli aspetti positivi che la vita riserva, mentre ai giovani giapponesi viene insegnato a evitare il fallimento e la vergogna. Analogamente, diminuendo la preoccupazione del bambino timido per le valutazioni negative, il fallimento, la vergogna, il rifiuto, e incoraggiandolo a ricercare ricompense per aver sperimentato e ottenuto ciò che è possibile, si osserverà un "nuovo" bambino. Questo bambino sarà in grado di accettare il successo e avrà la forza di affrontare le avversità, indipendentemente dalle cause che le hanno determinate.

Ridurre l'ansia sociale

Per relazionarsi efficacemente con le altre persone è necessario disporsi per stabilire un contatto, occorre anche possedere le abilità sociali di base insieme a una buona autostima, e non manifestare un livello di ansia che possa interferire con le proprie prestazioni.

L'elevato livello di ansia sociale che i bambini timidi sperimentano nei contesti in cui ci sono altre persone è il prodotto di una componente somatica, associata all'arousal, e di alcuni fattori di natura cognitiva ed emozionale. Entrambe le componenti possono essere poste sotto controllo grazie a una pratica, la desensibilizzazione sistematica, che fu sviluppata da Joseph Wolpe. Questo approccio alla riduzione di qualsiasi tipo di ansia prevede quattro passaggi: l'allenamento al rilassamento, la costruzione di una specifica gerarchia delle situazioni ansiogene, l'esposizione immaginaria allo stimolo ansiogeno e, infine, la pratica della desensibilizzazione nella situazione reale che genera ansia.

Allenamento al rilassamento. L'allenamento al rilassamento viene solitamente eseguito utilizzando istruzioni registrate che descrivono come si rilassano i muscoli, iniziando da quelli della testa, e del volto, per poi coinvolgere, progressivamente, ciascun muscolo del corpo. Ci sono molte descrizioni di tali istruzioni su qualsiasi numero di *Psychology Today*, che potrebbero rivelarsi utili, come guida generale, per i genitori. Tuttavia, è sufficiente che un genitore si ponga di fronte a un bambino timido, comodamente seduto e con gli occhi chiusi, per poi parlargli con un tono calmo, tranquillo e rassicurante, producendo un flusso di rilassamento che coinvolga il bambino stesso, rilassando tutti i muscoli tesi. Il bambino potrebbe anche immaginare una situazione associata a buoni sentimenti e a uno stato mentale rilassato, come, per esempio, prendere il sole su una spiaggia, galleggiare sulla superficie del mare, fare un bagno caldo, oppure osservare un fuoco. Quando il bambino afferma di sentirsi rilassato, calmo e pronto a proseguire con questo gioco, il genitore introduce la fase successiva.

Gerarchia delle situazioni ansiogene. Qualsiasi situazione sociale che renda ansioso un bambino timido può essere suddivisa in unità discrete. Si tratta di passaggi distinti (nel tempo e nello spazio) che vengono elencati partendo dal meno ansiogeno (il più remoto), seguendo un ordine incrementale, per giungere, infine, a quello che è maggiormente problematico, in una determinata situazione.

Un modello di tale gerarchia viene offerto, per esempio, da F. Orr e dai suoi collaboratori, i quali descrivono una situazione in cui un adolescente timido è invitato a una festa, dove sarà presente anche una coetanea dalla quale è attratto. L'idea di parlare effettivamente con quella persona provoca molta ansia, mentre accettare l'invito alla festa, con cinque settimane di anticipo, si configura come il fattore meno ansiogeno.

Esposizione immaginaria allo stimolo ansiogeno e desensibilizzazione. Mentre è ancora rilassato, il ragazzo timido è incoraggiato a visualizzare, nell'immaginario, (usando peraltro tutti i sensi) ciascuno dei passaggi della gerarchia dell'ansia a partire dall'elemento meno ansiogeno. «Immagina di essere lì, sta accadendo, lo stai vivendo, ma sei rilassato e ti senti a tuo agio, proprio come ora. Prova a immaginare ciò che diresti e faresti per ottenere il risultato che desideri».

Ogni volta che il livello dell'ansia si eleva troppo, la persona timida torna al passo precedente, si rilassa ancora più profondamente e procede di nuovo col passo successivo. Il genitore (o l'insegnante) può offrire consigli in merito a una formulazione specifica, oppure a certe tattiche di approccio, per favorire lo sviluppo delle abilità sociali, peraltro carenti, del bambino. Dopo aver compiuto un po' di allenamento volto a migliorare le abilità sociali, si passa dalla dimensione immaginaria a quella concreta, perciò la persona timida viene incoraggiata ad affrontare, sistematicamente, quella serie di passaggi nelle condizioni che riguardano la vita reale. Con la pratica, questa procedura sistematica di desensibilizzazione consentirà alla persona timida di porre in essere anche l'azione che, in precedenza, temeva maggiormente. Dopo aver ottenuto il successo, quella persona percepirà di aver ottenuto grandi vantaggi in relazione alla padronanza di sé e all'autostima.

Insegnare le abilità sociali di base

Perché un bambino ha bisogno di stare con gli altri? Arnold Buss, il ricercatore della University of Texas, specializzato nello studio dell'auto-consapevolezza, ha offerto sette buone risposte a questa domanda in un discorso tenuto davanti all'assemblea dell'American Psychological Association. Le persone hanno bisogno degli altri per:

- calmarsi (offesa, dolore, delusione);
- ricevere stimoli (competizione, facilitazione sociale, eccitazione);
- ricevere attenzione (riconoscimento della propria identità);
- ricevere lodi (ricompense per attività di successo);

- attività di condivisione (che non possono essere svolte individualmente, come, per esempio, suonare in un quartetto);
- affetto (dare e ricevere amore o sentimenti affettuosi);
- confronto sociale (valutazione della qualità delle nostre opinioni, delle nostre abilità ed emozioni, rispetto a quelle di altri, in qualche modo, comparabili).

Nella misura in cui un bambino timido si sente a disagio, o teso, in presenza di altri, ridurrà purtroppo le possibilità di accedere a questi benefici, per tutta la vita, un'opportunità che dovrebbe essere garantita a tutti gli esseri umani.

Nel caso dei bambini più piccoli, la timidezza sembrerebbe maggiormente correlata alla carenza di adeguate abilità sociali, piuttosto che alla soverchiante ansia sociale, che si sedimenta nelle persone timide adulte, ed è dovuta ad anni di eccessiva preoccupazione nei riguardi di loro stessi e di quella sorta di ossessione associata alle valutazioni negative. In molti casi, la timidezza smetterebbe di essere un problema, se solo il bambino disponesse di qualche amico e, una volta cresciuto, potesse sentirsi a suo agio in situazioni che coinvolgono persone del sesso opposto.

«Se fossi timido e non volessi esserlo più», riferì Timmy, un bambino di quattro anni, «parlerei maggiormente». Questa è chiaramente una disposizione che si colloca nella giusta direzione. Ma cosa dire, e come, e quando? Cosa, invece, non è il caso di dire? Un bambino deve apprendere una complessa serie di tattiche per entrare in relazione con gli altri coetanei, da solo o in gruppo, insieme alle regole, peraltro non scritte, in merito al rispetto dei tempi sociali.

L'impiego delle "strategie di accesso", da parte dei bambini della scuola materna, è stato studiato da William Corsaro che descrive il seguente rituale:

> Due bambine, Jenny e Betty, stanno giocando nei pressi di una sabbiera nel cortile esterno della scuola. Sono seduto a terra, vicino alla sabbiera, per osservarle. Le bambine mettono la sabbia nelle pentole, nella teglia per i cupcake, in alcune bottiglie e nelle teiere...

Un'altra bambina, Debbie, si avvicina e, poi, si ferma, vicino a me, osservando le altre due coetanee. Né Jenny né Betty si accorgono della sua presenza. Debbie non parla, né con me né con le altre bambine, e nessuno le rivolge la parola. Dopo averle osservate per un po' di tempo (circa cinque minuti), fa tre volte il giro della sabbiera, si ferma di nuovo e si siede vicino a me. Dopo qualche altro minuto di osservazione, Debbie entra nella sabbiera e raccoglie una teiera abbandonata nella sabbia. Jenny gliela toglie dalle mani e, borbottando, le dice: «No». Debbie indietreggia, si ferma di nuovo vicino a me e riprende a osservare l'attività di Jenny e Betty. Poi, si avvicina a Betty, che sta riempiendo di sabbia la teglia dei cupcake. La osserva, solo per pochi secondi, e poi dice: «Siamo amiche, giusto? Siamo amiche, vero, Betty?».

Betty, senza guardare Debbie e continuando a mettere la sabbia nella teglia, dice: «Certo».
«Sto preparando il caffè», dice Debbie a Betty.
«Sto preparando i cupcake», risponde Betty.
Betty si rivolge a Jenny e dice: «Siamo delle mamme, vero, Jenny?».
Jenny risponde: «Certo».
Le tre "mamme" continuano a giocare insieme per altri 20 minuti, fino a quando le insegnanti annunciano che è il momento di riordinare.

L'"accesso non verbale" di Debbie è tipico dei bambini della scuola materna, che non impiegano spesso delle strategie verbali dirette, come, per esempio, esordendo con una qualche forma del tipo: «Ciao, posso giocare con te?». Forse hanno appreso che gli altri bambini sono così assorbiti dal loro gioco (o dalla visione della TV) che non rispondono, oppure non fanno attenzione, alle aperture "intrusive". Quando la successiva strategia attuata da Debbie, ovvero girare intorno alla sabbiera, viene ignorata, quella stessa bambina decide di passare all'azione. Nel prendere la teiera segnala, in modo forte e chiaro, che desidera accedere al gioco. Quando viene respinta, come spesso capita ai bambini "estranei" che cercano di stabilire un contatto, intromettendosi in un'attività "protetta" e condivisa da due o più bambini, Debbie mostra di disporre di un'abilità di accesso che la salva in quella situazione, e permette la continuazione del gioco. Chiede, nel modo più diretto: «Siamo amiche, vero, Betty?».

Questo esplicito riferimento all'affiliazione produce più effetti contemporaneamente. Attribuisce a Betty una caratteristica "speciale"; può continuare a giocare con Jenny così come coltivare la sua amicizia con Debbie, includendola in quello stesso gioco. Certo, c'è il rischio che Betty risponda negativamente: «No, non siamo amiche!», ma parrebbe un'eventualità alquanto improbabile, poiché si tratterebbe di esprimersi in maniera estremamente assertiva e ostile. Inoltre, l'approccio diretto che le viene rivolto le consente di intraprendere un'azione unilaterale per far accedere Debby al gioco, senza consultare Jenny. Dal momento che Jenny, in precedenza, ha già rifiutato Debbie, quest'ultima non vorrebbe concederle l'opportunità di esprimere un parere, di analoga rilevanza, in merito alla questione della sua ammissione al gioco. Infine, Debbie si conforma al pattern comportamentale in corso, assicurandosi anche che le altre se ne rendano conto, descrivendo esplicitamente la sua attività volta alla preparazione del caffè. Ora Betty, investita del ruolo di decisore, in merito all'efficacia della strategia di accesso di Debbie, ridimensiona Jenny, inducendola ad accettare il "fatto" che sono tutte mamme, "giusto?"

Nel suo splendido libro, *Children's friendships*, lo psicologo Zick Rubin, che ha lavorato alla Brandeis University, evidenzia la rilevanza dei ruoli assunti da genitori e insegnanti, i quali devono impegnarsi per aiutare i bambini a imparare come sviluppare le amicizie. Tali ruoli includono: «offrire opportunità ai bambini piccoli e in età prescolare per interagire con i coetanei, aiutare i bambini a sviluppare le abilità sociali, garantire comprensione e supporto quando le amicizie non si sviluppano oppure finiscono. Soprattutto quando sono coinvolti i bambini più piccoli, gli adulti possono compiere più di uno sforzo al fine di favorire l'interazione tra i sessi e tra gli individui di differenti età. D'altra parte, ci sono momenti in cui gli adulti devono intervenire per sottrarre un bambino a un contesto amicale, o a una "cricca" di coetanei, che gli sta procurando nocumento».

Ovviamente, pensiamo sia importante che i genitori supportino i loro figli, che li "difendano", che si dimostrino leali, che garantiscano loro quantomeno il beneficio del dubbio, quando riferiscono di essere stati trattati ingiustamente: ciò li aiuta a percepire che sono amati, che i genitori manifestano un certo grado di fiducia, e che possono contare su di loro. Tuttavia, rivestono uguale importanza le modalità e i contesti temporali nei quali offrite il vostro supporto senza riserve. Non fate alcun favore a vostro figlio quando presumete sempre e invariabilmente che abbia subito un torto; anzi, potete talvolta rinforzare quel genere di comportamento antisociale che, alla fine, potrebbe determinare il rifiuto del vostro bambino da parte dei coetanei.

Un esempio significativo è rappresentato dal punto di vista di una madre che, quando sua figlia si lamentava, riferendo che una bambina, o un altro coetaneo, "era stato cattivo", o ingiusto, "senza motivo", si arrabbiava e riferendosi a colui che veniva denunciato dalla figlia diceva qualcosa del genere: «Patty è solo meschina e piena di odio, perciò tu non dovresti avere niente a che fare con lei», oppure: «Chiamerò sua madre e la rimprovererò». A volte, quella madre si prendeva persino la briga di rimproverare direttamente l'altra bambina.

Nel corso degli anni, ha finito per pensare che sua figlia avesse ragione, in ogni caso, e che il torto era attribuibile invariabilmente al resto del mondo. Orbene, le probabilità non sono affatto a favore di chiunque pretenda di aver sempre ragione. Poiché in questa vicenda si erano verificati così tanti casi, che coinvolgevano dapprima i compagni di gioco e, in seguito, i compagni di classe, gli insegnanti e altri adulti, in qualche occasione, lungo questa sequela di episodi, quella madre avrebbe dovuto rendersi conto che le lamentele espresse da sua figlia, per varie offese, non potevano esser sempre giustificate. Tra tutti, l'aspetto più significativo che, forse, si sarebbe potuto considerare, è rappresentato dal fatto che, sebbene la ragazza fosse fisicamente attraente e piuttosto intelligente, quando frequentava il liceo, nessuno dei ragazzi con cui era uscita le aveva mai chiesto un secondo appuntamento. Di fatto, coltivava l'amicizia solo con un'altra ragazza alla volta, secondo una dinamica che potremmo definire on-off. Ora incarna il ruolo della giovane donna, che ha poco più di vent'anni, che si sente sola, che manifesta timidezza e che, al contempo, desidera ardentemente compagnia. Tuttavia, non solo teme le persone, ma proprio non le piacciono, e lei stessa non brilla certo per simpatia.

I genitori devono fare attenzione e riconoscere i momenti in cui possono rinforzare gli atteggiamenti antisociali nei loro figli. Invece di spendersi sempre in difesa del loro bambino, dovrebbero esplorare con lui l'eventualità che la situazione in questione non appaia necessariamente come sembra, e anche indicare delle modalità di interazione che consentano di stabilire relazioni fondate sul reciproco scambio.

Un'altra modalità che i genitori possono sfruttare è rappresentata dal conflitto esperito da un bambino, nei confronti di qualcun altro, per ottenere un vantaggio, impiegandolo alla stregua di un'opportunità per insegnargli come andare d'accordo con le altre persone. Per esempio, una madre si è resa conto, per caso, che suo figlio di dodici anni e un altro ragazzo stavano litigando, ha anche compreso che suo figlio stava insultando duramente quell'amico. Lo ha richiamato in casa, mentre l'altro ragazzo aspettava fuori, e gli ha detto: «Tesoro, so che ti piace frequentare questo nuovo amico, perciò non voglio vederti perdere la sua amicizia. Quindi, devi fargli sapere che ti piace trascorrere del tempo con lui. Non ho potuto fare a meno di sentire quello che gli stavi dicendo e temo che se continuerai così non tornerà più».

«Ma, mamma», disse il ragazzo, «ho avuto una brutta giornata a scuola e sono di cattivo umore».

«Capisco», disse sua madre, «parleremo di cosa ti ha dato fastidio più tardi, quando il tuo amico se ne sarà andato. Tuttavia, per ora, ricorda che mantenere un'amicizia significa evitare di "scaricare" i tuoi problemi sugli altri, perciò ora mi fai il piacere di trattarlo come se non fosse accaduto nulla».

Il ragazzo è poi uscito, si è scusato con l'amico, e i due hanno ripreso ad aggiustare la bicicletta, come stavano facendo prima che scoppiasse la lite. Senza spiare i vostri figli, o origliare, potete sfruttare tali opportunità per far comprendere ai vostri figli l'importanza di essere gentili con le altre persone.

La nostra ricerca, che ha coinvolto i genitori dei bambini che frequentano gli istituti scolastici, dalla materna alle scuole medie, rivela una tendenza, che riguarda gli adulti timidi, ovvero una maggior probabilità, rispetto a coloro che non manifestano timidezza, di avere uno o più figli con lo stesso problema. Per loro il compito di insegnare ai propri figli le abilità sociali è più importante che per la maggior parte degli adulti, e rappresenta anche un'ardua e complessa sfida personale. In effetti, questo potrebbe configurarsi come un momento per compiere un autoesame che favorisca il cambiamento, dato che i bambini apprendono le abilità sociali osservando come si comportano le loro figure di riferimento (quindi, anzitutto, dai loro genitori). Peraltro, le abilità sociali vengono anche apprese attraverso le istruzioni dirette: «Di' "ciao" quando ti congedi da un amico con cui hai giocato, o al quale hai fatto visita, non devi andartene semplicemente». Tuttavia, quanto appreso deve poi essere messo in pratica, e deve anche esser seguito da un feedback specifico, immediato, che premi una risposta appropriata e corregga le manifestazioni comportamentali indesiderate. Pertanto, i genitori (soprattutto quelli timidi) devono riconsiderare le proprie abilità sociali, rendere esplicito ciò che ritengono sia corretto, e indicare quel che ritengono un comportamento inappropriato, spiegandone anche le ragioni. Non potete insegnare a un bambino una lingua straniera, senza essere in grado di parlarla. Analogamente, non potete insegnare a un bambino le regole dell'amicizia senza metterle quotidianamente in pratica, anzitutto in casa vostra.

- Favorite la conoscenza, da parte di vostro figlio, delle tattiche adeguate per fare amicizia, facendogli interpretare le seguenti situazioni:
  - fare amicizia con un nuovo bambino in classe (dello stesso sesso e di quello opposto)
  - fare amicizia con un bambino molto popolare

– fare amicizia con un bambino disabile
– fare amicizia con un bambino più piccolo e anche con uno più grande.

I ricercatori hanno osservato che i bambini considerati popolari, dai loro compagni di classe, disponevano di maggiori conoscenze in merito a come si fa amicizia, rispetto ai bambini impopolari. Se tale conoscenza è deficitaria, oppure errata, allora offrite informazioni corrette, oppure fate in modo che un bambino popolare, ed "esperto", partecipi alle sessioni di questo gioco di ruolo.

- Esercitatevi a "parlare in privato" per sviluppare le abilità conversazionali di vostro figlio. Di solito, l'apprensione nei riguardi della comunicazione deriva dalla mancanza di pratica e dall'assunzione di aspettative non realistiche. Non si tratta della necessità di recitare come Richard Burton, o di essere verbalmente competenti come Barbara Walters.
- Richard Garner, autore di un libro intitolato *Conversationally speaking*, ci ricorda che, sebbene la pratica del parlare in pubblico sia insegnata (male) nelle scuole, quella del parlare in privato non lo è, né, tantomeno, viene incoraggiata. «Le scuole esistono», afferma Garner, «per dirvi di stare zitti. Sono luoghi in cui vige il silenzio». Ciò vale anche a casa vostra?
- Insegnate a porre domande che prevedano delle risposte aperte, piuttosto che chiuse, dacché queste ultime richiedono solo repliche costituite da una o due parole. Ricordate i maestri dell'arte di conversare, come Johnny Carson, i quali coinvolgevano i loro ospiti, facendoli sentire speciali, ponendo domande aperte. «Come?», «Come mai?», «Parlami di quella volta in cui…» sono opzioni di apertura, sul piano comunicativo, che favoriscono la conversazione.
- Al primo incontro è importante apprendere i nomi degli interlocutori; il bambino dovrebbe dichiarare il suo in modo forte e chiaro (e anche correggere coloro che lo pronunciano in maniera errata). Analogamente, il nome degli altri bambini, o degli adulti, dovrebbe essere chiesto e ripetuto, per essere sicuri

che sia pronunciato correttamente e per aiutare a ricordarlo. Quando pone delle domande al telefono, oppure nei casi in cui offre delle risposte, il bambino dovrebbe sempre identificarsi. In occasione di un secondo incontro, le persone rimangono positivamente impressionate quando si accorgono che il loro nome viene ricordato, quindi il bambino dovrebbe lavorare per arricchire la propria memoria in merito ai nomi e ai volti.

- Insegnate al bambino una serie di frasi standard di apertura e chiusura della conversazione: «Ciao – arrivederci», «Ciao – a presto», «È bello vederti di nuovo. È stato bello parlare con te», «Come stai? Spero che potremo rivederci presto» e per ampliare la varietà, provate a introdurre i saluti stranieri «Bonjour», «Good Morning», «Tschüs».
- Ponete il seguente problema al vostro ragazzo, variando il sesso e l'età del protagonista con quelli di vostro figlio. Discutete le opzioni di apertura e, poi, gli sviluppi possibili della conversazione: «Un ragazzo carino della mia età, 14 anni, si è appena trasferito nella stanza accanto. È timido quanto me e penso che, come me, non sia uscito con nessuno. Ogni volta che lo vedo aspetto che mi dica qualcosa e, probabilmente, lui sta aspettando che io avvii una conversazione. Sorride e poi distoglie lo sguardo. Potremmo andare avanti all'infinito senza dire nulla».
- Esercitatevi a rispondere velocemente, giocando con le rime, alternando il ruolo di colui che pone una domanda e rispondendo il più rapidamente possibile.
  - Tu: Cosa fa rima con due?
  - Bambino: È un canale, e tu?
  - Tu: Sono blu.
  - Bambino: Cosa fa rima con macchina?
  - eccetera

Potete anche proporre un'altra forma del gioco, invitando il bambino a indicare, rispondendo il più rapidamente possibile, una caratteristica distintiva per ciascuna delle dieci persone che menzionate.

- Proponete l'idea di esercitarsi a raccontare barzellette e a capire cosa c'è di divertente in un motto di spirito.
- Incoraggiate il bambino a coltivare il senso dell'umorismo nei riguardi di sé stesso e a manifestare, in certe occasioni, una particolare sensibilità, riconoscendo un problema, o un deficit, che un suo amico sta affrontando, e che, magari, è analogo a uno dei suoi.
- Le interruzioni del discorso prodotto da un'altra persona dovrebbero essere precedute dal riconoscimento di questa violazione al diritto di parola dell'oratore: «Scusa, ma...»; «Scusami, ma dici che...»; «Vorrei avere la possibilità di dire come mi sento riguardo a...».
- Le abilità che consentono di coltivare l'amicizia implicano anche *essere capaci di far sentire gli altri speciali*. Il bambino induce questa percezione nell'interlocutore in diversi modi:
  - dimostrandosi un ascoltatore attento, che a volte approva, ma anche un sottile recensore («Mi piace come l'hai fatto, ma avresti potuto realizzare quest'ultima parte in modo leggermente diverso...»);
  - condividendo le risorse;
  - proponendo qualche discreta informazione su di sé; segreti che vengono affidati all'altro (all'inizio di poco conto, per poi offrire qualcosa di più "privato" quando la fiducia è reciproca);
  - esprimendo lodi e apprezzamenti per atti specifici e anche per situazioni più generali, «I tuoi capelli stanno molto bene, quando li pettini così», «Mi piace molto stare con te», gestendo i disaccordi attraverso la negoziazione e il compromesso, piuttosto che ponendo ultimatum o esprimendo una rabbia silenziosa;
  - disponendo di qualche area di competenza, o di alcuni punti di forza, che gli consentano di contribuire per alimentare la relazione.
- Aiutate vostro figlio ad apparire una persona più interessante. Incoraggiatelo a sviluppare le proprie aree di competenza attraverso gli hobby, le letture, le discussioni, i viaggi. Iscri-

vete il bambino a qualche corso che gli consentirà di sviluppare l'armonia del corpo e la coordinazione, consentitegli, per esempio, di praticare la danza, la ginnastica, il teatro, le arti marziali o il body building. I bambini possono imparare qualche trucco di prestidigitazione se gli regaleremo un kit da prestigiatore e gli offriremo qualche indicazione. Suonare uno strumento musicale per coltivare l'intrattenimento sociale e personale rappresenta una risorsa inestimabile al fine di entrare in contatto con gli altri.

- Insegnate al bambino come assumere il punto di vista degli altri in una determinata situazione; ovvero a considerare gli eventi dalla loro prospettiva. L'acquisizione di questa abilità promuove l'empatia e la tolleranza. Inoltre, consente anche al bambino di proporre spiegazioni alternative, in merito alle ragioni che hanno indotto qualcuno a mostrarsi "cattivo", oppure rifiutante. Il bambino resiliente non incolpa sé stesso per le reazioni avverse manifestate dagli altri, perché è in grado di capire che quelle persone potrebbero essere di cattivo umore. Può anche esprimere e comprendere concetti come: "Potrebbe essersi arrabbiato con me perché l'insegnante lo ha punito".
- Offrite a vostro figlio l'opportunità di giocare con un bambino più piccolo per sviluppare un'ulteriore amicizia.
- Organizzate dei giochi in cui ogni bambino dispone di una parte delle informazioni di cui l'intero gruppo ha bisogno per completare un progetto. La ricerca di Elliot Aronson, che ha impiegato questa tecnica con gli scolari del Texas, ha mostrato che, esponendoli a tali esperienze, diventano più cooperativi, amichevoli e tolleranti, quantomeno rispetto a quando sono coinvolti in tradizionali contesti competitivi, in cui si distinguono coloro che ottengono più vittorie e successi da quelli che ne realizzano meno.
- I bambini timidi sono lenti a rispondere, dunque offrite loro il tempo sufficiente per farlo. Ciò implica che dovete imparare ad aspettare, essere pazienti, accettare il silenzio e non assumere un atteggiamento eccessivamente controllante.

- Essere al centro dell'attenzione favorisce la manifestazione della timidezza, quindi insegnate a vostro figlio come comportarsi in tale situazione, in un ambiente sicuro e che offre supporto: tutti dovrebbero fermarsi, focalizzare l'attenzione, e osservare la performance. Un "Bravo", seguito dagli applausi, dovrebbe coronare quel tentativo, e indicare l'apprezzamento della volontà di "mettersi sotto i riflettori". Osservate come i bambini di diciotto mesi imparano, con gioia, a gestire tale condizione.
- Insegnate al bambino la complessa abilità di alternare il fatto di esser completamente assorbiti dal gioco, fare conversazione, occuparsi del compito che si sta svolgendo e anche distaccarsi momentaneamente, quanto basta per monitorare gli aspetti globali del processo (per esempio: tutti partecipano? Qualcuno ha bisogno di un'attenzione particolare per essere coinvolto? Mi sto imponendo troppo sugli altri?).

DUE GIOCHI PER INSEGNARE LE VERITÀ SOCIALI

Il gioco delle etichette

Dimostrate ai bambini più grandi in che modo il nostro comportamento viene influenzato da come gli altri reagiscono nei nostri confronti. Giocate al gioco delle etichette con un piccolo gruppo, composto più o meno da cinque bambini. Si tratta di discutere di un tema "caldo" in merito al quale si dispiegano opinioni divergenti («Le donne dovrebbero essere arruolate nelle forze armate?», «Come dovrebbero essere trattati i criminali dopo esser stati giudicati colpevoli?»). Prima di iniziare, sulla fronte di ogni bambino viene attaccata un'etichetta, che il bambino non può vedere, ma che gli altri devono rispettare, pur senza poterne rivelare il contenuto. Il bambino più loquace ed estroverso riceve l'etichetta: «Ignorami, e non considerare tutto ciò che dico». Gli altri bambini ricevono etichette del tipo: «Manifesta disaccordo con me», «Sii sempre d'accordo con me» e «Manifesta incertezza in merito alla mia posizione». Lasciate che la discussione si sviluppi per venti o trenta minuti, osservando come reagiscono i partecipanti. Quindi, chiedete a ciascuno di loro come si è sentito nel corso del gioco e anche di spiegare perché. Rivelate infine a tutti il contenuto delle etichette e aprite una discussione sul tema "siamo ciò che gli altri fanno di noi" (un tema esplorato in modo interessante nel romanzo, *Carte di identità* di Nigel Dennis).

Il gioco della sedia che scotta

Questo gioco offrirà ai giovani la possibilità di esperire l'impatto tanto del rifiuto quanto quello del potere, conferito ad altri, di aiutare coloro che non vengono accettati socialmente. Il gioco funziona bene con studenti della scuola media fino al college. Anche in questo caso, si avvierà una discussione in un gruppo composto da cinque a dodici persone (anche i genitori o un insegnante possono partecipare). Un giovane viene scelto arbitrariamente per sedersi sulla "sedia che scotta", collocata a circa tre metri di distanza dal gruppo di amici che discutono. Una sorta di "muro invisibile" eretto intorno alla sedia che scotta impedisce la comunicazione in entrambi i sensi. L'emarginato sente parzialmente ciò che viene detto, ma non può partecipare alla discussione. Dopo circa due minuti ogni partecipante può cambiare posto, e può anche chiedere il permesso di allontanarsi dal gruppo di amici, per avvicinarsi alla sedia che scotta, e dire: «Prenderò il tuo posto ora». Con ciò dichiara di esser disposto a porsi in una condizione di isolamento, al posto di colui che occupa la sedia, fino a quando qualcun altro non decida di compiere un sacrificio simile.

Si gioca per una ventina di minuti, dopodiché ogni persona descrive come si sentiva quando era seduta sulla sedia che scotta, cosa percepiva quando invece interagiva nel gruppo, come ha interpretato i conflitti generati dall'opportunità di cambiare i posti, cosa ha provato quando qualcuno si è sacrificato per "salvarlo". Per via di quell'esperienza molto reale, il gioco della sedia che scotta sensibilizza sia i giovani timidi sia quelli che non manifestano timidezza, alla percezione, emotivamente difficile, di subire un'emarginazione e, al contempo, alla responsabilità sociale, che riguarda tutti, in merito all'opportunità di far sentire gli altri ben accetti.

Il linguaggio del corpo che comunica l'amicizia. Spesso i bambini timidi non sono consapevoli di quanto comunicano con i loro corpi, anche quando stanno in silenzio. Spesso quei corpi comunicano "Non sono accessibile" agli altri; soprattutto, quando le braccia sono incrociate sul petto, la testa è abbassata, lo sguardo è rivolto altrove, quando si forma un cipiglio sul volto, quando le gambe sono incrociate, quando una risata, se si manifesta, appare forzata oppure esprime nervosismo.

Al bambino timido, che vuole coltivare delle amicizie, deve essere mostrato in che modo sia possibile trasmettere un'impressione completamente diversa, mediante la semantica del corpo. Per iniziare a sostituire lo stile protettivo di auto-presentazione con uno maggiormente aperto e intraprendente, il bambino deve esercitarsi a sorridere, a stabilire un contatto visivo, a stare in piedi, o seduto, in una posizione comoda (senza apparire ansioso o agitato) con le gambe non accavallate e le mani che gesticolano, in modo appropriato, per comunicare, anche impiegando la semantica gestuale, il messaggio che sta esprimendo sul piano verbale. Il bambino che manifesta un atteggiamento aperto si siede, oppure sta in piedi, mantenendosi ragionevolmente vicino a un altro bambino, risponde, quando ciò è appropriato, toccando il proprio interlocutore, oppure accoglie un contatto fisico amichevole, come, per esempio, una pacca sulla schiena, una stretta di mano, più o meno vigorosa, o degli amichevoli contatti sul braccio o sulla spalla.

Inoltre, le persone che manifestano timidezza dovrebbero essere informate in merito alle modalità attraverso le quali l'ambiente fisico può strutturare la natura dei contatti sociali, per poi essere incoraggiate a ristrutturare tali contesti al fine di renderli adeguati alle necessità e ai bisogni sociali, piuttosto che permettere, passivamente, che le manifestazioni comportamentali siano influenzate dalla dimensione situazionale ed esteriore. Per esempio, nel corso di una puntata del "Phil Donahue Show", lo stesso Phil ha organizzato un primo incontro tra due sconosciuti che manifestavano i segni della timidezza. Erano seduti su due sedie, uno di fianco all'altra, di fronte al pubblico. Hanno parlato goffamente per diversi minuti, scambiandosi sguardi di traverso, mentre cercavano di dire qualcosa e, al contempo, di osservare l'enorme quantità di volti delle persone che costituivano il pubblico. Tutto quello che dovevano fare, per modificare drasticamente la situazione, era semplicemente girare ciascuna delle due sedie in modo da trovarsi faccia a faccia, l'uno di fronte all'altra. In una circostanza del genere, avrebbero avuto maggiori probabilità di stabilire un contatto visivo tra loro, senza focalizzare l'attenzione su quel pubblico anonimo. Tale banale espediente avrebbe aiutato a rendere più confortevole una situazione dichiaratamente stressante. Tuttavia, in termini generali è molto più probabile che le persone timide accettino lo status quo, subiscano ciò che accade senza metterlo in discussione, senza accogliere la sfida, né disporsi per modificare il contesto al fine di adattarlo meglio alle loro esigenze, o allo scopo che, peraltro, quello stesso ambiente dovrebbe promuovere e favorire.

Amici come appuntamenti. Gran parte delle informazioni diffuse in relazione ai ruoli sessuali nella nostra società, come in altre, è confezionata per erigere barriere fondate sulla "diversità" tra le persone, si pensi all'impiego del colore rosa e azzurro, dai ninnoli presenti nella culla alla fodera della bara. Senza approfondire le ragioni di tali pratiche, resta fermo che le conseguenze ci paiono fin troppo evidenti. La "segregazione" delle persone in base al sesso è stata, e rappresenta tuttora, uno dei più importanti impedimenti alla conoscenza, alla possibilità di sentirsi a proprio agio e a coltivare amicizie con "quegli altri tipi di persone".

L'ansia spesso accompagna l'incertezza associata al fatto di dover affrontare situazioni che non ci sono familiari, nelle quali le reazioni degli altri non sono percepite come prevedibili, o controllabili, come si vorrebbe. Non c'è da stupirsi quindi che le indagini scientifiche rivelino che i giovani riferiscano, con elevata frequenza, un significativo livello di preoccupazione in merito alle loro relazioni con individui del sesso opposto. In uno studio, circa un terzo di un ampio campione, composto da 3 800 studenti universitari statunitensi, si è descritto da "piuttosto" a "molto" ansioso in merito all'eventualità di dover "uscire" con qualcuno. Un altro studio statunitense ha riportato che più della metà di tutte le situazioni sociali, nelle quali gli studenti universitari maschi indicavano di manifestare difficoltà, riguardava gli appuntamenti. Un certo numero di studi condotti in Australia riporta, analogamente, un elevato livello di preoccupazione tra i loro giovani in merito al fatto di "andare d'accordo" con i membri del sesso opposto. Le nostre indagini, che hanno coinvolto dei giovani appartenenti a otto culture diverse, indicano ulteriormente che le interazioni eterosessuali, uno-a-uno, rientrano tra i principali fattori capaci di indurre le manifestazioni comportamentali ascrivibili alla timidezza. Disponiamo anche di evidenze che confermano l'importanza di accedere a relazioni interpersonali soddisfacenti, con persone del sesso opposto, sia nel contesto del matrimonio sia per preservare il benessere emotivo. Tre punti importanti su cui i genitori devono lavorare con i propri figli, indipendentemente dal fatto che siano più o meno timidi, sono:

- I bambini devono essere incoraggiati, indipendentemente dall'età, a coltivare amicizie con persone di entrambi i sessi, e anche ad apprendere le regole che delineano i comportamenti appropriati in ciascuna di tali condizioni.
- I bambini hanno bisogno di apprendere, mediante l'osservazione e la pratica, come avvicinarsi agli altri, e in che modo offrire rinforzi alle persone del sesso opposto. I risultati prodotti dalla ricerca mostrano che gli individui socialmente competenti sviluppano una buona percezione del tempismo adeguato per offrire risposte, che si configurino alla stregua di un rinforzo, a un'altra persona con la quale si intrattengono in una conversazione. Al contrario, coloro che sono generalmente incompetenti sul piano sociale offrono altrettante

risposte, ma vanno spesso "sprecate", perché giungono troppo in anticipo, oppure in ritardo, rispetto al momento in cui sarebbero effettivamente apprezzate dalle altre persone.

- Fissare un appuntamento implica: disporre del coraggio per avviare una sequenza di azioni, conoscere le appropriate regole di condotta (il "galateo" degli appuntamenti), l'applicazione di alcune abilità sociali di base, e anche della pianificazione. L'adolescente timido ha bisogno di apprendere tutte queste modalità. Nel capitolo 9, "Il manuale dello studente per la timidezza", offriamo istruzioni specifiche che riguardano specificatamente gli studenti. I genitori possono proporre ai loro figli di consultare questo materiale, oppure di ripassarlo, in modo da mostrarsi edotti nella complessa arte che riguarda la gestione degli accordi relativi al fissare un appuntamento. Per i giovani che manifestano timidezza e che, al contempo, mostrano un particolare interesse ci permettiamo di segnalare le più ampie informazioni contenute in un paio di libri che abbiamo pubblicato in precedenza, nella fattispecie: *Shyness: What it is, what to do about it* (Addison-Wesley, Jove Books) e *The shyness workbook* (A&W Publishers).

NEUTRALIZZARE LE DIFFERENZE

Non c'è niente che i genitori possano fare per certe caratteristiche, come, per esempio, l'aspetto di un bambino, perché sono difficilmente modificabili, anche se possono rivelarsi alla base del pregiudizio o dell'ostracizzazione. Nondimeno, i genitori possono evitare di peggiorare le cose. Se, da un lato, desideriamo insegnare ai nostri figli a valorizzare l'unicità, sia la loro sia quella degli altri, occorre, d'altro canto, anche considerare il fatto è che, una volta che fanno parte di un gruppo, si trasformano nei più pedissequi conformisti del mondo. Potete dire a un bambino: «Sii originale», oppure «Sii te stesso», o, ancora, «La bellezza è solo un effetto di superficie», insistendo fino all'esasperazione, ma ciò non produrrà alcun effetto, finché si percepirà molto diverso dai coetanei, e se questi ultimi lo considereranno in tal modo, per poi trattarlo di conseguenza.

Quindi, sia che vostro figlio sia straordinariamente bello sia che abbia un volto che solo una madre potrebbe apprezzare, sarà opportuno evitare di fare, o di costringerlo ad attuare, qualcosa che lo distingua ulteriormente. Ecco alcuni suggerimenti per mettere in pratica questa strategia:

- Non forzate vostro figlio a vestirsi in un modo straordinariamente diverso dagli altri bambini. Se, per esempio, tutte le bambine dell'asilo, o del gruppo di gioco, indossano tute di velluto a coste e scarpe da ginnastica, non insistete sul fatto che vostra figlia indossi abiti con volant e delle scarpe "Mary Jane" di vernice. Oppure, se tutti i ragazzi indossano blue jeans, non vestite vostro figlio con completi degni del Little Lord Fauntleroy. Dovreste manifestare tale tolleranza e cooperazione mano a mano che i vostri figli crescono.
- Se i contenitori per il pranzo di Holly Hobbie e Star Wars sono "à la page", non costringete vostro figlio a usarne uno uguale a quello che avevate voi, trent'anni fa.
- Se vostro figlio manifesta un'abitudine, che si tramuta in un espediente per prenderlo in giro o rifiutarlo, come, per esempio, succhiarsi il pollice, masticare i capelli, o, Dio non voglia, mettersi le dita nel naso, fate quel che potete per fargliela "inter-rompere" (senza rompere il bambino). Consultate il vostro pediatra per ricevere delle indicazioni; istituite un sistema di premi; oppure, nel caso della suzione del pollice, consultate un logopedista, poiché sono state messe a punto delle tecniche efficaci per fargli perdere quell'abitudine.

OFFRIRE OPPORTUNITÀ SOCIALI

Non sorprende affatto che un certo numero di coppie, che hanno partecipato a un nostro studio e che hanno i figli che frequentano la scuola materna, abbia indicato di rendersi conto che quei bambini manifestavano timidezza, perché erano scarsamente esposti a persone diverse dai loro genitori, o dai membri della famiglia più stretti. Per esempio, le madri di alcuni bambini timidi hanno riferito che i loro figli venivano lasciati con una baby sitter raramente, e che avevano trascorso praticamente tutto il tempo a casa, prima di iniziare a frequentare l'asilo.

Molti genitori ben intenzionati commettono l'errore di agire sulla convinzione che i "bravi" genitori non affidino mai (o raramente) i propri figli all'accudimento offerto da altre persone. Diverse madri di bambini in età prescolare, che abbiamo coinvolto nel nostro sondaggio, hanno fatto riferimento a questo punto di vista e, poi, hanno aggiunto di essersi pentite di averlo adottato, perché ora credono che la ridotta esposizione dei loro figli ad altre persone abbia contribuito alla manifestazione della loro timidezza.

Crediamo sia meglio, per i bambini stessi, essere massimamente esposti a molte persone diverse e, quanto più i nostri figli sono giovani, tanto meglio è. Ciò implica che siano affidati alle cure offerte da altre persone (è molto meno traumatico per un bambino essere lasciato con altri quando non gli è concessa una scelta, perché ciò lo solleva dal pattern comportamentale associato alla disponibilità di più opzioni). In ogni caso, vi consigliamo di favorire l'accesso alla vostra dimora alle molte persone che desiderano farvi visita e, per converso, di portare i bambini a trovare quelle persone, a casa loro, ogni volta che vi è possibile. Potete preparare un bambino a ricevere la visita da parte di una persona, avvisandolo in anticipo in merito a tale evento, magari descrivendo il visitatore e aggiungendo qualche altra informazione che lo riguardi. Quando fate sentire ai bambini che avranno un ruolo in un particolare evento sociale, molto probabilmente lo aspetteranno con impazienza.

Tuttavia, ci pare ancora più importante considerare il fatto che i genitori siano in grado di offrire a un bambino, che sta crescendo, molte opportunità di interagire con i coetanei.

Se avete dei bambini piccoli e vivete in un quartiere dove risiedono molte giovani famiglie, sarete particolarmente avvantaggiati. I bambini dispongono delle loro modalità per ritrovarsi e interagire; tuttavia, non fa mai male il fatto che i loro genitori conoscano i vicini e che, tutti insieme, si impegnino all'unisono per offrire ai loro figli l'opportunità di giocare insieme.

Se non ci sono bambini piccoli nel vostro quartiere, potete portarli al parco e lasciarli giocare, con gli altri, in quel contesto. Una regola che varrebbe la pena di seguire indica che è opportuno consentire loro di interagire, o di avvicinarsi, agli altri bambini secondo i tempi e i ritmi che preferiscono, senza sollecitarli affinché giochino forzosamente insieme agli altri. Se il parco non è un'opzione adeguata per voi, appoggiatevi ai gruppi di gioco istituiti dalle organizzazioni comunitarie, come, per esempio, la YWCA, o altre organizzazioni costituite da giovani genitori, oppure ai gruppi post-parto.

Se vostro figlio è già talmente timido da essere terrorizzato all'idea di giocare con altri bambini, o di entrare a far parte di un gruppo di gioco, potreste considerare l'opportunità di organizzarne uno a casa vostra. Tutti, e certamente i bambini non fanno eccezione, si sentono maggiormente a proprio agio nella loro casa. Potete favorire il vostro bambino, costruendo una situazione faccia a faccia, chiedendo a un vostro amico di portare suo figlio a casa vostra, affinché giochino insieme. Gradualmente, potete incrementare il numero dei partecipanti al gruppo, includendo ulteriori figli di amici e parenti. (A proposito, non è saggio costituire un gruppo formato da tre bambini piccoli, perché spesso si organizzano in coppie, finendo per escludere il terzo. Tutto ciò non incrementa molto l'autostima del bambino escluso, né favorisce, in lui, la propensione a dimostrarsi socievole.)

Ecco alcuni punti da ricordare quando si intrattengono i bambini in casa:

- Se la vostra casa si presenta come un luogo confortevole e invitante per i bambini, è probabile che vostro figlio sia socialmente molto più avvantaggiato nel gioco.
- Prendete l'abitudine di esser sempre preparati per le visite dei bambini. È opportuno disporre di una stanza, o dell'angolo di una camera, dove i bambini possano giocare senza es-

sere costantemente sorvegliati (un luogo sicuro ma ben lontano dai vostri oggetti più preziosi).
- Tenete a portata di mano giocattoli, puzzle e giochi non competitivi; ma non dimenticate i cracker, i biscotti e i succhi di frutta.
- Se disponete di uno spazio all'aperto che li possa ospitare, ricordate che la disponibilità di una sabbiera, delle altalene e di altre attrezzature per giocare, che siano comunque adeguate all'età dei bambini, contribuirà a rendere la vostra casa come un luogo in cui amano stare.

Ovviamente, quando entrambi i genitori lavorano fuori casa, non è possibile portare spesso i bambini al parco, farli partecipare a un gruppo di gioco, oppure far venire degli amici a giocare nella vostra dimora. Pertanto, la vita sociale di un bambino dipenderà abbastanza direttamente dalle disponibilità associate all'accudimento dei figli. La soluzione ideale, per i figli più piccoli, che non frequentano la scuola materna, se non per poche ore alla settimana, è ricevere assistenza da parte di qualcuno che si prenda cura contemporaneamente di alcuni bambini. Pertanto, i genitori che lavorano non devono solo individuare un'assistenza all'infanzia di qualità, ma anche che si dimostri in grado di offrire ai loro figli l'opportunità di incontrare altri bambini e coltivare amicizie, specialmente quando un soggetto è timido.

Alcuni genitori dei bambini più grandi non vogliono che gli amici e i compagni di classe dei loro figli gironzolino in giro per casa, perché dicono che mangiano come un reggimento, sono persino più rumorosi dei più piccoli, si rivelano difficili da controllare, sono in grado di generare un grande disordine e tanta confusione. Tutto ciò è comprensibile, ma se viene considerata l'importanza delle amicizie per un bambino che sta crescendo, ci pare, al postutto, un piccolo prezzo da pagare, anche perché riguarderà soltanto una fase della vostra vita. Un ulteriore vantaggio, seppur marginale, di trasformare la vostra casa nel luogo in cui i bambini vogliono intrattenersi, consiste nel fatto che sapete dove sono i vostri figli e cosa stanno facendo, un dettaglio che si rivelerà particolarmente importante, per voi, quando vivranno la loro adolescenza.

Quindi, oltre a raccomandare l'assunzione di un atteggiamento "sorridi e sopporta", invitiamo i genitori a compiere un ulteriore passo avanti che si concretizzi nel dotarsi di alcune "attrazioni", come, per esempio, impianti stereo, tavoli da ping-pong e altri oggetti che interessino i ragazzi più grandi, sempre che sia possibile trovare dello spazio nella vostra casa.

Per ridurre la frequenza degli eventi che vi irritano, stabilite alcune regole di condotta che riguardino il cibo, il rumore e il disordine.

CONCEDETE AL BAMBINO IL TEMPO PER DEDICARSI ALLA VITA SOCIALE

Sebbene sia importante offrire al bambino l'opportunità e gli strumenti per neutralizzare le differenze e costruire l'autostima, troppe attività pensate per raggiungere questi obiettivi possono rivelarsi, di fatto, degli ostacoli allo sviluppo delle sue abilità sociali e delle amicizie. Per esempio, una madre ha affermato che suo figlio era timido e, poi, ci ha illustrato anche il programma che ha ideato per quel ragazzo. Sarebbe stato adeguato per sfinire un adulto in salute e ben allenato. Nel corso dell'anno scolastico, il tempo dopo la scuola veniva impiegato per fare i compiti a casa, seguire le lezioni di musica, partecipare al corso di nuoto, ricevere speciali ripetizioni di matematica. I fine settimana erano dedicati alla famiglia: campeggio, sci, visite ai musei, alle fiere, partecipazione ai concerti e a ogni sorta di esperienza "arricchente". Tutto pareva organizzato al meglio, tranne per il fatto che quel ragazzo disponeva di ben poco tempo per stare con i suoi amici. Le estati non erano molto diverse, dato che quel ragazzo frequentava la scuola estiva e poi andava in campeggio, mentre tutte le altre attività venivano affastellate un ogni frazione del cosiddetto "tempo libero".

Quando quel ragazzo era abbastanza grande per partecipare ad alcune attività di gruppo, come, per esempio, lo scoutismo o il calcio, manifestava già tutti i segni ascrivibili alla timidezza. È quindi davvero vitale, per il benessere dei vostri figli, considerare del tempo da dedicare agli amici nel vostro programma di attività, affinché consentiate ai vostri ragazzi di sviluppare il loro corpo, la mente e la loro sensibilità sociale.

5
Gli anni della scuola materna
(da 2 a 6 anni)

«Quando mia moglie ha deciso di tornare a dedicarsi al suo lavoro di insegnante», scrive il papà della piccola Maria, «e la nostra baby sitter ha accettato un altro lavoro, ero disperato, sicché ho chiamato diverse scuole materne, sperando di riuscire a iscrivere, seppur part time, nostra figlia di due anni. Fortunatamente, era appena stata addestrata all'uso del bagno (seguendo il programma delineato da alcuni esperti nel libro intitolato *Toilet training in less than a day*), poiché questa è la condizione minima richiesta praticamente da ogni scuola materna. Una scuola locale, che adottava il metodo Montessori, era l'unica che accettava bambini di età inferiore ai tre anni, perciò siamo andati tutti insieme per partecipare "al nostro colloquio". Il direttore ha detto che l'avrebbe ammessa, seppur in prova, ma che eventualmente l'avrebbe inserita nel programma relativo all'intera giornata dalle 9 alle 15, tutti i giorni. La mia bambina sarebbe andata a scuola tutto il giorno! Inimmaginabile! Ovviamente, ci sarebbero stati periodi di riposo e anche i sonnellini, e lei avrebbe ricevuto un'attenzione speciale, dacché era la bambina più piccola, in una classe di età mista, composta principalmente da bambini di tre e quattro anni, con anche qualche bambino più grande, di circa cinque anni.

Per favorirla in questa nuova situazione, dopo la fine della lezione, l'insegnante l'ha invitata a esplorare l'attraente aula con i suoi numerosi "tesori", e le ha illustrato le attività che l'attendevano. Il giorno dopo, siamo andati a osservare i bambini durante un periodo di gioco e nostra figlia è stata invitata a interagire con una delle bambine più grandi (dopo un suggerimento garbato da parte dell'insegnante). Poi è arrivato il grande giorno. Nonostante avessimo già registrato delle esperienze positive in questa nuova scuola, come, per esempio, l'evidente divertimento che i suoi potenziali compagni di classe stavano manifestando e il gentile supporto offerto dall'insegnante (e anche dalla sua assistente), la nostra bambina si è aggrappata saldamente alla gonna della mamma, le lacrime sgorgavano copiose dai suoi occhi azzurri mentre implorava: "Per favore, non lasciarmi qui".

Proprio mentre stavamo per cedere, e rinunciare alle speranze associate a questa promettente "soluzione" alla questione del nostro matrimonio e delle nostre due carriere, l'insegnante è venuta a soccorrerci. "È ora che i genitori vadano a lavorare e che i figli vadano a scuola". Poi, ha continuato parlare, con un tono compassionevole, ma fermo: "Mi prenderò cura di te e, così, ti proporrò un sacco di cose divertenti, che farai oggi nella nostra classe, che potrai poi raccontare alla mamma e al papà quando torneranno a prenderti al termine della giornata".

I nostri sensi di colpa si sono protratti nei giorni successivi, mentre quella "sceneggiata" si riproduceva, ogni mattina, anche se con meno intensità. Alla fine della settimana, la nostra bambina si era ampiamente abituata a prendere la mano dell'insegnante, quando suonava la campanella della scuola; sicché ha imparato a salutarci con la mano, a regalarci un sorriso rassicurante, come per dirci che non avevamo tradito la sua fiducia e che non l'avevamo abbandonata a degli "estranei".

La piccola Maria era finalmente entrata a far parte della cosiddetta Generazione Prescolare. Quella scelta si è rivelata foriera del miglior regalo che potessimo farle; non solo ha stimolato la sua curiosità intellettuale, in quel momento di straordinaria apertura a nuove esperienze di apprendimento, ma ancor di più le ha offerto l'opportunità di accedere a una ricca vita sociale, con i coetanei; qualcosa che non avremmo mai potuto offrirle in una casa dove lei è l'unica figlia e in un quartiere in cui ci sono pochi bambini della sua età».

La pagella della piccola Maria rivela quanto questa esperienza prescolare abbia prodotto effetti positivi nello sviluppare la sua autostima e le sue abilità sociali. I commenti dell'insegnante di Maria riflettono una serie di cambiamenti:

Due mesi dopo aver iniziato a frequentare: «Maria sembra essere una bambina molto felice ed è benvoluta in classe. Sa peraltro essere molto assertiva con gli altri bambini».

Un anno dopo: «Maria sembra molto a suo agio in questo ambiente e partecipa a gruppi grandi e piccoli. Si stanca verso l'ora di pranzo e, poi, diventa più facilmente irritabile, ma non al punto da non poter essere controllata. È molto corretta, si presenta ai suoi amici come una persona cordiale, non minacciosa, e piuttosto fantasiosa».

Un anno e mezzo dopo: «È premurosa e leale con gli altri bambini. Propone nuovi giochi, aiuta i bambini più piccoli, ed è ricercata da molti, in quanto è considerata una persona con la quale è bello passare del tempo».

Due anni dopo: «Maria viene ricercata da tutti gli altri bambini, è gentile e corretta. Attualmente, ha praticamente smesso di fare i sonnellini; come sempre, ha contribuito a rendere piacevole le attività svolte nella nostra classe».

Ancor più recentemente, dopo due anni e mezzo, la sua insegnante scrive: «Maria ha una qualità rara che induce tutti i bambini a ricercare la sua amicizia e la sua compagnia, i quali le riservano grande considerazione ed entusiasmo. È in grado di esprimere le sue simpatie e antipatie a tutti in un modo non minaccioso, chiaro e, per certi versi, fantasioso. È fonte d'ispirazione per tutti noi, ed è un piacere relazionarsi con lei».

In questo capitolo, inviteremo i genitori a sfruttare le opportunità prescolastiche disponibili per i bambini di età compresa tra due e cinque anni. Oltre a indicare su quali parametri fondare la scelta della scuola adeguata per vostro figlio, illustreremo anche delle idee per incoraggiare la socialità, durante i delicati anni del primo sviluppo. Partiamo dal presupposto che la maggior parte dei genitori vorrebbe ricevere una pagella, in relazione alla vita sociale del proprio figlio, simile a quella che Maria ha ricevuto dalla sua insegnante. Alcune delle strategie che indicheremo sono volte a impedire che la timidezza si possa radicare profondamente, altre a cercare di dissolverla ben prima che diventi un "tratto problematico della personalità".

Considereremo ciò che i genitori di Maria hanno attuato per giungere a fondare una base tanto solida, sulla quale è stata in grado di svilupparsi, diventando una compagna di giochi desiderabile e ricercata. Inoltre, attingeremo alle nostre osservazioni personali, compiute negli istituti prescolari, nonché ai resoconti di insegnanti e di genitori in merito alla timidezza evidenziatasi nei loro figli. Considereremo anche i bambini di quattro anni, alcuni dei quali hanno idee precise su cosa sia la timidezza, e su come dovrebbe essere trattata, quando si manifesta in un altro coetaneo della loro classe.

ANTIDOTI CONTRO LA TIMIDEZZA

I bambini possono facilmente apprezzare la morale della favola de "I tre porcellini", ovvero che prendersi il tempo necessario e impegnarsi a fondo per costruire una struttura solida è la migliore garanzia, quando il lupo cattivo inizia a soffiare e a sbuffare. Tuttavia, queste precauzioni devono esser prese molto prima che qualsiasi potenziale minaccia bussi alla nostra porta.

Per i genitori, questo significa acquisire una precoce consapevolezza dell'insidia che la timidezza rappresenta per i loro figli. In un certo qual modo, la timidezza funziona come una sorta di patologia contagiosa: è una condizione debilitante, diffusa, che affligge oltre il 30% dei bambini (secondo la nostra indagine che ha coinvolto i genitori e gli insegnanti della scuola materna). A mano a mano che questi bambini crescono e frequentano il mondo, fuori dalle loro case, il problema peggiora, soprattutto nel corso degli anni dell'adolescenza.

Prendersi cura, condividere, osare e inveire

Esaminiamo alcuni dei modi in cui i genitori di Maria mettono in pratica il loro programma per impedirle di diventare timida. Avendo osservato le conseguenze, spesso dolorose, della timidezza nel nipote, erano determinati a fare del loro meglio per evitare che tale problema riguardasse anche Maria.

Le quattro aree principali attorno alle quali si sono sviluppati esercizi e giochi specifici possono essere chiamate: prendersi cura, condividere, osare e inveire. *Prendersi cura* è il termine generale associato alle aperte manifestazioni di amore e di affetto. Col termine *condivisione* si fa riferimento a tutti i comportamenti che implicano donare sé stessi e anche i propri oggetti agli altri. Analogamente, la condivisione implica anche disporsi per accettare ciò che gli altri stanno offrendo. Il termine *osare* si riferisce all'assunzione dei rischi, alla propensione a compiere attività per il conseguimento di obiettivi desiderabili che, peraltro, possono essere raggiunti solo approfittando di alcune opportunità. Infine, la parola *inveire* si riferisce alla possibilità di consentire al bambino di esprimere apertamente le emozioni negative, fortemente percepite, come, per esempio, la rabbia in relazione alle frustrazioni e all'ingiustizia.

Consapevoli dell'enorme potenziale di apprendimento di Maria, i suoi genitori hanno iniziato ad applicare il loro programma sulla timidezza, fin dai primi mesi della sua vita. Secondo Burton White, direttore del Preschool Project della Graduate School of Education di Harvard, è importante aiutare i bambini a sviluppare efficaci pattern di risposta nei confronti degli altri durante i primi due anni di vita, perché a quest'età:

> Sono cristallizzati nei loro pattern sociali di base, e ne osserviamo l'applicazione in tutti gli incontri sociali che coinvolgano non solo altri bambini che frequentano la casa, ma anche i fratelli maggiori e altri adulti, nel corso dei successivi due anni. Durante quei primi due anni si sta formando una personalità umana e non c'è impegno più rilevante che compiere adeguatamente quel processo.

Prendersi cura. L'espressione "Ti voglio bene" è stata espressa e manifestata fisicamente, con abbracci e baci, ogni giorno dalla nascita in poi, affinché diventasse una parte integrante del saluto quotidiano tra i genitori e la figlia. A Maria è stato insegnato a mandare baci più o meno nello stesso periodo in cui le è stato insegnato a indicare il naso, gli occhi e la bocca. Prima dei due anni, aveva appreso un gioco di "comunicazione segreta" che veniva praticato in luoghi pubblici, mediante gesti simbolici. Quando suo padre si toccava il petto, tracciava col dito un doppio cerchio intorno al cuore e poi la indicava, intendeva significare: «Ti voglio bene», oppure «Papà ama Maria». Presto Maria avrebbe imparato a ricambiare, estendendo poi il "cerchio dell'amore" alla mamma e, a volte, al suo vestito o al dolce.

I "Sandwich di baci" erano deliziosi "panini metaforici" con la bambina nel mezzo, poiché entrambi i genitori la baciavano, contemporaneamente, sulle guance. Più tardi, a ognuno dei tre spettava il turno di trovarsi "dentro" al panino.

> «Prima che tu nascessi, spesso ero triste, perché nella mia vita mancava qualcosa di importante», le raccontava la madre di Maria, «poi sei arrivata tu, il mio cuore ha sussultato di gioia e, da allora, sono sempre stata felice. Sai cosa si forma sul mio volto ogni volta che penso a quanto sono fortunata ad avere una figlia tanto meravigliosa?»
> «Un grande sorriso, mamma!»
> «Sì, e cosa accadrà quando le altre persone si accorgeranno quanto sei adorabile? Saranno felici anche loro, e cosa si formerà sui loro volti?»
> «Un altro sorriso».

Tali semplici atti, ascrivibili al prendersi cura, comunicano a vostro figlio, in modo molto diretto, che è stato desiderato e amato. Sono rinforzati da domande sulle attività quotidiane del bambino, specialmente quando il genitore torna a casa dopo il lavoro. I bambini vivono nella dimensione temporale del "presente esteso", nel quale l'hic et nunc rappresenta l'unica realtà. Devono imparare ad aggiungere tempi futuri e passati per formare una prospettiva temporale, uno dei principali obiettivi del nostro sistema formativo ed educativo. Fino a quando un bambino non impara a riconoscere queste dimensioni temporali, dobbiamo gestirlo nel presente. Quindi, quando un genitore, seppur stanco dopo una dura giornata di lavoro, dice «Giocheremo più tardi», comunica al bambino, che ha aspettato per "secoli" il ritorno a casa del re o della regina, un "no".

I genitori di Maria, che lavoravano entrambi come insegnanti, hanno riconosciuto che una piccola attenzione, ma immediata, al bisogno della loro bambina di "mostrare e raccontare", l'avrebbe adeguatamente soddisfatta al punto da poter accettare, in seguito, che le si dicesse: «Sono troppo stanco ora per leggerti un'altra storia, o recitare "tutti giù per terra"».

I genitori di Maria erano particolarmente attenti a esprimere amore ogni volta che si verificavano "disastri"; magari quando, inevitabilmente, il bicchiere di latte si rovesciava, oppure quando il giocattolo più amato "si rompeva" misteriosamente. Tutti quegli eventi erano considerati le occasioni perfette per trasmettere l'amore incondizionato che provavano nei confronti della loro bambina. Inoltre, il "fardello delle cavolate" veniva alleviato, recitando la filastrocca che ricordava chi aveva rovesciato il vino nel ristorante:

«Papà l'ha fatto!»

«E chi è che ha perso le chiavi della macchina?»

«L'ha fatto la mamma!»

Nessuno è perfetto, nondimeno ognuno di noi merita di essere amato.

Condividere. La condivisione con gli altri è un antidoto all'egocentrismo che caratterizza la timidezza. La capacità di immaginare come appare il mondo da qualsiasi altra prospettiva che non sia la propria, di interpretare la posizione di qualcun altro, di manifestare empatia nei confronti di un'altra persona, è un'abilità cognitiva complessa che si sviluppa lentamente nel corso degli anni in cui il bambino frequenta la scuola materna.

Facendo della condivisione una virtù, e permettendo alla bambina di farsi testimone della gioia che gli altri traggono dal ricevere un dono condiviso, i genitori di Maria hanno contribuito a colmare il profondissimo iato "noi-loro". In primo luogo, sono stati condivisi gli oggetti materiali: giocattoli, biscotti con le gocce di cioccolato, patatine, e così via. Poi sono state condivise opportunità meno tangibili, a cominciare dalla visione della TV (sebbene la famiglia disponesse di due televisori): «Ora tocca a Maria guardare un programma per bambini, poi tocca a papà guardare la partita di football del lunedì sera». La condivisione è estesa anche alle conversazioni, nelle quali il rispetto dei turni è fondamentale per mantenere il flusso della discussione, e consentire la partecipazione a tutte le persone coinvolte. I bambini devono imparare una serie di sottili regole che riguardano chi parla, quando e per quanto tempo, nel corso di una discussione. È spesso doloroso per un bambino, che non riesce più a trattenersi dal proferire qualcosa che non vede l'ora di dire, aspettare pazientemente che l'altra persona finisca di esporre il proprio argomento. Fino a quando non imparano a conversare, i bambini in età prescolare sono come piccoli relatori pubblici: si lanciano nell'esposizione del loro argomento con una tale passione che li rende del tutto insensibili nei riguardi di ciò che gli altri stanno argomentando.

Il compito di Maria era quello di convincere una compagna di giochi che stava anche "pontificando" a voce alta su una qualche questione, di fermarsi ad ascoltare con attenzione ciò che lei aveva da dire.

«Stai zitta e ascolta*mi*!!» era ciò che avrebbe voluto proferire. Invece, ha imparato a dire: «Che bello, sai cosa mi è successo?», «Scusami», «Ho una buona idea» oppure, un'espressione di sua creazione, «Sai una cosa?». È stata anche incoraggiata a proferire frasi come «Cosa ne pensi?» per offrire ai suoi compagni di gioco un'ulteriore opportunità di commentare. Non c'è da stupirsi quindi che Maria sia stata considerata, sia dai coetanei sia dall'insegnante, corretta, premurosa e stimolante.

Analogamente, le lodi e i complimenti sono "merci" preziose, da scambiare nella più piena libertà. Condividere gli elogi che avete ricevuto con coloro che vi hanno aiutato, incrementa il numero di persone che si sentono bene in relazione a quel successo. Analogamente, condividere con gli altri l'opinione positiva che vi siete formati in merito al loro aspetto, o alle loro prestazioni, è molto gratificante. I genitori di Maria hanno fatto in modo che focalizzasse la sua attenzione sulle qualità positive degli altri, e le hanno insegnato come si condividono, con le altre persone, i buoni sentimenti che suscitano in lei.

«Lo zio Charlie non fa ridere tutti con le sue battute divertenti? Dovremmo dirgli quanto è simpatico».

«Guarda come la nonna fa sentire speciale papà quando cucina il suo cibo preferito, e osserva quanto è felice quando lui le dice che apprezza molto la sua cucina».

«Come balli bene, Maria. Quando eri una bambina non sapevi proprio ballare, ora sei una vera ballerina. Sono così orgogliosa di te».

I genitori di Maria condividevano anche i sorrisi, il contatto visivo e, certe parole magiche, come, per esempio, "apriti, sesamo", "grazie", "per favore", "ciao" e "arrivederci".

La percezione della propria efficacia si sviluppa e si consolida per il fatto di essere in grado di completare, con successo, alcuni compiti di una qualche difficoltà. I genitori di Maria si sforzavano di trattenere l'impulso di vigilare, di completare, loro stessi, un determinato compito più velocemente, e meglio, di quanto potesse fare la loro bambina; sarebbero intervenuti solo quando veniva loro richiesto, ma non prima che la bambina avesse provato a portare a termine il compito da sola. Quando Maria diceva: «Non posso farlo, fallo tu per me», i suoi genitori replicavano, dicendo: «Penso che tu possa farcela, se ci provi. Ci vuole un po' di pratica prima che tu riesca a farlo bene, lascia che ti mostri come iniziare. Quando ero un bambino della tua età non ero in grado di portare a termine quel che tu, ora, sai già fare. È così che si diventa grandi, imparando a fare molte cose da soli, senza chiedere sempre a mamma e papà di aiutarti. Tuttavia, ogni volta che hai bisogno di aiuto, per iniziare qualcosa che non sai come si fa, puoi sempre rivolgerti a noi».

Osare. La timidezza è una condizione psicologica che spesso si manifesta in associazione a una certa goffaggine fisica e alla paura di correre dei rischi. "Avere paura di una persona nuova", la definizione della tipica timidezza che contraddistingue un bambino in età prescolare, viene associata a una condizione più generale, quella di temere il fatto di correre dei rischi.

I bambini hanno bisogno di percepire fiducia nei riguardi del proprio corpo, di sentirsi coordinati, forti, e in grado di svolgere giochi fisicamente impegnativi. Nei contesti sociali in cui i bambini piccoli partecipano alle attività agricole, oppure imparano a cacciare per procurarsi il cibo, o si devono occupare di faticose faccende domestiche, lo sviluppo somatico precoce è favorito da tali pratiche, dai giochi e dall'esercizio fisico. I bambini che appartengono alla classe media, e che vivono in città, sono più sedentari: si siedono e leggono, si siedono e guardano la TV, si siedono in classe ad ascoltare l'insegnante, vengono accompagnati avanti e indietro in automobile. Le loro menti sono spesso adeguatamente stimolate, mentre i loro corpi possono essere ben poco sollecitati. Bonnie Prudden, un'esperta di fitness, ha riferito che la stragrande maggioranza dei bambini statunitensi non supera i test di base per quanto riguarda il fitness. Il loro tono muscolare è piuttosto ridotto e i loro movimenti non paiono ben coordinati. Il bambino in forma, ha osservato Prudden, ottiene migliori risultati scolastici, si ammala di meno, manifesta minori problemi emotivi, è maggiormente in grado di divertirsi e, spesso, risulta più piacente.

I genitori di Maria l'hanno iscritta in una palestra per bambini, presso la sede locale della YMCA quando aveva un anno. Più tardi, ha frequentato, settimanalmente, un corso di danza, e ha anche preso lezioni di nuoto, quando aveva quattro anni. Nel frattempo, i suoi genitori hanno giocato, impiegando i loro corpi, insieme a lei; l'hanno fatta correre, con loro, per distanze sempre più lunghe; si esercitava a prendere, lanciare e colpire, dapprima con i palloni e, poi, con le palline progressivamente più piccole.

Aiutate il vostro bambino a sviluppare la percezione della propria competenza corporea per mezzo di un regolare esercizio fisico, partecipando a diversi giochi e praticando lo sport. I bambini in età prescolare amano percepire quell'orgoglio che consegue al sollevamento di un peso: provate i pesi in gomma da un chilo e mezzo (venduti nei negozi di articoli sportivi).

Fin dall'infanzia, fate in modo che vostro figlio si assuma qualche ragionevole rischio, anche in relazione all'attività fisica: per esempio, lasciate che il bambino salti da un tavolo tra le vostre braccia, dapprima a pochi centimetri di distanza, poi da più lontano.

Appendete una scala fatta con la corda, nella stanza del bambino. Potrà essere usata come una sorta di altalena, facendo in modo che vostro figlio si sieda su un piolo, mentre voi tirate, avanti e indietro, la parte inferiore della scala. Tuttavia, un vantaggio ancora maggiore consegue all'apprendimento, da parte del bambino, dei modi per salire e scendere da questa stessa scala sospesa, per poi appendersi a testa in giù e compiere alcune semplici acrobazie.

Correre dei rischi non significa intraprendere azioni sciocche e impulsive che potrebbero procurare nocumento. In effetti, ogni bambino, che sia consapevole delle proprie abilità fisiche, è in grado di giudicare adeguatamente ciò che è in grado di fare, ed è poco propenso a compiere qualcosa di pericoloso. Crediamo che un bambino dovrebbe manifestare un atteggiamento positivo in merito all'accettazione di una certa quantità di rischi. Dopotutto, il rischio è la sfida all'incertezza e l'accesso alla novità. L'assunzione di un rischio coronato da un successo non solo è, di per sé, gratificante, ma stimola anche una più generale disposizione ad assumere l'iniziativa in situazioni in cui gli altri appaiono inibiti o trattenuti. Questa è una delle caratteristiche dei leader e delle persone che hanno successo negli affari e nella carriera.

Un bambino che si sente sfidato, più che spaventato, dai rischi, apparirà meno timido, ma, soprattutto, sarà in grado di far fronte alle complessità della vita contemporanea. Walter Lippman ci ricorda il difficile percorso che deve affrontare un bambino di questi tempi: «Nessun marinaio si avventura più per mari inesplorati, come faceva invece l'essere umano medio del XX secolo».

Inveire. I bambini hanno bisogno di esprimere emozioni fortemente esperite. Devono essere in grado di riconoscere i più teneri sentimenti associati all'amore e al dolore, ma anche quelli più duri, associati alla rabbia. Spesso la loro rabbia è associata a esperienze molto diverse da quelle che la determinano negli adulti. Possono rispondere con rabbia, quando la reazione più appropriata per un adulto sarebbe la tristezza. Anche il fallimento, il rifiuto e la frustrazione possono innescare esplosioni di rabbia. A volte, il bambino può non essere consapevole della vera causa che induce in lui la rabbia, come quando tale emozione consegue all'ansia per la perdita del controllo in una determinata situazione, oppure dalla percezione di sentimenti di dipendenza. Tuttavia, quando un bambino ha buone ragioni per provare, temporaneamente, la rabbia, e si sente in colpa per il fatto di averla espressa, allora possono iniziare i guai.

Se un bambino non è libero di esternare la rabbia verso il legittimo "bersaglio", allora potrebbe mal indirizzarla e rivolgerla verso la propria interiorità, determinando un decremento dell'autostima, o addirittura manifestando comportamenti autolesivi. Il bambino non deve ricorrere al turpiloquio; nondimeno, dovrebbe essere in grado di dire: «Questo mi fa arrabbiare», oppure «Provo rabbia quando dici sempre che mia sorella ha ragione, ancor prima di sentire la mia versione della storia». Quando la causa non è evidente, ma i sentimenti forti sono ancora lì, il bambino potrebbe aver bisogno di quella catarsi che consegue al pianto e alle urla.

I genitori e gli insegnanti possono aiutare un bambino a esplorare il fondamento della rabbia, a liberarsene attraverso canali non ostili, mentre cerca di cambiare le condizioni che hanno determinato quello stato emotivo. Tuttavia, troveranno una via più proficua quando inizieranno a rispettare la legittimità delle proprie emozioni, dacché ciò ne favorirà l'aperta espressione.

Le relazioni tra la rabbia, la sua inibizione e la timidezza possono essere osservate in molti clienti della Stanford Shyness Clinic. Una di loro era una bella donna che manifestava un senso molto scarso in merito alle sue capacità e al suo fascino. Era troppo timida per partecipare alle conversazioni che si sviluppavano a cena, con i colleghi di suo marito. Quando abbiamo indagato oltre la sua "maschera" autoironica di "Non aver nulla di utile da dire", la rabbia è esplosa: «Mi considerano una "bionda stupida" quando, in realtà, sono ben più informata di loro sulle questioni politiche di cui discutono senza disporre di alcun solido argomento per alimentare la conversazione. Sono arrabbiata con loro, perché mi umiliano, e provo rabbia anche nei riguardi di mio marito per il fatto di avermi imposto quelle "esibizioni", ma soprattutto, me la prendo con me stessa per non essere in grado di esprimere quel che so e nemmeno di esplicitare ciò che provo».

A un'altra cliente, una donna di mezza età, cresciuta in una famiglia tradizionale cinese, non è mai stato permesso di esprimere in nessun modo la rabbia, nemmeno con delle silenti espressioni facciali. Avrebbe frugato nel sacco della spazzatura, per dar sfogo alla sua rabbia, ma suo padre le proibiva di compiere anche quell'azione. È cresciuta assumendo il ruolo della bambina buona e obbediente, che, però, intimamente temeva e odiava l'autorità, seppur non riuscisse ad attribuire alcun valore ai propri sentimenti e alle proprie opinioni.

Riteniamo opportuno che i nostri figli diano sfogo alla rabbia, perché siamo consapevoli delle gravi conseguenze che possono verificarsi quando un bambino timido, che non dice mai "no", diventa un adulto che manifesta timidezza e si mostra incapace di esprimere la propria rabbia, seppur secondo modalità accettabili.

Osservando una classe di seconda elementare, abbiamo notato che due bambini erano appoggiati al banco di una coetanea molto timida. Senza rendersene conto, erano seduti su una parte del disegno che stava realizzando, e lei non riusciva a riappropriarsene. Provò a tirare e, alla fine, il disegno si strappò in due. Le lacrime le rigarono le guance, i ragazzi se ne andarono, del tutto insensibili e, forse, anche inconsapevoli dal danno che avevano prodotto. L'insegnante, vedendo il suo disegno strappato, rimproverò quella bambina per essersi dimostrata sciatta e irresponsabile. Lei si rimise a piangere. «Tina è una piagnucolona» sussurrò il ragazzo seduto nel banco a fianco. Fu una giornata scolastica disastrosa per Tina, che si sarebbe peraltro ripetuta, seppur in diverse varianti, lungo il suo percorso di sviluppo, dacché era del tutto incapace di rivendicare i propri diritti, di esprimere le proprie emozioni, di arrabbiarsi per le ingiustizie che le riservava la vita. Se fosse in grado di "inveire con parole nette", a scuola e a casa, almeno non indirizzerebbe la rabbia verso sé stessa e non si sentirebbe in colpa, inutile e confusa.

A peggiorare le cose, si aggiunge il fatto che i bambini timidi tendono a essere spesso valutati, dai loro insegnanti, come "ben educati", diversamente dai bambini che non manifestano timidezza, i quali tendono a "comportarsi male" con maggior frequenza. In ragione di tutto ciò, è più probabile che gli insegnanti rinforzino il comportamento passivo, tranquillo e scarsamente assertivo dei bambini timidi, perché tale atteggiamento fa di loro dei "buoni alunni" (ovvero più facili da gestire). È solo quando sono "troppo timidi" che quell'aspetto della timidezza, considerato "virtuoso", diventa una questione che suscita l'interesse dell'insegnante. Tuttavia, spesso è un po' troppo tardi per generare un cambiamento dicendo, semplicemente, al bambino: «Non essere così timido!».

RICONOSCERE LA TIMIDEZZA

Il modo migliore per stabilire se un adulto è timido risiede nel porre una domanda semplice e diretta: «Ti consideri una persona timida?». D'altra parte, anche molti bambini piccoli sapranno offrire una risposta adeguata a tale quesito. Tuttavia, desideriamo impiegare il meno possibile l'etichetta della timidezza con i bambini in età prescolare. Dunque, osservate piuttosto il loro comportamento sociale, parlate con i loro insegnanti e ascoltate ciò che gli altri bambini, del vicinato o della stessa scuola, dicono di vostro figlio. Accade spesso che i genitori siano sorpresi dal fatto di scoprire che il loro bambino manifesti timidezza quando si trova fuori casa. Tanto prima un genitore acquisisce consapevolezza, quanto prima si potranno attuare delle soluzioni per risolvere il problema.

Una bambina di cinque anni che abbiamo osservato (insieme ai suoi compagni di classe), per quattro mesi, si comportava tipicamente come una persona molto timida. Praticamente non sorrideva mai, non aveva un aspetto allegro, né vivace, e sembrava essere totalmente disinteressata a molte delle attività svolte in classe. Preferiva girovagare, toccando i davanzali e le maniglie delle porte, in tutti quei momenti nei quali gli altri bambini cantavano, ascoltavano una storia o ballavano. In un'occasione, mentre si dedicava a un piccolo lavoretto manuale, aveva bisogno di usare la cucitrice per completare il compito. Il bambino seduto accanto a lei la usava e, dopo qualche minuto, la posava. Non solo questa bambina non era in grado di prendere la cucitrice quando non veniva usata dal compagno, ma nemmeno riusciva a chiedergli se poteva usarla. Fissava semplicemente quel bambino con una certa intensità, e aspettava, in silenzio, che completasse il suo lavoro, per poi andar via, dovendosi occupare di qualcos'altro. In un'altra occasione, mentre tutta la classe stava cantando, e l'insegnante voleva che la canzone venisse interpretata da ogni singolo bambino, quando è giunto il suo turno ha chiesto di non essere coinvolta.

Tutto sommato, ci siamo fatti l'idea che si trattasse di una bambina triste, che non traesse assolutamente alcun piacere da tutte quelle esperienze che agli altri bambini parevano meravigliose.

Le valutazioni degli insegnanti dei loro bambini in età prescolare, dunque di tre, quattro e cinque anni di età, indicano che i bambini timidi possono essere identificati, rispetto ai loro coetanei che non manifestano timidezza, perché si rivelano meno amichevoli (hanno meno amici), evitano attivamente gli altri, sono meno attivi (si siedono e guardano, piuttosto che giocare o agire attivamente), sono meno assertivi (lasciano che le cose accadano, non esprimono opinioni), sono meno autodiretti e indipendenti (mancano d'iniziativa, perseverano senza chiedere aiuto all'insegnante); non sono dei leader (né designati né auto-nominati), sono più tristi (sorridono di meno, non manifestano entusiasmo), appaiono più educati (eseguono gli ordini, non si mettono nei guai).

Meno frequentemente gli insegnanti hanno riportato delle reazioni che, d'altra parte, si osservano solo in una minoranza di adulti timidi: arrossire, balbettare e succhiare il pollice (quest'ultima manifestazione non viene agita in pubblico dagli adulti).

I bambini timidi che abbiamo osservato hanno mostrato tali indizi che rinviano alla loro timidezza, e anche altro ancora. Non ricercano il contatto visivo, rimangono in disparte e raramente si offrono volontari. Il bambino timido non chiede aiuto (né fa richieste relative a strumenti o materiali) quando ne avrebbe bisogno, soprattutto agli altri bambini. Ci sembrava che questi bambini giocassero vicino agli altri coetanei, ma non insieme a loro. Alcuni tendevano a girovagare senza scopo, mentre altri si avvalevano dello "scudo protettivo" rappresentato dalla benevola maestra, una strategia che aiutava a tenere lontani gli altri bambini.

Quando abbiamo chiesto agli altri coetanei di dirci come potevamo stabilire se un compagno di classe fosse timido, la saggezza psicologica di questi bambini, di soli quattro anni, ci ha sorpreso:

«Hanno molta paura degli altri bambini. Non giocano con gli altri. Giocano da soli».

«Evitano o non desiderano parlare con altre persone».

«Vanno sempre dall'insegnante».

«Helene mostra timidezza nei miei confronti, perché ogni volta che la guardo fa una smorfia, oppure una faccia triste, e poi abbraccia la sua bambola».

Indipendentemente dal fatto che fossero risultati o meno timidi, in base alle valutazioni degli insegnanti, i trenta bambini che hanno giocato al nostro gioco, "Quale burattino è timido?", erano d'accordo che il burattino timido è quello che gioca maggiormente da solo, che ha meno amici, che ride di meno, che non alza la mano per rispondere alle domande dell'insegnante, che non si esibisce all'ora dedicata allo show-and-tell, che non ama parlare con altre persone.

Quando è stato chiesto quale dei burattini era più simile a loro, la maggior parte dei bambini, indipendentemente dal fatto che fossero o meno timidi, ha indicato quello non timido! Questo dato potrebbe rappresentare l'esternazione di un desiderio da parte dei timidi (la cui verbalizzazione differiva, in realtà, da quella dei bambini che non manifestavano timidezza, soprattutto per quanto riguardava la minor disponibilità a fornire delle ragioni, quando si trattava di dar conto di una qualsiasi delle loro risposte).

Situazioni che inducono la timidezza

Insegnanti e genitori hanno valutato i tipi di situazioni che hanno innescato delle reazioni ascrivibili alla timidezza, in ciascuno dei settantotto bambini, in età prescolare, che abbiamo studiato in modo approfondito. Le loro valutazioni, espresse su una scala da 0 a 6, nella quale 0 = per niente timido, 3 = moderatamente timido e 6 = estremamente timido, sono illustrate nella successiva tabella.

FATTORI CHE INNESCANO LA TIMIDEZZA IN BAMBINI DI ETÀ PRESCOLARE

Valutazioni degli insegnanti		**Valutazioni dei genitori**	
1. Sconosciuti	4.2	1. Sconosciuti	2.9
2. Al centro dell'attenzione	3.8	2. Nuove situazioni	2.7
3. Con i coetanei	3.4	3. Al centro dell'attenzione	2.2
4. Con il sesso opposto	3.1	4. Con gli adulti	2.2
5. Con gli insegnanti	2.7	5. In classe	1.8
6. In piccoli gruppi	2.2	6. Nei negozi	1.5
7. Durante la ricreazione all'aperto	2.1	7. Con gli amici dei genitori	1.5
8. In gruppo durante il canto	2.0	8. Con i coetanei	1.4

I genitori valutano la timidezza dei loro figli come meno grave rispetto agli insegnanti. Ciò potrebbe riflettere il fatto che il bambino mostra maggiormente la timidezza nel contesto scolastico, probabilmente a causa dell'interazione con un maggior numero di bambini, ognuno con caratteristiche diverse, e delle numerose attività previste. D'altro canto, tale differenza potrebbe essere spiegata considerando che, forse, gli insegnanti possono rivelarsi più sensibili dei genitori in relazione alle differenze relative, in termini di timidezza, nei bambini, poiché ne osservano molti e possono valutare come si comportano in situazioni simili. Nondimeno, questi dati indicano che i genitori e gli insegnanti devono parlare, tra loro, dello sviluppo socio-emotivo dei bambini, soprattutto quando il livello di timidezza si configura alla stregua di un importante fattore inibitorio in qualsiasi situazione. Le idee di cui dispone ciascuno di tali attori sociali dovrebbero essere condivise, ma ciò, purtroppo, non sempre accade.

È molto importante ricordare che un bambino può manifestare comportamenti ascrivibili alla timidezza solo a casa o soltanto a scuola, quindi i genitori e gli insegnanti potrebbero essere sorpresi nell'apprendere che un bambino appare timido in un particolare contesto, ma non in altri. Per esempio, Shirley non sapeva che sua figlia, di sei anni, manifestava timidezza a scuola, perché, a casa, appariva socievole e si era fatta molti amici nel quartiere. Non se n'era resa conto fino a quando sua figlia le ha detto che, a scuola, si sentiva timida, perciò ignorava completamente la portata di quel fenomeno. La comunicazione tra insegnanti e genitori è davvero importante.

Ricordate che attribuire l'etichetta di "timido" a un bambino può trasformare le sue manifestazioni comportamentali, normalmente caratterizzate da tranquillità e riservatezza, in un vero caso clinicamente significativo, oppure determinare l'esordio della più franca timidezza. Uno studio (condotto da A. Thomas e collaboratori del New York University Medicale Center) che ha coinvolto 136 persone, seguite dalla nascita fino all'età adulta, ha indicato che i bambini che frequentano la scuola materna, i quali preferiscono stare in disparte, senza integrarsi nel gruppo, invece di partecipare attivamente alle attività, potrebbero manifestare una normale tendenza a lasciarsi coinvolgere più lentamente.

Ai bambini che tendono a stare in disparte, magari in silenzio, dovrebbe essere concesso un tempo più lungo, affinché possano adeguatamente dedicarsi alle attività in corso. Ciò significa manifestare più pazienza, da parte sia dei genitori sia degli insegnanti. Significa anche che dovrebbero essere garbatamente incoraggiati a partecipare di più. Altri bambini più estroversi possono essere coinvolti in qualità di facilitatori sociali, secondo il modello del "fratello maggiore o della sorella maggiore". Tuttavia, non si dovrebbe mai far percepire ai bambini che la timidezza sia la causa del fatto che non sono particolarmente brillanti nell'intessere relazioni sociali. Quando tale evenienza si verifica, come è successo a uno dei nostri migliori studenti universitari di Stanford, il soggetto può arrivare a impiegare quella stessa etichetta come una scusa, o una giustificazione, per non partecipare: «Non posso parlare in aula, perché sono timido».

John ricorda di essere stato un individuo tranquillo per tutta la vita, godendosi gli altri e le attività, pur senza parlare molto. Gli piaceva osservare, pensare e mettersi in gioco, ma non iniziare una conversazione. Inoltre, era una persona amichevole e benvoluta. John è giunto a considerarsi timido all'asilo, quando la prima, di una lunga serie di pagelle, ha fatto concludere ai suoi genitori che c'era qualcosa che non andava in lui. È istruttivo considerare alcuni commenti degli insegnanti, scritti su quelle stesse pagelle (che ha conservato, ma che non ha mai amato).

Scuola materna: «John è un ragazzino amichevole a cui piace far parte del gruppo dei bambini di quattro anni. A causa dei suoi modi, timidi e tranquilli, John preferisce per lo più giocare in piccoli gruppi; tuttavia, tende sempre più a intraprendere un'attività ampia e coinvolgente. Può inserirsi facilmente in un gruppo, quando ne sente il bisogno, ma i suoi veri desideri spesso vengono esplicitati al cospetto di un insegnante. Peraltro, non si sente ancora libero di venire a parlare con noi, ma, quando viene avvicinato da un insegnante, riesce a conversare facilmente».

Prima elementare: «Dipende ancora molto dai suoi insegnanti».

Seconda elementare: «È silenzioso, ma molto benvoluto».

Terza elementare: «La timidezza di John gli ha impedito di partecipare quanto avrebbe dovuto».

Seconda media: «John ha continuato a compiere le proprie attività in silenzio. Ho sentito poco la sua voce, credo che trarrebbe dei benefici se ponesse qualche ulteriore domanda. [...] Se John è perplesso, lo incoraggio a fare più domande».

«Anche se non parla molto durante le discussioni in classe, John appare molto attento...»

«John è silenzioso e competente. [...] Se John si sta godendo il panorama, non si abbandona in manifestazioni esteriori ed eclatanti; ma sospetto che si diverta».

«Vorrei che intervenisse un po' più spesso, volontariamente, nelle discussioni in classe».

«John chiede aiuto raramente, anche quando ha delle difficoltà».

«È molto gratificante ascoltare John, senza percepire che la sua risposta è motivata da qualcosa che l'"Excedrin" allevierebbe tanto facilmente quanto quel "discorso"».

Campo estivo della terza media: «John era uno dei membri più silenziosi del nostro gruppo, ma era coinvolto in tutte le nostre attività tanto quanto lo erano i ragazzi più vivaci».

Prima superiore: «John continua a produrre lavori di alta qualità, anche se, a volte, penso che potrebbe essere più determinato nel porre le sue domande e nel far conoscere i suoi problemi».

«John è uno degli allievi più tranquilli, produce quanto gli viene richiesto con competenza, ma raramente si espone volontariamente in classe. Sia lui che i compagni di classe trarrebbero dei vantaggi se si mostrasse maggiormente determinato nell'esprimere le sue opinioni».

«L'unico limite di John sembrerebbe la mancanza di stravaganza, sempre che ciò possa essere definita una qualità. Dal suo punto di vista, è abbastanza loquace in classe, ma so, da quando lo conosco, che è riservato, ben educato e che, raramente, comunica emozioni forti... Non ho rilevato significative debolezze associate al percorso di apprendimento scolastico. Ho lasciato che i suoi modi, tranquilli e riservati, mi consentissero di non preoccuparmi troppo per lui».

Seconda superiore: «John è silenzioso in classe; nondimeno, è in grado di contribuire alle discussioni, se lo invito a intervenire... È tranquillo e coscienzioso, mi pare che stia facendo progressi, senza difficoltà».

«John svolge i propri compiti in modo silenzioso, ma efficace».

«John è molto tranquillo in classe, ma dimostra interesse per gli argomenti, e parrebbe disporre di una discreta abilità per quanto riguarda la scrittura. Spero di poterlo incoraggiare a esprimere maggiormente le sue idee negli elaborati e nel corso delle discussioni in classe. [...] Occorre indicare che John ha compiuto più di uno sforzo per esprimersi in questi termini. [...] Tuttavia, nel contesto di un nuovo corso e con un insegnante che non conosce, John tende ancora nascondersi. Scrive con grande competenza, ma ricevo pochissime risposte alle discussioni che propongo in classe. [...] È intelligente e ben informato. Perché è così silenzioso in classe?»

Nel riconsiderare la pagella di John, il suo tutor del decimo grado gli ha offerto alcuni consigli molto preziosi che non hanno bisogno di commenti. «Ho detto a John di mostrare tolleranza nei riguardi degli insegnanti, i quali continuano ad esprimere commenti sulla sua propensione a "parlare poco". Tacere va bene: il mondo è talmente inflazionato di persone che parlano troppo! Apprezziamo le sue osservazioni quando ha voglia di parlare, perché i suoi commenti sono sempre ponderati e accurati».

Una bambina di quattro anni ci ha detto che la sua amica Leah non era timida (come aveva detto la maestra): «Si esprime solo con una voce sommessa!». A volte, è più importante accettare il bambino per quel che è, trovando modi alternativi per costruire i suoi punti di forza in armonia con la sua personalità, piuttosto che provare a cambiarlo al fine di adeguarlo all'immagine del super estroverso "All-American Preschooler".

DUE METODI PER AUMENTARE LA SOCIALITÀ

Quando vostro figlio vi dice che vorrebbe avere più amici, essere in grado di giocare in modo più spontaneo con altri bambini e non avere paura delle "situazioni con molte persone", vi consigliamo di provare due approcci molto diversi. Il primo cambia l'immagine del sé attraverso la ripetizione mentale, da parte del bambino, di scenari in cui assume un ruolo dominante. Il secondo varia il comportamento di gioco del bambino, mediante l'accoppiamento nelle attività ludiche, per brevi periodi, con un compagno più giovane.

Fin dalla più tenera età, le favole della buonanotte dovrebbero occasionalmente includere racconti che combinino la fantasia con elementi di realtà, in cui il bambino è l'eroe. La scena potrebbe essere ambientata nel paese di origine della vostra famiglia: «Al di là di montagne, le cui vette sono troppo alte per esser sorvolate da un'aquila, oltre quei mari, pieni di grandi squali bianchi, che giocano con bellissime sirene si trova un'isola: la Sicilia». I personaggi principali sono i membri della famiglia, a volte con nomi leggermente alterati e, spesso, con lignaggio reale (re Fillipo), con il bambino che assume il ruolo di principe. L'alter-ego potrebbe essere un fratello e/o una sorella, come Brunilde o Clotilde, che si mettono nei guai, o compiono qualche atto inadeguato, a cui il "bravo bambino" deve porre, in qualche modo, rimedio. Il bambino è descritto nei termini più singolari e caratterizzanti: «occhi blu come l'acqua della Grotta Azzurra di Capri», «pelle liscia come la migliore seta cinese», «muscoli potenti come quelli di Hulk», «capace di correre come il ghepardo, l'animale più veloce sulla Terra», e così via.

Il nucleo della storia è un problema che deve essere risolto dal bambino (con l'aiuto, nella dimensione immaginaria, del narratore). A mano a mano che il problema si disvela, gli adulti non riescono a trovare una soluzione, oppure non dispongono di coraggiosi volontari per attuare il loro piano d'azione: «... Quando dal fondo della sala nel grande castello si alzò una piccola mano e una vocina disse: "Papà, lo farò io, so quel che devo fare". Tutti si voltarono per vedere chi era tanto coraggioso da offrirsi volontario per quella pericolosa missione. Era la piccola Zara! "Sei troppo giovane, figlia mia", disse il re. "No, posso farcela. Ce la farò sicuramente", disse la bambina».

Il piano è stato elaborato, è stata sviluppata una successione di azioni che, poi, è stata attuata con successo, e dunque l'"eroe" è stato lodato. Nel corso del tempo, il bambino che, inizialmente, ascolterà passivamente, parlerà sempre più spesso e parteciperà al dialogo con il narratore. Il bambino dirà: "Papà, lo farò io", oppure modificherà addirittura il piano di azione precedentemente formulato.

Alcune delle soluzioni ai problemi richiedono imprese audaci, come quando le cattive sorelle, Brunilde e Clotilde, ricoprono di fango il David di Michelangelo. La principessa deve guidare una gru, arrampicarsi su una ringhiera e pulire la statua con un enorme spazzolino da denti. Altri problemi sorgono quando i regali di compleanno di una sorellina vengono rubati e nascosti in fondo al mare. La bambina deve quindi nuotare nell'oceano, allontanandosi dalla costa, per poi rivolgersi a una sua amica, la focena, affinché chieda alla stella marina di indicare la via per recuperare i regali perduti. Una volta recuperati i regali, la festa può iniziare e la sorellina triste ritorna a essere felice, grazie alla buona azione compiuta dalla protagonista.

Ancora altre storie hanno un evidente risvolto che rinvia alla responsabilità sociale e morale. C'è il nuovo bambino in classe, che piange ogni notte, perché non ha amici, finché un giorno appare un meraviglioso amico che gli dice: «Ciao, vorrei che tu giocassi con me. Come ti chiami?». Qual è il nome del bambino che ha reso così felice quel coetaneo tanto triste: «Quel bimbo sono io, ________ (vostro figlio)!».

Attraverso queste storie incoraggiamo i bambini a sviluppare piani orientati all'azione, a prendere l'iniziativa, a porsi al centro dell'attenzione, a essere assertivi, e indipendenti, mostrandosi pur sempre responsabili. Il loro coinvolgimento fantasioso in questi scenari, associati alla fiducia, è ricompensato da altri personaggi di fantasia, e anche dal narratore. Tutto ciò può far parte del vostro programma di prevenzione della timidezza, oppure costituire un modo efficace per far apprendere alcune abilità sociali a vostro figlio che già appare un po' timido, oltre a incrementare la sua autostima.

In precedenza, abbiamo accennato alla rilevanza della socializzazione tra i bambini di diversa età: i più grandi e timidi giocano con i più piccoli. Riconsideriamo brevemente i dati prodotti dalla ricerca che corroborano l'idea che un modo semplice, ma efficace, per "reinserire i bambini socialmente ritirati" è creare gruppi di gioco composti da soggetti di differente età.

Un team di psicologi della University of Minnesota (Wyndol Furman e Donald Rahe, guidati da Willard Hartup) ha studiato ventiquattro bambini, in età prescolare, in sette scuole materne. Tra gli oltre duecento bambini che hanno osservato, ventiquattro sono stati riconosciuti come "socialmente isolati"; si trattava di coloro che parlavano, o giocavano, con i loro coetanei per meno di un terzo del tempo. Questi bambini socialmente isolati sono stati accoppiati a un coetaneo, oppure a un partner più giovane (da dodici a venti mesi). Coloro che costituivano il gruppo di controllo, non erano accoppiati ad alcun partner. Le coppie hanno avuto a disposizione dieci sessioni di gioco, ciascuna della durata di venti minuti, distribuite lungo un periodo che variava da quattro a sei settimane.

Il comportamento in classe di questi bambini, e anche quello di tutti gli altri coetanei, è stato poi osservato per un mese. Né gli insegnanti né gli osservatori sapevano quali bambini fossero stati considerati socialmente isolati.

Giocare insieme a un coetaneo ha aumentato la successiva frequenza delle interazioni del bambino socialmente isolato con il resto dei compagni di classe. Tuttavia, l'effetto più evidente era quello prodotto dall'interazione dei bambini timidi che giocavano con i compagni di gioco più giovani. Tutto ciò si è tradotto nel raddoppiamento della loro frequenza di interazione sociale, che si è poi stabilizzata allo stesso livello che caratterizzava il comportamento dei bambini non isolati.

I ricercatori hanno concluso che il fattore determinante era costituito dalla natura diadica delle situazioni di gioco con compagni più giovani, perché offriva l'opportunità di mostrarsi socialmente assertivi. In tali situazioni veniva permesso a questi bambini di esercitare quelle capacità di leadership che, peraltro, sono state riconosciute non minacciose dai loro partner più giovani, i quali le percepivano, spesso, anche come apertamente approvanti.

I genitori possono aiutare i bambini che manifestano timidezza, invitando a casa, per giocare, un bambino più piccolo dello stesso sesso, per poi gradualmente progredire, fino a includere i bambini più grandi dello stesso sesso e, infine, quelli del sesso opposto. Non è consigliabile invitare un gruppo di bambini, metterli insieme in una stanza, o in un giardino, per poi sperare che il vostro bambino timido giochi con loro. La competitività sociale è troppo elevata e la situazione richiede abilità sociali più complesse di quelle che, probabilmente, sono a disposizione di un bambino già che manifesta timidezza. Pensate "in piccolo" e il bambino timido crescerà.

LA SCUOLA MATERNA PER IL VOSTRO BAMBINO

Raccomandiamo, senza alcun dubbio, di far vivere ai vostri bambini un'esperienza prescolare, affinché possano sviluppare abilità sociali fin dai primi anni di vita. Ecco alcune linee guida che potreste trovare utili per scegliere la scuola più adeguata al fine di ridurre al minimo il potenziale associato alla timidezza di vostro figlio.

Osservate i bambini prima dell'inizio della scuola, durante la ricreazione e quando escono, alla fine della giornata. Si salutano, sorridono, scherzano, sembrano rilassati e si divertono? Ci sono bambini posti ai margini dell'interazione, non inclusi nella cerchia degli amici ed esclusi dal gioco? I bambini sembrano aiutarsi a vicenda, giocano in gruppo oppure svolgono attività solitarie?

Individuare la struttura

Troppe strutture non favoriscono l'acquisizione dell'indipendenza, alcune sono "caotiche" e spaventano i bambini timidi. Una struttura non troppo ampia offre al bambino un ambiente prevedibile, in cui può assumere un ruolo stabile, per poi seguire regole chiare che garantiscano ricompense desiderabili.

- C'è un programma di lezioni chiaramente stabilito per ogni giorno della settimana?
- Sono previste attività in piccoli gruppi e anche accoppiamenti tra due individui, che si configurino come normali opportunità nel contesto dei giochi strutturati e dello sviluppo dei progetti?
- Quali sono le regole da osservare in classe e cosa accade se vengono infrante?
- L'ambiente della classe è strutturato adeguatamente per stimolare la curiosità del bambino?
- L'insegnante mantiene il controllo sulla classe?
- I bambini accedono a un'attività, non appena entrano in classe, invece di sedersi e attendere che succeda qualcosa?
- Ai bambini viene offerta la possibilità di scegliere le attività nell'ambito di un insieme ragionevole di alternative?

L'insegnante

Se vostro figlio è timido, desidererete che interagisca con un insegnante che si dimostri sensibile alla sua personalità e che manifesti uno stile di interazione che coinvolga il vostro bambino. Ecco le linee guida che ci ha indicato un insegnante che manifesta questo genere di sensibilità:

- L'insegnante dovrebbe salutare ogni bambino individualmente, proferendo i loro nomi, quando entrano in classe. Dovrebbe chiedere loro come stanno, e apprezzare qualsiasi nuovo particolare che caratterizzi il loro aspetto. Ciò consente al bambino di percepire un'attenzione positiva, che lo fa sentire importante. Offre anche all'insegnante la possibilità di stabilire da quale "lato del letto" è saltato fuori in quel particolare giorno.
- L'insegnante dovrebbe stabilire un contatto visivo con ogni bambino, sia quando lo saluta sia quando gli parla in classe. Non è solo un modo per manifestare un'attenzione positiva, ma anche un'opportunità per insegnare a un bambino, con l'esempio, come stabilire il contatto visivo con gli altri.
- L'insegnante dovrebbe chinarsi, abbassandosi al livello dei bambini quando parla con loro. Dovrebbe accovacciarsi, oppure sedersi su una piccola sedia, per adeguarsi maggiormente alla loro altezza.
- Dovrebbe apparire rilassata e sorridere spesso.
- L'insegnante sensibile inviterà i bambini a partecipare, anziché impartire ordini e comandi.
- Dovrebbe permettere ai bambini di guardarsi intorno per lasciarsi coinvolgere in una nuova situazione.
- L'insegnante dovrebbe generare un senso di accoglienza e di rispetto, pur mantenendo il controllo della classe.
- L'insegnante che si dimostra sensibile alle emozioni dei bambini, in particolare di quelli timidi, non indicherà un bambino per esprimere delle critiche; saprà anche quando è appropriato, oppure sconveniente, fare riferimento a un bambino impacciato per un qualsiasi motivo, anche in ragione dell'attenzione positiva, di fronte ai suoi compagni.
- D'altra parte, la condivisione del tempo è un'occasione in cui, alla maggior parte dei bambini, piace trovarsi al centro dell'attenzione. Di solito, i bambini non si preoccupano di essere individualmente considerati; dacché dapprima ognu-

no è invitato a partecipare e, poi, il livello di auto-consapevolezza, di solito, si riduce, quantomeno quando si dispone di qualcosa che s'intende davvero condividere.

- L'insegnante non dovrebbe rinforzare le manifestazioni comportamentali ascrivibili alla timidezza, magari prestando troppa attenzione a un bambino quando è solo: in tali condizioni, potrebbe infatti comportarsi timidamente col fine di attirare l'attenzione.
- L'insegnante dovrebbe peraltro dimostrarsi sensibile allo speciale bisogno di attenzione di un bambino, dapprima con l'intento di coinvolgerlo gradualmente nel contesto sociale, inserendolo, senza fretta, nel gruppo, per poi offrirgli la possibilità di partecipare all'attività o rispondere agli altri coetanei.

FACILITARE L'INTRODUZIONE NELLA SCUOLA

Una volta individuata la scuola materna adeguata per vostro figlio, descrivetegliela e, poi, organizzate almeno una visita, prima che inizi a frequentarla. Offrite al bambino la possibilità di girovagare e ispezionare la scuola, consentitegli di interagire con i giocattoli e le diverse attrezzature, e anche di osservare i coetanei che giocano. Una madre che ha attuato tale strategia ci ha riferito che suo figlio ha protestato, piuttosto vigorosamente, quando gli ha chiesto se avrebbe gradito frequentare la scuola materna, ma, dopo che l'ha portato a visitarla, non vedeva l'ora di iniziare, pregandola ogni mattina di riportarlo all'asilo.

Offrite al bambino quante più informazioni possibili in merito alle regole di base e alle consuetudini vigenti in quella scuola, affinché possa partire col "piede giusto". Per esempio, se la campanella di una scuola segnala il momento in cui ci si dispone in fila, chiedetegli di allinearsi con un altro bambino. L'insegnante potrebbe incaricare un bambino più grande di fungere da "consulente tra pari" per quel primo giorno. Stabilite, insieme all'insegnante, il miglior piano d'azione qualora vostro figlio si metta a piangere, si aggrappi alle vostre vesti e supplichi di non essere abbandonato. Dovreste rimanere ogni giorno per un tempo più breve? Oppure uscire di punto in bianco lasciando che l'insegnante, o la sua assistente, prendano il controllo della situazione?

Organizzate qualcosa di speciale per ogni sera delle giornate che compongono la sua prima settimana di scuola. Appendete l'elenco dei compiti per la scuola che il bambino porta a casa, in un luogo ben visibile, magari sulla porta del frigorifero, con dei magneti. Rinforzate il processo che lo induce a provare, a sperimentare cose nuove, e non consentitegli di produrre semplicemente qualcosa che è appena accettabile.

Le seguenti domande possono offrirvi alcuni spunti per riflettere sulle situazioni che potrebbero contribuire alla manifestazione della timidezza di vostro figlio:

- State facendo il possibile per farlo sentire al sicuro, per dimostrarsi indipendente, assumendosi anche delle responsabilità?
- Le vostre aspettative sono realistiche?
- Mandate a scuola il bambino vestito, ogni giorno, in modo diverso rispetto ai coetanei?
- Rinforzate il comportamento timido, equiparando la tranquillità alla bontà?
- L'insegnante premia i comportamenti ascrivibile alla timidezza mediante le stesse argomentazioni?
- Qualche altro bambino se la prende particolarmente con vostro figlio? Chiedete all'insegnante.
- C'è qualche attività che potrebbe far sentire il bambino inadeguato, qualcosa che sente di non riuscire a fare bene?
- L'insegnante incoraggia vostro figlio a provare nuove attività? Offrite rinforzi al bambino, affinché si disponga per sperimentare?
- L'insegnante si dimostra sensibile alla timidezza? Pone in essere dei tentativi graduali per coinvolgere vostro figlio nel contesto sociale della scuola?
- Accompagnate a scuola vostro figlio, affinché giunga in orario? A volte, i bambini percepiscono un particolare imbarazzo quando entrano in classe in ritardo troppo spesso.

- C'è qualcosa di cui vostro figlio si vergogna?

Se riuscite a stabilire che c'è una situazione, in classe, che favorisce l'espressione del pattern comportamentale, associato alla timidezza, di vostro figlio, portatelo all'attenzione dell'insegnante. Se, per esempio, qualcuno se la prende particolarmente con vostro figlio, l'insegnante potrebbe non esserne consapevole, quindi segnalate il problema, affinché si possa porre fine a tutto ciò.

In ogni caso, dovreste comunque dialogare con l'insegnante. Se vostro figlio è timido, l'insegnante deve saperlo, anche perché voi dovete poter disporre della sua collaborazione, al fine di coinvolgere gradualmente il vostro bambino nel contesto sociale della scuola, e aiutarlo a costruire la fiducia in sé stesso.

6
I bei giorni della vecchia regola d'oro
(da 6 a 12 anni)

Indipendentemente da quel che avete fatto finora per consolidare in vostro figlio i sentimenti associati alla sicurezza e all'elevata autostima, l'unico evento della vita di ogni bambino che può rivelarsi determinante, in merito a quanto possa apparire sicuro, è la frequentazione della scuola. Quel che serve davvero, per vincere la timidezza, è dunque la collaborazione offerta dalla scuola e dalle persone alle quali affidiamo quotidianamente la cura dei nostri figli.

Abbiamo appreso che ci sono alcuni insegnanti straordinariamente sensibili, che fanno di tutto per far sentire bene i bambini con loro stessi, e ridurre al minimo quella barriera all'apprendimento – la *timidezza* – in ogni occasione.

Un'insegnante, che è stata così gentile da scriverci per illustrarci come cerca di aiutare i suoi studenti timidi, ci ha riferito: «Faccio di tutto per assicurarmi che questi bambini si sentano importanti e adeguatamente amati come individui a tutti gli effetti». Lo fa in silenzio, senza farli sentire diversi, e senza generare, negli altri coetanei, la percezione che i timidi siano i suoi preferiti.

Ogni giorno, ci ha detto, ha l'abitudine di parlare individualmente con i suoi studenti più reticenti, facendo domande, apparentemente casuali, su ciò che hanno fatto nel corso del fine settimana, oppure complimentandosi con loro per un nuovo paio di scarpe, un vestito o una camicia. È anche attenta a evitare argomenti che potrebbero rivelarsi in qualche modo minacciosi, per assicurarsi che queste brevi conversazioni siano positivamente percepite.

Questa insegnante sa come coinvolgere quei bambini, facendo in modo che partecipino alle lezioni e alle attività insieme a coetanei che capiscono e accettano, mentre incoraggia gli altri a disporsi per includerli nei loro giochi in giardino.

Offre ai bambini timidi molti elogi e rinforzi, ogni volta che ciò risulti appropriato.

Un altro insegnante, che manifesta sensibilità nei confronti della timidezza, ci ha riferito: «Se un bambino va male, in termini di apprendimento, perché è troppo timido per fare domande, o non dispone dell'adeguata fiducia in sé stesso per azzardare una risposta, anche per iscritto, gli offro aiuto in forma privata. Offro anche agli studenti timidi di incontrarmi dopo la lezione, con il pretesto di aver dimenticato un maglione, oppure il cestino per il pranzo. Col passare del tempo, quegli studenti mi chiederanno aiuto anche durante le ore di lezione».

In una classe di terza elementare che abbiamo osservato, c'erano venticinque studenti e solo uno era palesemente timido: si trattava di un ragazzo giapponese che parlava pochissimo l'inglese. Quando abbiamo fatto considerazioni in merito a questa "assenza di timidezza" in classe, l'insegnante ci ha riferito che non c'erano grossi problemi e che, comunque, quelli presenti all'inizio dell'anno erano quasi del tutto scomparsi.

Non ci sorprende che la competizione, in questa classe, sia stata ridimensionata, mentre è stata posta l'enfasi sull'assistenza reciproca e la considerazione per le altre persone.

La classe è stata organizzata secondo uno "stile antiquato", con l'insegnante che moderava la discussione dalla cattedra posta in una parte ben distinta dell'aula. Tutti i bambini hanno partecipato con entusiasmo e l'insegnante ha elogiato anche coloro che hanno prodotto risposte scorrette, il che ha incoraggiato gli studenti a partecipare, perché percepivano che difficilmente si sarebbero trovati in condizioni d'imbarazzo. L'insegnante ha anche cercato di far sentire maggiormente a loro agio gli studenti timidi, affinché partecipassero di più alla lezione, offrendo loro un aiuto extra nella preparazione di un discorso, o in merito alla presentazione di un progetto da illustrare a tutta la classe.

Con un insegnante "d'oro" come questo, non c'è da meravigliarsi che l'unico studente, ovviamente timido, fosse quel bambino giapponese, appena giunto negli Stati Uniti, e con problemi associati alla lingua. Ci permettiamo di esprimere una previsione: pensiamo che, prima della fine dell'anno, questo insegnante coinvolgerà anche quel bambino.

«Se qualcosa fa sentire impacciato un bambino, evita di farla, questa è la mia regola», ci ha riferito un insegnante di seconda elementare. «Se è umiliante, svilente, oppure pone un bambino timido "sotto i riflettori", quando non è in grado di gestire la situazione, preferisco rinunciare. Né obbligo il bambino timido ad alzarsi in piedi per tenere un discorso, a meno che non lo abbia preparato, e sono sicura che possa sentirsi relativamente a suo agio, esperendo quella che potrei definire la normale "paura del palcoscenico", che, come dico sempre, è qualcosa che tutti sperimentiamo».

Tuttavia, nonostante ciò che di positivo abbiamo osservato nelle aule, non c'è dubbio che la scuola possa essere un contesto fertile per la diffusione della bassa autostima e, quindi, anche della timidezza. Nel loro libro intitolato *A child's journey*, lo psicologo Julius Segal e lo scrittore Herbert Yahraes indicano che il decorso dello sviluppo di un bambino è straordinariamente influenzato dall'emergente immagine che ha di sé: qualora si senta sicuro e competente maturerà in modo diverso rispetto a coloro che si percepiscono insicuri e inadeguati. Questi due autori affermano che, sebbene sia vero che molti dei dubbi, in merito a sé stesso, sorgano nell'interiorità di un bambino, «possono essere rinforzati, o ridimensionati, dal mondo esterno, quindi altre ansie infantili potrebbero non attecchire se non fosse per i messaggi distruttivi dell'ego che le figure di riferimento, costituite dagli adulti, offrono tanto disinvoltamente ai giovani». È a scuola, affermano gli autori, che «i bambini costruiscono la loro percezione delle proprie capacità e competenze».

«Il potere di un insegnante, nell'influenzare quell'immagine», scrivono, «è straordinario». Molti fattori psicologici sono all'opera: l'ardente bisogno di compiacere una figura autorevole; la necessità di ricevere attenzioni e rinforzi; il fatto che il bambino assuma un ruolo subordinato; il sistema di premi e punizioni che è sempre posto in primo piano. Questa combinazione di fattori che agiscono in classe, spiegano gli autori, può modellare il concetto di sé di un bambino.

Il potere dell'insegnante è straordinario. È tanto rilevante, anzitutto, perché per la maggior parte del tempo di ogni giorno feriale l'insegnante è, di fatto, una figura di riferimento che sostituisce i genitori e, in ragione di ciò, il bambino cerca in lui sicurezza e supporto.

Come se la cava allora un bambino, quando la principale fonte di supporto si comporta in maniera esattamente opposta? Ci sono buoni insegnanti, lo abbiamo osservato, ma ce ne sono anche altri, in qualsiasi sistema scolastico, che banalmente non sono adatti a soddisfare le esigenze dei bambini piccoli.

Indipendentemente dal fatto che un insegnante si riveli più o meno buono, l'esperienza della scuola elementare rinvia alla dimensione delle valutazioni e del confronto costante, si tratta dunque di un momento in cui, in nome dell'ordine e del conformismo, la spontaneità viene svalutata, o non considerata; perciò, quel che si configura come un normale comportamento infantile può essere considerato "inadeguato". La psicologa Carole Klein, in un libro intitolato *The myth of the happy child*, afferma che i bambini vengono continuamente vessati a scuola, semplicemente perché sono "bambini". Il disprezzo, afferma, veicolato dal termine stesso, favorisce lo spregio di un bambino, banalmente per il fatto di essere quel che è.

Inoltre, chiedere a un bambino di realizzare più di quel che è in grado di fare, per poi criticarlo in ragione della sua impotenza, non solo lo induce a vergognarsi per quel che è, ma mina anche la sua prospettiva in merito a ciò che sente di poter diventare. Klein scrive: «Non solo per mezzo di richieste oppressive, ma anche attraverso una critica costante, che è così spesso associata alla funzione del ruolo di insegnante, la scuola diventa un peculiare contesto nel quale si fa esperienza della vergogna».

Inoltre, la scuola è soprattutto il luogo in cui un bambino deve imparare a gestire il gruppo dei pari. Il bambino che ha frequentato la scuola materna dispone di un vantaggio, in quanto ha avuto l'opportunità di sviluppare alcune abilità sociali, e ha già imparato ad andare d'accordo con gli altri. Tuttavia, molti bambini iniziano a frequentare la scuola elementare non conoscendo nessun altro compagno di classe, il che può effettivamente preoccuparli o spaventarli. Se un bambino fatica a stringere amicizie è destinato a sentirsi solo e, molto probabilmente, soprattutto se viene considerato diverso dagli altri bambini, può ritrovarsi oggetto non solamente di ostracismo ma anche di scherno.

Un esempio calzante, che illustra come possa determinarsi una combinazione negativa di fattori, è rappresentato da Suzy. Quando era in prima elementare, ci ha riferito sua madre, questa bambina, che dapprima appariva piuttosto estroversa, è diventata molto timida. Un tempo Suzy invitava frequentemente un'amica a casa per giocare, oppure interagiva con i bambini del quartiere dopo la scuola, ma poi, quasi improvvisamente, ha iniziato a manifestare un certo pattern comportamentale: tornava a casa da scuola e andava direttamente nella sua stanza, chiudendosi la porta alle spalle. Spesso, sua madre la trovava distesa sul letto, in lacrime. Quando le chiedeva cosa c'era che non andava, Suzy diceva semplicemente: «Non piaccio agli altri bambini».

Poco tempo dopo l'esordio di questo pattern comportamentale, la sua insegnante ha telefonato alla madre per dirle che il rendimento scolastico della figlia era preoccupante e, dunque, proporle un incontro. In occasione di quell'incontro, l'insegnante ha mostrato alla madre di Suzy il pessimo lavoro svolto da sua figlia, per poi aggiungere: «Occorre fare qualcosa per far sì che smetta di succhiare il pollice. Personalmente, mi sto impegnando al massimo per risolvere il problema qui, a scuola». Ha poi aggiunto che, diverse settimane prima, quando l'aveva sorpresa a succhiarsi il pollice, aveva scelto di porre Suzy, ogni giorno, al cospetto dei compagni di classe, facendola sedere su una sedia di fronte al resto dei bambini ai quali era stato indicato di chiederle se, per caso, avesse dimenticato che non si succhia il pollice. Quella sorta di "promemoria", ha appreso la madre di Suzy, è giunto ad assumere forme espressive alquanto singolari: «Suzy è una poppante, un po' ritardata» e «Suzy», che indossava occhiali spessi, «è una succhia-pollici con quattro occhi».

La madre di Suzy era sbalordita; ma, quantomeno, l'enigma relativo al comportamento di sua figlia è stato risolto. Suzy ha cambiato classe, dopo che la madre ha esposto quella situazione al Preside, iniziando così a invertire quel processo di deplezione dell'autostima, innescato dal fatto che era stata messa in ridicolo, disprezzata e rifiutata dai suoi coetanei.

Ci piacerebbe dirvi che la storia di Suzy si è conclusa felicemente in quel frangente. Invece, anche nella nuova classe, la timidezza di Suzy ha continuato a interferire con la sua capacità di concentrarsi; peraltro, ha anche continuato a manifestare poca fiducia in merito al fatto di esser capace di fare qualsiasi cosa. A volte, non provava nemmeno a rispondere alle domande, mentre, in altre occasioni, appariva così insicura nella formulazione delle risposte scritte, che finiva per cancellarle, fino a quando il foglio non appariva liso e consumato. Non chiedeva mai aiuto. Dopo aver ampiamente discusso in merito all'opportunità di "fermarla", Suzy è stata promossa in seconda elementare.

Poco dopo aver iniziato a frequentare la seconda elementare, è stato organizzato un secondo incontro tra i genitori e l'insegnante; in quell'occasione, la madre di Suzy è stata informata che, per recuperare il ritardo, sua figlia avrebbe dovuto sottoporsi a un percorso formativo speciale. Com'è noto, nello stato della California, affinché un bambino venga inserito in una classe speciale, la legge richiede che sia riconosciuto come "svantaggiato dal punto di vista formativo".

Quando Suzy era in terza elementare, era estremamente timida. Le era stata attribuita l'etichetta di "svantaggiata dal punto di vista formativo" dimostrando ampiamente, ogni giorno, che lo era davvero. Suzy era diversa. Portava gli occhiali; tutti ricordavano che si succhiava il pollice e, anche se non lo faceva più, continuava a essere presa in giro per questo. Suzy era dunque considerata "una stupida".

Per noi, questo è un tragico caso di deplezione dell'autostima di una bambina che, piuttosto facilmente, avrebbe potuto essere evitato. Suzy era, ed è, una di quelle bambine fortunate che provengono da una famiglia stabile e amorevole, che ha un unico "deficit somatico": la miopia. Una bambina graziosa; anzi, appariva davvero carina con gli occhiali. In effetti, gli stessi bambini che, "incoraggiati" dall'insegnante di prima elementare, erano giunti a chiamarla "quattro occhi", all'inizio, le avevano fatto i complimenti quando aveva indossato gli occhiali per la prima volta. Il potere di un insegnante di erodere la fiducia in sé stesso di un bambino è enorme. Non meno di quello di cui dispone nel trasformare dei bambini, altrimenti gentili, in terribili "aguzzini".

Tuttavia, il potere dei genitori di riparare il danno, alla fine, può anche rappresentare una fonte d'ispirazione. Attualmente, Suzy frequenta il liceo e non manifesta alcuna fragilità. Ovviamente, non è più una ragazza "svantaggiata dal punto di vista formativo".

LA REGOLA D'ORO

A tutte le potenziali modalità che possono danneggiare l'autostima di un bambino, e a quelle che possono determinare la manifestazione della timidezza, si aggiunge un'ulteriore evenienza, molto concreta: l'espressione di tali pattern comportamentali può essere incoraggiata da alcuni insegnanti (e genitori) che apprezzano un bambino tranquillo, non aggressivo e passivo. Considerate la comunicazione inviata ai genitori da questo insegnante: «Il voto in occasione del primo test a cui è stato sottoposto Adam è stato C+, ma poiché stava parlando, durante il secondo test, ha ricevuto una F. Apprezzerei che mi aiutaste a insegnargli che deve stare zitto (sic!)».

Per alcuni insegnanti, il silenzio può essere talmente apprezzato e prezioso da anteporlo persino al rendimento scolastico.

Adam era “indietro” in matematica e aveva studiato duramente per sostenere quel test. Il suo obiettivo era prendere “A”, in una verifica in classe. Dopo quell’esperienza, ha perso interesse per la matematica.

Ovviamente, gli insegnanti devono mantenere l’ordine in classe, banalmente per poter insegnare, ma l’*apprendimento* dovrebbe essere un obiettivo prioritario rispetto al silenzio assoluto; inoltre, troviamo discutibile attribuire un voto penalizzante, che riguarda il rendimento scolastico in un soggetto, al fine di punirlo in ragione delle sue manifestazioni comportamentali.

Spesso il bisogno del silenzio (o la deferenza nei suoi riguardi) in una classe è tale da indurre a trasmettere dei messaggi obsoleti, peraltro familiari a tutti noi: «I bambini dovrebbero essere osservati e non ascoltati» e «Parla solo quando ti viene richiesto». Tutto ciò, nella maggior parte dei casi, non viene controbilanciato da adeguati periodi di tempo, nei quali i bambini possano parlare liberamente, in modo colloquiale e informale. Parlano solo quando vengono interpellati dall’insegnante e, in genere, solo quando alzano la mano e vengono invitati a proferire.

Facendo riferimento all’esperienza vissuta quando ha iniziato a frequentare la prima elementare, un liceale ci ha riferito: «Ricordo esattamente cosa ha innescato la mia timidezza. Avevo lasciato cadere la mia matita, stavo chiedendo alla mia compagna di banco se poteva raccogliermela, quando quella megera, vestita in rosa, è piombata su di me, mi ha allontanato dal posto e mi ha scosso, “perché avevo parlato”. Ero assolutamente mortificato. Da quel momento in poi, ho capito che stare lontano dai guai implicava stare zitto. Quindi, mi sono adeguato».

Per un bambino, già di per sé timido, a cui è stato detto per tutta la vita «Siediti» e «Stai tranquillo», l’ingresso nella scuola elementare, nella migliore delle ipotesi, non è altro che la continuazione di quel “copione” originale; nel peggiore dei casi, a seconda che un bambino abbia o meno altri attributi che lo distinguono dai suoi coetanei, intensifica le manifestazioni comportamentali ascrivibili alla timidezza.

Il silenzio, alle elementari, è una regola d'oro che si unisce ad altre, non meno importanti, le quali consentono implicitamente di definire lo scolaro ideale: tranquillo e ben educato; reattivo, ma non assertivo; brillante, ma non troppo precoce; fisicamente attraente. Spesso, frequentare la scuola elementare assomiglia all'esperienza di un solitario confinamento: sono previsti lunghi periodi di silenzio imposto, di "teste appoggiate sui banchi" per fare dei sonnellini indesiderati (e impossibili da ottenere). L'energia, quasi illimitata, dei bambini viene severamente limitata, privilegiando il mantenimento dell'ordine. Ascoltano l'insegnante che impartisce ordini o istruzioni, ma ricevono poca formazione in merito alla capacità di ascoltare i coetanei e di condurre conversazioni intelligenti e interessanti. Questo modello, tagliato su misura per la scuola elementare, costituisce una camicia di forza sociale, che diventa sempre più stretta col passare degli anni trascorsi a scuola, quantomeno fino al college.

IL FUTURO DEL PRESENTE DI UN BAMBINO

La scuola tradizionale, forse al di là delle intenzioni, prepara la maggior parte dei bambini a diventare dei gregari, a obbedire all'autorità senza fare domande, e a diventare "ingranaggi" della macchina economica e politica della nazione. L'obiettivo di formare "studenti gestibili" è ulteriormente facilitato da una sottile forma di condizionamento. Uno dei risultati più importanti e inattesi dell'istruzione è la trasformazione del senso del tempo di un bambino. La maggior parte dei bambini è orientata al presente. Percepiscono e agiscono in risposta alle esperienze nel qui e ora. Vivono nel momento presente, con tutta la loro spontaneità, impulsività e imprevedibilità. Gran parte del fascino della giovinezza risiede nella dimensione temporale del "presente ampliato". La scuola ridimensiona il presente a favore del futuro, e nel rispetto del passato. I bambini delle scuole elementari devono imparare a procrastinare la gratificazione, a svolgere compiti noiosi, che diventano tali a causa del deferimento delle conseguenze desiderabili associate a un lavoro completato con successo.

La motivazione intrinseca, la gioia di fare qualcosa che è fine a sé stessa, viene neutralizzata imponendo un sistema di ricompense estrinseche per il fatto di adempiere a ciò che qualcun altro desidera che sia fatto, quando e dove preferisce. Impegnarsi per guadagnare delle "stellette d'oro", in conseguenza dell'apprendimento meccanico delle tabelline, è un inquadramento mentale che predispone, più avanti nella vita, all'acquisizione di un posto di lavoro, alla possibilità di guadagnare uno stipendio, facendo un lavoro ripetitivo e poco stimolante, in una fabbrica oppure in un ufficio commerciale.

Questo senso del tempo orientato al futuro pone un particolare problema alle persone timide. Anche da bambini, vivono troppo in una dimensione illustrata dalla seguente domanda: "cosa succederà se faccio X?". L'ansia sociale, o anche di altra natura, è caratterizzata dal timore relativo alle conseguenze delle proprie azioni, semplicemente previste in anticipo, ovvero futuribili. Le persone timide non sono in grado di godersi i piaceri del momento, perché credono che qualcuno dovrà pagare lo scotto, e indovinate chi sarà? La loro eccessiva preoccupazione per l'approvazione sociale finisce per indurli a focalizzare la loro attenzione su quali mezzi dovranno impiegare per raggiungere gli obiettivi desiderati.

Insegnare a un bambino l'orientamento al futuro è, ovviamente, un fattore necessario per giungere allo sviluppo maturo. Tuttavia, ci sentiremmo di opporci a quella vasta sfera di influenza in grado di privare i bambini (e anche noi adulti) della capacità di ridere di nulla, di cogliere la bellezza nell'andatura di una coccinella, oppure dell'autentico piacere di passare del tempo insieme al proprio migliore amico. I bambini timidi hanno bisogno di ampliare la loro percezione del presente, anziché di esser soggiogati all'anticipazione del futuro. Pensano eccessivamente, e agiscono troppo poco. Genitori e insegnanti dovrebbero riconoscere i molti modi attraverso i quali esaltano il futuro e disprezzano il presente: si pensi al linguaggio che impiegano

("Cosa farai da grande?"), alle azioni che compiono e agli esempi che offrono. Dovrebbero riconoscere il prezzo che i bambini timidi pagano per via di questo condizionamento.

VALUTAZIONE DEL MERITO DI UN BAMBINO

Ovviamente, l'equiparazione dell'avvenenza fisica con il merito non è una novità. La maggior parte di noi ha conosciuto questo pregiudizio quando era ancora sulle ginocchia della propria madre, ascoltando le storie dell'affascinante Biancaneve, della bella Cenerentola, di molte streghe e matrigne brutte e cattive. I risultati prodotti da Ellen Berscheid ed Elaine Walster illustrano che questa non è solo la "materia" di cui sono fatte le fiabe, ma anche delle risposte offerte dagli adulti che vivono nel mondo moderno. Scrivendo su *Psychology Today*, affermano che, per esempio, quando a un gruppo di adulti è stata mostrato un insieme di foto che ritraevano dei bambini, per poi chieder loro di indicare quale avesse disturbato in classe, era più probabile che indicassero il bambino meno avvenente. D'altra parte, presumevano anche che quel bambino, in particolare, fosse il più disonesto. Il modo in cui gli adulti potrebbero agire, in base a un tale pregiudizio, è illustrato dall'evidenza che i bambini avvenenti erano, con maggior probabilità, trattati meno severamente, rispetto a quelli che erano considerati brutti.

Infine, sono state raccolte evidenze in merito al fatto che i voti di profitto attribuiti ai bambini possono essere influenzati dalla loro avvenenza. «Per tutti i discorsi che riguardano la personalità e i valori interiorizzati», affermano Berscheid e Walster, «supponiamo, pregiudizialmente, che il meglio appartenga alle persone avvenenti. A partire dalla scuola elementare in poi, non c'è quasi più nessun dubbio in merito a chi è bello».

Dopo aver messo in discussione l'efficacia di un sistema per testare la popolarità dei bambini in classe, lo psicologo James Dobson, autore di *Hide or seek*, indica che i bambini con maggiori probabilità di essere apprezzati dai loro coetanei sono quelli fisicamente più attraenti. Tuttavia, Dobson aggiunge che un'evidenza ancor più significativa è rappresentata dal fatto che, sfortunatamente, gli insegnanti sono formati nella stessa società che plasma i valori e condiziona gli atteggiamenti di tutti gli altri individui: «Spesso respingono i bambini fisicamente poco avvenenti e sono attratti da quelli carini». Purtroppo, non si può quindi presumere che tutti gli insegnanti offrano, ai bambini che ne hanno bisogno, il miglior supporto e i rinforzi adeguati.

D'altra parte, agli occhi di alcuni insegnanti e adulti, la bellezza è solo uno dei "parametri" per valutare i meriti e la rettitudine di un bambino. Quando abbiamo compiuto delle osservazioni nelle classi di terza, quarta e quinta elementare, ci è parso immediatamente evidente che, anche gli insegnanti che manifestavano una certa sensibilità, si comportavano in modo diverso nei confronti di quegli alunni che parevano mostrare un'intelligenza superiore alla media.

In una classe, per esempio, quando l'insegnante ha lavorato con il "gruppo di allievi considerati più dotati", ha sottolineato la creatività, ricordando continuamente agli studenti: «Non abbiate timore di rispondere in un modo diverso dal solito. Concedetevi di rompere il conformismo». L'episodio di una matita lanciata è stato "liquidato" mettendosi a ridere: «Ragazzi, mi pare che vi stiate facendo un po' troppo prendere la mano». Alle risposte palesemente errate è stato concesso il beneficio del dubbio, poiché l'insegnante ha osservato: «Non ho mai pensato a tale questione in questo modo».

Al contrario, quando la stessa insegnante si occupava del gruppo dei "meno dotati", diceva continuamente ai bambini: «C'è una e una sola risposta a questa domanda». L'atmosfera era generalmente limitativa e quando gli studenti parlavano a sproposito, li ammoniva: «Ora smettila e mettiti a lavorare». I frizzi un po' sopra le righe, che avrebbero potuto determinare qualche lancio delle matite in aula, non venivano tollerati, né suscitavano ilarità.

In tutte le classi, tranne una, nelle quali abbiamo condotto osservazioni, abbiamo anche riscontrato che ai bambini percepiti dagli insegnanti come maggiormente brillanti venivano assegnati compiti più "prestigiosi", come, per esempio, assumere il ruolo di rappresentante di classe, oppure essere l'allievo deputato a mantenere l'ordine tra i compagni, mentre a quelli che mostravano meno perspicacia, oppure che manifestavano comportamenti ascrivibili alla timidezza, raramente, se non mai, veniva assegnato un compito del genere.

Il semplice fatto che ci siano alcuni insegnanti che sembrano incoraggiare le manifestazioni comportamentali ascrivibili alla timidezza, come mezzo per controllare i bambini e tenerli tranquilli, e altri ancora che apprezzano le dimostrazioni assertive di intelligenza, mostra che non ci sono principi assoluti quando si tratta di stabilire come vengono considerati in classe gli alunni timidi. In ogni caso, tutti gli insegnanti osservati nel corso di questo particolare studio hanno "etichettato" i membri *meno* intelligenti della loro classe come i bambini *più* timidi.

A peggiorare le cose, per i timidi, si aggiunge il fatto che spesso gli insegnanti non offrono loro alcun segno, o feedback, in relazione agli sforzi che compiono. D'altra parte, anche nelle occasioni in cui questi bambini riescono a superare la loro timidezza, tentando di partecipare, possono ancora venir trattati in modo diverso, rispetto agli alunni che non sono timidi, oppure rischiano di passare inosservati agli occhi dell'insegnante. Per esempio, ci siamo resi conto che in tutte le classi, tranne una, quei bambini che non apparivano molto assertivi – e che ritenevamo timidi – venivano praticamente ignorati, proprio quando riuscivano finalmente a manifestare sufficiente coraggio per alzare la mano e porre una domanda, oppure offrire un commento. Abbiamo anche osservato che quando i bambini si mettevano in fila alla cattedra per chiedere aiuto, tutti, tranne i più assertivi, tornavano ai loro posti, dopo essere stati spinti in fondo a quella stessa fila, senza ricevere risposte alle loro domande.

Perciò, non solo abbiamo osservato in che modo la timidezza interferisce con il processo di apprendimento dell'individuo, ma anche quanto sia in grado di "mascherare" l'intelligenza e alimentare un circolo vizioso che impedisce all'insegnante di offrire rinforzi.

Riteniamo che quei bambini, altrimenti intelligenti, potrebbero essere stati considerati dagli insegnanti come non molto brillanti, un'idea che non sfugge ai compagni di classe e che, anzi, pare rinforzata dall'apparente indifferenza manifestata dai docenti. Molto probabilmente, tale indifferenza potrebbe indurre i bambini a non chiedere aiuto nelle future occasioni e, in ragione di ciò, è facile che non lo ottengano, accumulando così dubbi e lacune, le quali non fanno altro che avvalorare le valutazioni che gli insegnanti hanno già espresso su di loro.

Robert Rosenthal e Lenore Jacobson hanno condotto un esperimento interessante nel quale è stato possibile evidenziare che gli insegnanti possono influenzare l'autostima di un bambino, attraverso le loro percezioni in relazione all'intelligenza dei singoli alunni. Rosenthal e Jacobson hanno sottoposto a una serie di test di intelligenza un gruppo di bambini delle elementari, dicendo loro che i risultati sarebbero stati inseriti in un computer e, quindi, rivelati ai loro insegnanti.

Quando agli insegnanti è stato detto quale degli studenti della classe era il più brillante, sono rimasti piuttosto sorpresi, perché la maggior parte di quelli così identificati erano studenti alquanto normali. Nondimeno, hanno accettato l'esito del test.

Questa nuova informazione ha determinato uno straordinario cambiamento nell'atteggiamento degli insegnanti, che hanno iniziato a mostrare maggior rispetto per i bambini "più brillanti" e, inoltre, si sono espressi con maggior fiducia in merito all'eventualità che quegli stessi studenti avrebbero avuto successo. Gli esiti, in termini di rispetto e fiducia, manifesti nell'atteggiamento degli insegnanti si sono rivelati statisticamente significativi. In uno studio di follow-up, è stato osservato che il Q.I. di questi "ex studenti ordinari" si era sostanzialmente elevato rispetto a quello degli altri studenti.

Gli sperimentatori hanno poi rivelato agli insegnanti che non era stato impiegato alcun computer, che il test non era mai stato sottoposto a valutazione, e che quel 20% di studenti "più brillanti" era stato scelto a caso. Lo sbalorditivo cambiamento nella performance degli studenti quindi doveva essere stato conseguenza del modo in cui gli insegnanti li avevano considerati e di come avevano trasmesso ciò che, a quel punto, ci si aspettava da loro, proprio perché erano "brillanti".

Ovviamente, questa è un'affascinante esemplificazione del potere dei pregiudizi. Tuttavia, è anche un interessante esempio di come un insegnante possa favorire certe manifestazioni dell'intelligenza e di come un certo tipo di stimoli possano favorire la percezione della fiducia in sé stessi, che, alla fine, influenzano positivamente le prestazioni di un bambino, le quali a loro volta si traducono in un incremento della fiducia in sé stessi. Tutto ciò solleva una domanda interessante: se la valutazione positiva di un bambino, da parte di un insegnante, può produrre risultati positivi, allora che tipo di effetti producono quelle negative: scarso rendimento? Radicamento di un pessimo concetto di sé stessi che innesca la timidezza?

Una rapida occhiata, da non prendere così alla leggera

La peggior forma di valutazione negativa è l'abuso fisico. Punire pubblicamente un bambino può porre fine a un "comportamento presumibilmente indesiderabile", ma ha anche alcune conseguenze, a lungo termine, ancora meno desiderabili. Gli effetti collaterali di questa forma aggressiva di controllo includono non solo lo sviluppo di un atteggiamento negativo nei confronti della scuola, dell'insegnante, o dell'apprendimento in generale, ma anche assenze ingiustificate, vandalismo, umiliazioni al cospetto dei coetanei e timidezza.

Si presume generalmente che le punizioni corporali nelle nostre scuole vengano somministrate raramente, e con "mano leggera", agli studenti più grandi, che manifestino un comportamento distruttivo, il quale potrebbe costituire, a sua volta, una minaccia per l'insegnante e il mantenimento dell'ordine in classe. Tuttavia, le evidenze prodotte dalla ricerca indicano che tali ipotesi sono false. Le vittime primarie dell'abuso fisico, esercitato da parte degli insegnanti, sono i bambini che frequentano le scuole elementari, dalla prima alla quarta. Purtroppo, le punizioni sono spesso severe, dacché si va dalle percosse ai calci.

Alcune tattiche consigliate

In base ai risultati prodotti da questi studi, e anche considerando le nostre osservazioni, ci permettiamo di indicare le seguenti tattiche:

- Non etichettate come "timido" vostro figlio né agli occhi dell'insegnante né di chiunque altro; piuttosto, descrivetelo come "accorto", "riflessivo", "rispettoso delle opinioni degli altri". Un bambino tranquillo può essere ampiamente apprezzato in qualità di buon ascoltatore; dopotutto, c'è un premio per ogni "attore". Lasciate che il bambino si renda conto che ascoltate con attenzione le sue descrizioni e che siete interessati alla sua opinione. Ascoltate in modo critico, quindi rendete evidente il fatto che avete assunto la "postura associata a un ascolto attento", semplicemente sporgendo il busto e le spalle un po' in avanti. Guardatelo negli occhi per la maggior parte del tempo, di tanto in tanto distogliete lo sguardo, concedendovi di pensare a quel che avete sentito. L'approvazione va trasmessa senza interruzioni, mediante i cenni del capo, con altri semplici gesti e brevi espressioni, come, per esempio, "hmm, hmm", "davvero", "interessante", (o seguendo la moda attuale) "fantastico". I bravi ascoltatori, dotati anche di esperienza, parafrasano ciò che hanno sentito, per essere sicuri di aver ben compreso, riassumono, pongono una domanda, la quale dimostrerà che hanno prestato attenzione, e incoraggiano l'interlocutore, affinché contribuisca ulteriormente alla conversazione. Infine, un buon ascoltatore termina con un complimento, che renderà l'oratore desideroso di rendersi disponibile per un'ulteriore chiacchierata: "Mi è davvero piaciuto sentire cosa ne pensi". Persino a un bambino delle elementari può essere insegnato ad ascoltare in maniera adeguata, e anche a farlo con maggiore discernimento a mano a mano che cresce.

- Insegnate a vostro figlio come esprimere un complimento all'insegnante, un'esternazione alla settimana conquisterà il cuore della maggior parte dei docenti. «Il tempo passa così velocemente, perché ci divertiamo molto seguendo le tue lezioni» ha detto un bambino di seconda elementare, che non manifestava timidezza, al suo maestro, divenuto poi raggiante. «Leggi le storie in un modo così interessante», ha detto un altro bambino alla sua felice insegnante. Chiedete a vostro figlio che cosa ha fatto, o ha detto, l'insegnante, oppure quale sua caratteristica apprezza di più in ognuno dei suoi docenti. Quindi, trasformatelo in un complimento che, dapprima, il bambino riferisce a voi, per poi esternarlo, in modo appropriato e in privato, all'insegnante.
- Il mondo intero ama ricevere un complimento autentico e pochi di noi dichiarano di esserne saturi. Esprimete dei complimenti nei riguardi del vostro bambino timido ogni volta che potete, sollecitatelo a ricambiare e rinforzate ogni suo tentativo di complimentarsi con gli altri: «Jenny, dipingi così bene», «Mi piace la tua cravatta, Brian», «Tina è la migliore ballerina che frequenta il corso di danza». Ovviamente, quando il bambino riceve un complimento, rispondere con un "grazie" rappresenta sempre il riconoscimento più semplice e appropriato. (Nei capitoli successivi offriremo dei suggerimenti per fare e ricevere complimenti secondo modalità più avanzate.)
- Decidete se volete o meno permettere che un insegnante infligga, a scuola, una punizione corporale a vostro figlio. Qualora non riteniate sia il caso, esprimete chiaramente la vostra decisione, in forma scritta, sia all'insegnante sia al preside. Quantomeno, indicate le condizioni che considerate necessarie, come, per esempio, mai pubblicamente, solo quando viene adeguatamente spiegato il motivo della punizione. Ci sono molte alternative alla punizione corporale; per esempio, si possono considerare la perdita dei privilegi, gli incon-

tri in presenza dei genitori, le discussioni in classe in merito agli standard che definiscono i comportamenti accettabili e le responsabilità condivise in relazione alla disciplina. Ovviamente, la maggior parte dei "problemi di disciplina" si dissolvono sotto lo sguardo caldo e attento dell'insegnante o dei genitori. Si riducono anche quando si propongono percorsi di studio interessanti, attività stimolanti e regole ragionevoli, applicate in modo equo. La punizione rispecchia l'incapacità dell'adulto di garantire le corrette condizioni di equità, quelle che permettono a un bambino di agire in modo desiderabile ed efficace.

- Ciò che definisce la punizione a scuola un "tabù", per quanto ci riguarda, la rende tale, per le stesse ragioni, anche a casa. Quando colpite vostro figlio, ammettete di aver perso la capacità di controllare il suo comportamento, mediante l'impiego degli incentivi e delle ricompense positive. Un bambino che apprende di dover temere gli abusi fisici inflitti da un genitore può non fidarsi di ogni figura autorevole, ma questo è anche un segno distintivo che caratterizza le persone timide.

A VOLTE LA SOLUZIONE PUÒ ESSERE PARTE DEL PROBLEMA

Senza dubbio, ci sono molti fattori che possono determinare delle "difficoltà di apprendimento" e sappiamo che la timidezza è una di questi. In termini generali, come abbiamo già osservato, i bambini timidi non chiedono aiuto quando ne hanno bisogno, non corrono rischi e, spesso, la loro stessa timidezza fa sì che abbiano difficoltà a concentrarsi su quel che accade in classe.

Qualunque sia la causa delle difficoltà di apprendimento di un bambino, molti dei provvedimenti compiuti per aiutare chi manifesta lacune e deficit finiscono per avere un impatto negativo sull'immagine di sé, rendendo ancor più timido un individuo che già lo è, oppure, innescando la timidezza in un soggetto che non manifesta queste caratteristiche di personalità.

Per esempio, la ricerca che ha preso in esame la mancata promozione (ovvero la ripetizione della classe) ha mostrato che tale provvedimento si rivela un mezzo generalmente inefficace per aiutarli a "recuperare". Numerosi osservatori hanno evidenziato che non solo la mancata promozione non aiuta, ma può anche rendere ancor più complicato il dover affrontare la classe successiva. G. G. Malinson e J. Weston hanno osservato che i bambini che non vengono promossi tendono ad apprendere meno di quanto avrebbero fatto, se fossero stati promossi. Sono meno motivati e tendono ad apparire maggiormente disadattati. Gli studi condotti da Philip E. Kraus sembrano indicare che i bambini che oggi vengono bocciati, potrebbero essere gli emarginati di domani. Ovviamente, fermare un bambino nel suo percorso formativo può rivelarsi dannoso per la sua autostima, e può innescare una sequela caratterizzata da continui insuccessi, i quali fanno sì che quella stessa autostima diminuisca continuamente. Come ci ha riferito una madre di quattro bambine: «Non permetterei mai a nessuno di bocciare uno dei miei figli. A me è successo, non ho mai recuperato, e quel trauma non l'ho mai superato. Mi sono sentita inadeguata e timida per la maggior parte della mia vita, proprio a causa di quell'evento». La madre di un figlio, ormai divenuto adulto, ci ha riferito di aver permesso che suo figlio fosse fermato in seconda media. «È timido, non sono certa che sia dipeso da quella bocciatura. Ma è timido e ha abbandonato la scuola superiore, nel corso del primo anno».

Un approccio alternativo è quello di favorire e valorizzare un bambino che manifesti un "apprendimento lento", offrendogli lezioni o aiuti speciali. Come abbiamo osservato nell'esempio di Suzy, in alcuni sistemi scolastici, per accedere a tale percorso occorre ricevere una particolare etichetta, per esempio, "svantaggiato dal punto di vista formativo", "ipercinetico", "iperattivo", "emotivamente disturbato", "dislessico", "affetto da difficoltà di apprendimento", "ritardato", per citarne solo alcune che, dice la psicologa Louise Bates Ames, del Gessell Institute of Human Development, “sono ampiamente abusati”. E che, secondo Julius Segal e Herbert Yahraes, sono impiegati in modo scorretto.

Inoltre, affermano Segal e Yahraes, possono determinarsi effetti collaterali negativi. I bambini sono i membri della società che hanno maggiori probabilità di risultare vittime delle etichette. «Soprattutto nelle scuole, i nostri giovani sono troppo facilmente etichettati come “ritardati”, “disturbati”, “delinquenti”, o anche peggio». Tali etichette, continuano gli autori, sono spesso stigmatizzanti per il bambino, e innescano un processo attraverso il quale può venir allontanato ingiustamente dai normali contatti sociali con altri coetanei. «Peggio ancora, i bambini che hanno ricevuto delle etichette possono infine incorporare nel loro concetto di sé i “marchi” attribuiti loro, e possono financo arrivare a credere nella loro validità, al punto che la vita diventa una profezia che si autoavvera».

TIMIDEZZA E DEFICIT PERCETTIVI

Studi condotti nelle scuole pubbliche di New York City hanno evidenziato che un numero considerevole di bambini inseriti nelle classi speciali risulta non essere affetto da un disturbo dell’apprendimento, bensì da un deficit della vista o dell’udito che non è stato diagnosticato. È facile comprendere perché un bambino possa sembrare poco intelligente se non è in grado di seguire le istruzioni impartite dall’insegnante, o percepire i termini dei problemi da risolvere, semplicemente in ragione del fatto che non li ha visti o sentiti correttamente.

È stata sottoposta alla nostra attenzione l’idea che un simile travisamento si verifichi tra la questione della timidezza e quella dei deficit sensoriali. I giovani, o anche gli adulti con problemi di udito che coinvolgono una o entrambe le orecchie, possono non sentire i nomi durante le presentazioni, oppure i commenti rilevanti in una discussione. Se sono consapevoli delle condizioni del loro udito, potrebbero comunque rivelarsi imbarazzati nell'ammettere questo "difetto". Tuttavia, le conseguenze sono peggiori quando altri giudicano, erroneamente, la persona con problemi di udito come disinteressata, o "lenta di comprendonio", e quando un individuo trova imbarazzante chiedere che qualcosa venga ripetuto. In un certo numero di casi, tale processo ha contribuito allo sviluppo della timidezza e all'evitamento delle situazioni sociali.

Ricordando la sua timidezza infantile, un brillante radiotecnico, con cui abbiamo parlato, ci ha riferito che è diventato timido perché la sua percezione visiva era talmente deficitaria che non era mai sicuro di leggere correttamente il testo contenuto in una pagina, o ciò che era scritto sulla lavagna, quindi non partecipava molto alle attività svolte in classe. Ha aggiunto che non voleva mostrare la propria "stupidità", commentando erroneamente o chiedendo dei chiarimenti. Immaginiamo che un bambino con un deficit uditivo possa reagire in modo simile e, quindi, rivelarsi in difficoltà non solo per un problema di udito, ma anche impacciato per un "problema di apprendimento".

La timidezza stessa determina uno svantaggio simile a quei deficit somatici che interferiscono con l'apprendimento. Conosciamo bambini timidi, dotati d'intelligenza media, che sono giudicati "lenti", "scarsamente motivati" o "distratti". Appaiono così, agli occhi degli insegnanti, perché questi allievi sono spesso preoccupati da pensieri negativi che traggono origine dall'ansia, dalla paura di essere messi in difficoltà e così via. Nella misura in cui si concentrano su tali messaggi interiori, non possono completamente focalizzare l'attenzione sulle fonti di informazione in ingresso. In questo modo, la timidezza limita la capacità di elaborazione delle informazioni del bambino. Quindi, rendendosi conto che dovrebbero conoscere la risposta a un problema di matematica, o dovrebbero dire "repetez s'il vous plait" – senza poterlo fare – la loro apprensione per la comunicazione aumenta ancora di più. È quindi importante che insegnanti e genitori riconoscano i modi in cui la timidezza possa determinare una falsa percezione delle capacità o delle motivazioni di un bambino.

Una prospettiva diversa in merito alle etichette ci viene offerta dalla Repubblica popolare cinese. Agli psicologi e agli educatori che visitano le scuole cinesi, e chiedono informazioni sui corsi per i "bambini ritardati", viene detto che, in Cina, non ce ne sono. A questi visitatori viene detto che ci sono ovviamente bambini che hanno bisogno di più attenzione da parte dell'insegnante, o che richiedono programmi di lezioni speciali più adeguati al loro ritmo di apprendimento ottimale. Peraltro, i bambini non sono ritardati, piuttosto è deficitario il sistema educativo che non riconosce questa verità.

Il messaggio per noi è chiaro: non è il caso di essere tanto ansiosi di attribuire delle etichette negative ai bambini. Non solo tali etichette categorizzano un bambino in quanto "diverso", ma lo incolpano per il comportamento "problematico" che agisce, finendo per assolvere il sistema scolastico, la famiglia, la società, in merito alle loro responsabilità associate alla determinazione di manifestazioni comportamentali indesiderabili. In altre parole, non chiedete cosa vostro figlio abbia evitato di fare per il sistema, bensì in che modo quel sistema stesso abbia determinato le sue difficoltà.

Un'altra modalità, attraverso la quale gli insegnanti attribuiscono delle etichette ai bambini, passa per l'impiego dei registri nei quali vengono annotate tutte le loro attività. Per esempio, un bambino dell'asilo può essere considerato "difficile" da un particolare insegnante, il quale annoterà sul registro che è "difficile da gestire", "disattento", "iperattivo", "timido", oppure stilerà qualche altra descrizione negativa in merito al suo comportamento in classe. Quel registro "segue" quel bambino, cosicché non ha mai davvero la possibilità di ricominciare da capo con un nuovo insegnante, perché, prima di mettere piede nella nuova classe, molto probabilmente quel docente si sarà già formato un'opinione su di lui. Tuttavia, si dà il caso che quel bambino non corrisponda alla descrizione offerta dall'insegnante precedente, dacché è possibile che tra docente e alunno non si sia stabilita una relazione serena e proficua. D'altra parte, anche quando la valutazione espressa dall'insegnante è corretta, non tiene conto di cos'altro potrebbe essere accaduto, nella vita di quel bambino, che potrebbe dar conto di alcuni suoi comportamenti, mentre la situazione, nel corso dell'anno successivo, potrebbe essere completamente differente.

I genitori dovrebbero far valere il diritto di ispezionare periodicamente i registri che riguardano i loro figli e di far cancellare i commenti lesivi e dannosi per il processo di formazione che i loro figli stanno intraprendendo a scuola.

In ragione dei danni che le etichette negative possono determinare, quando è possibile non permettete che a vostro figlio ne venga attribuita qualcuna. Se tutto ciò è necessario, affinché un bambino possa essere inserito in una classe di recupero, chiedete un'altra opinione. La madre di una bambina che frequentava la prima media ci ha riferito che accettare il fatto che suo figlio venisse etichettato come "svantaggiato dal punto di vista formativo" è stato il peggior errore che abbia mai commesso. «Penso che abbia decisamente contribuito alla sua timidezza», ha aggiunto. «Molto tempo dopo che quell'etichetta non lo riguardava più, pensava ancora a sé stesso in quei termini, spesso descrivendosi come "un manichino" o "un perdente"». L'alternativa indicata da questa madre come quella preferibile è il tutoraggio privato. Nondimeno, troppo spesso, i genitori, pur ben intenzionati, si rivelano i peggiori nemici dei loro figli, dacché applicano loro un'etichetta che nemmeno si attaglia. Considerate il seguente esempio:

«Ho un problema con mio figlio adolescente, dottor Zimbardo», mi ha detto un dirigente della NBC-TV. «È terribilmente timido con le coetanee, anche se è un bel ragazzo. Non ha molti amici intimi e passa molto tempo da solo, anche se si rivela un bravo ragazzo, una volta che lo si conosce. Mi chiedo se ho qualcosa a che fare con ciò che causa questo suo problema. Vede, quando aveva circa nove o dieci anni, per qualche ragione che nemmeno riesco a ricordare, gli ho attribuito questo soprannome: "Dummy". Non è negativo come sembra, perché gli attribuivo un significato particolare. Per me, era solo un vezzeggiativo. Tuttavia, i suoi fratelli hanno poi iniziato a utilizzarlo e lui si è un po' bloccato».

Credereste che un genitore, che si presume intelligente e amorevole, possa fare una cosa del genere? Permettere che, in famiglia, si continui a chiamare il proprio figlio "Dummy", per poi chiedersi se ciò potrebbe ledere il suo ego? Sfortunatamente, tutto ciò succede più spesso di quanto dovrebbe accadere.

I programmi televisivi per bambini validano ulteriormente l'impiego delle etichette per designare qualcuno, in quanto inferiore oppure diverso. Anche gli autori solitamente sensibili di "Sesame Street", a volte, commettono uno "scivolone", perciò qualcuno viene chiamato "stupido". Vostro figlio dovrebbe essere pronto a segnalarvi l'impiego di tali "parole negative", indicando chi le ha pronunciate, a chi sono state rivolte e in quali circostanze. Un effetto secondario di questa modalità di sorveglianza in merito all'attribuzione delle etichette negative è che vostro figlio avrà minori probabilità di impiegarle nei confronti degli altri, oppure quando parla di sé stesso.

Stiamo raccogliendo evidenze volte a mostrare che i bambini che si sono descritti come timidi hanno maggiori probabilità di considerare le cause di una varietà di problemi come colpe attribuibili alle persone, piuttosto che come conseguenze di fattori situazionali. È così che diventano maggiormente intolleranti nei riguardi degli altri (e anche verso loro stessi). Per esempio, vostro figlio sceglierebbe l'opzione a (situazionale) o l'opzione b (intollerante):

1. Mary ha perso il cappotto. Come mai?
   a. Qualcun altro le ha preso il cappotto per errore.
   b. Mary è smemorata.
2. Jimmy ha lasciato cadere i piatti. Come mai?
   a. Il gatto gli è passato davanti improvvisamente.
   b. Jimmy è stupido.
3. Sally è scivolata ed è caduta. Come mai?
   a. C'era dell'acqua per terra che l'ha fatta scivolare.
   b. Sally è goffa.

Quando le etichette vengono attribuite da altri bambini, potete davvero fare qualcosa al riguardo. A noi genitori viene detto, così spesso, di non lasciarci coinvolgere nelle beghe dei nostri figli, che finiamo per dimenticare cosa ciò significhi veramente, e come vada intesa quella regola. Una cosa è proteggere continuamente un bambino per dei litigi tra pari, un'altra è invece intervenire quando un bambino viene considerato come un capro espiatorio da molti altri coetanei. Quando tutto ciò accade a scuola, la prima domanda che un genitore dovrebbe porsi è: "Perché è stato permesso?". Tale quesito andrebbe posto all'insegnante e anche al preside. Poi, a entrambi dovrebbe essere detto che fatti del genere non saranno tollerati.

Per esempio, se diversi bambini si riferiscono a vostro figlio impiegando un certo tipo di epiteti come, per esempio, "quattro occhi", "ciccione" o "brutto", meriterebbero di essere rimproverati dall'insegnante e, se necessario, anche dal preside. Qualora lo si ritenesse opportuno la questione dovrebbe essere portata all'attenzione dei genitori, da parte dell'insegnante o dal preside.

Il fatto che tutto ciò sia gestito nel contesto della scuola esclude che si tratti di un caso inquadrabile facendo riferimento all'iperprotezione e alle interferenze esercitate dai genitori. Sentirsi dire da insegnanti e presidi che non è permesso schierarsi a favore di un bambino ha un impatto enorme.

Un certo tipo di atteggiamento favorisce tutti i soggetti coinvolti. Il bambino che viene schernito non è solo sollevato dalla "tortura", ma anche rinforzato dalla consapevolezza di essere protetto da attacchi ingiusti (un'evidenza che può riservare l'ulteriore vantaggio di insegnargli il rispetto e la fiducia nei riguardi delle autorità, invece di indurlo a temerle); d'altra parte, i bambini che stanno canzonando un coetaneo ricevono una lezione in merito ai valori.

Tuttavia, il punto principale che vogliamo sottolineare in questo contesto è: non permettete a nessuno di attribuire un'etichetta negativa a vostro figlio, nemmeno a voi stessi, e, ovviamente, non permettete che venga etichettato come "timido".

In maniera quasi paradossale, scrivendo un libro sulla timidezza, ci augureremmo che i nostri lettori non etichettassero gli altri come "timidi". Si tratta di un'aggettivazione troppo globale, vaga e negativa. Inoltre, è qualcosa di non osservabile; dunque, non è altro che il frutto di inferenze compiute in base a ciò che percepite. Meglio descrivere con precisione come reagisce il bambino in situazioni particolari, piuttosto che usare la timidezza come un "ombrello" che comprenda tutto ciò che sta accadendo. Facciamo un esempio: «Non guardi le persone negli occhi quando parli con loro e questo le pone a disagio». «Quando accedi a un nuovo contesto, non saluti né chiedi, agli altri bambini, se puoi partecipare al gioco. Sarebbe bello che tu lo facessi». In questo modo, aiutiamo a stabilire il rimedio mentre offriamo la nostra diagnosi.

LA SILENZIOSA PRIGIONE DELLA TIMIDEZZA

> Nell'infanzia il paradiso è in noi!
> Le ombre della prigione iniziano a chiudersi
> quando il bambino (e la bambina) cresce.
>
> *William Wordsworth*

Troppo spesso, sembra che quel bambino affascinante, carino e amabile, che non può fare nulla di male si trasformi in uno alunno delle elementari che non sa compiere il bene. Il bambino cambia? Oppure cambiano le nostre richieste e i nostri standard? Ovviamente entrambi, ma alla maggior parte degli adulti sembra che il bambino sia cambiato in peggio, nonostante i nostri migliori sforzi per realizzare il contrario.

Le osservazioni sulle interazioni genitore-figlio e insegnante-allievo in questi anni caratterizzati da rapidi cambiamenti ci rendono consapevoli della grande responsabilità che gli adulti devono assumersi in merito a ciò che diventerà il loro bambino, al di là dei cambiamenti evolutivi che regolano il passaggio dall'infanzia alla fanciullezza. Ci mostriamo meno affettuosi, o quantomeno esprimiamo meno apertamente i nostri sentimenti positivi verso il fanciullo, rispetto a come ci comportavamo nell'interazione con l'infante. Ci dimostriamo maggiormente punitivi e minacciosi: urliamo, deridiamo, ci lamentiamo e vessiamo il bambino quanto più si mostra indipendente e meno indifeso.

Se i bambini di due anni sembrano "terribili" ai genitori, immaginate quanto appare "fastidiosa e spiacevole" la vitalità di quelli che ne hanno sei o più. I genitori si trasformano in guardie carcerarie che inventano, e applicano costantemente, regole volte a limitare la libertà del bambino. «Non farlo», «Non devi farlo», «Quante volte devo dirti che sarai punito se...», «Perderai ogni privilegio per una settimana», e la litania continua. I genitori parlano ai propri figli impiegando termini e toni con i quali non penserebbero di rivolgersi ad alcun altro essere umano! Non è infatti eccessivo utilizzare la metafora del prigioniero-guardia per caratterizzare la relazione genitore-figlio (e poi insegnante-allievo). Le regole prendono il posto della ragione e della discussione, i ruoli sostituiscono le personalità, i comandi rimpiazzano la negoziazione democratica e le punizioni per la violazione delle regole soppiantano gli incentivi all'amore.

Considerate l'analogia del "buon detenuto" in relazione al bambino timido che cresce in una "prigione" psicologicamente coercitiva. I detenuti non forniscono informazioni volontariamente, non cercano contatti con le autorità, sono sospettosi nei riguardi di coloro che sono in qualche modo diversi, finiscono per fare affidamento su un ambiente altamente strutturato, si sentono a disagio in ambienti permissivi e, di solito, obbediscono agli ordini.

Una checklist che si riferisce a ciò che gli insegnanti ci hanno detto di cercare, quando si osserva un bambino in classe o in altri contesti sociali, include una serie di elementi che descrivono il bambino timido in quanto paragonabile a un detenuto. Vostro figlio è:

- riluttante ad avviare conversazioni o attività, esprimere nuove idee, offrirsi volontario o porre domande?
- riluttante a imporre una "struttura" alle situazioni ambigue, ponendo domande, regole, oppure riordinando fisicamente gli oggetti?

- riluttante a parlare tanto quanto i bambini che manifestano timidezza con i compagni di classe, lasciando che si dispieghino lunghi periodi di silenzio e interrompendo il meno possibile gli altri coetanei?
- incapace di gestire situazioni "permissive", come, per esempio, quando si tratta di ballare?
- incontra, con maggior probabilità, problemi particolari quando le regole non sono indicate?
- impiega meno frequentemente i gesti, eseguiti con le mani, rispetto ad altri individui?
- è più probabile che passi del tempo al suo posto ed è meno facile vederlo girovagare e parlare con altri bambini?
- è più probabile che obbedisca agli ordini senza porre domande e, difficilmente, si rivela importuno?

Immaginate di essere a capo di una commissione per la riforma carceraria e di dover osservare come viene trattato, sul piano umano, vostro figlio a casa vostra e a scuola. Cercate di prendere le distanze, affinché possiate essere quanto più possibile obiettivi. Quante volte il bambino viene fatto sentire inadeguato e inferiore, invece che competente e desiderabile? Con quale frequenza viene impiegata la coercizione, per suscitare risposte specifiche nel bambino, invece di porre richieste motivate? Con quale frequenza il bambino viene ignorato e non gli si parla direttamente, invece di riservargli un ruolo adeguato nella conversazione?

A partire da questa prospettiva associata a una sorta di "preoccupazione distaccata", vorremmo che voi valutaste quanto, e in che modo, la scuola sta contribuendo alla manifestazione della timidezza di vostro figlio, rispetto ad altri fattori presenti in casa e nel quartiere.

CONTRO IL MURO DELLA SCUOLA

Prima di tutto, chiedete a vostro figlio cosa pensa dell'insegnante: si sente a suo agio in sua presenza? L'insegnante è amichevole con tutti gli alunni? L'insegnante si mostra amichevole con vostro figlio? Vostro figlio sente che l'insegnante si dispone per aiutarlo?

Successivamente, grazie alle vostre osservazioni in classe, rispondere alle seguenti domande vi aiuterà a valutare quanto sia sensibile l'attuale insegnante di vostro figlio ai bisogni dei bambini, e quanto possa rivelarsi sensibile nei riguardi, in particolare, di quelli che manifestano timidezza.

1. L'insegnante interagisce e interpella i bambini secondo modalità che sembrano porli a proprio agio o a disagio? Quando esprime le critiche oppure le lodi?

Abbiamo appreso, parlando con un certo numero di studenti, che i bambini possono provare emozioni ascrivibili alla timidezza, quando vengono interpellati per qualsiasi motivo, anche quando ricevono complimenti. Una studentessa universitaria, per esempio, ci ha detto che il suo insegnante di seconda elementare l'ha costantemente considerata, in classe, una sorta di modello di ciò che si definisce un'eccellente studentessa. Non solo tutto ciò l'ha fatta sentire timida, ha riportato, ma l'ha anche esposta a «un doppio smacco, perché gli altri bambini si erano risentiti nei miei confronti, ed erano giunti a dirmi che io ero "il pet dell'insegnante"».

Osservate in che modo un docente interagisce con un bambino per punirlo o lo pone al centro dell'attenzione dei coetanei, come ha fatto l'insegnante di Suzy. Se un docente si comporta in un certo modo con un bambino diverso dal vostro quando voi siete in classe, è lecito ipotizzare che farebbe lo stesso con vostro figlio quando voi non sarete presenti.

2. Il docente fa paragoni tra uno studente e i suoi fratelli "più brillanti", ai quali ha insegnato nel corso degli anni scolastici precedenti?

È già abbastanza inadeguato fare confronti tra gli studenti che compongono una classe, ma è ancora peggio quel tipo di paragoni che, a volte, viene proposto da un docente che ha insegnato a più di un bambino che appartiene alla stessa famiglia.

Una donna ci ha raccontato del problema che, a suo tempo, si era generato con la sua sorellina: «Mia sorella Mary non era il "tipo brillante e geniale" che ero io… ebbene, quella povera ragazzina non solo doveva seguire le mie orme, ma dovette confrontarsi con i miei stessi insegnanti, durante le scuole medie e le superiori. Spesso le dicevano: "Tua sorella, Joan, andava così bene. Cosa c'è che non va in te?". Queste esternazioni fanno sì che una persona si chiuda nel proprio guscio più velocemente che in qualunque altra condizione. Mary, non a caso, oggi è piuttosto timida».

Quando un insegnante si comporta così, ovviamente, dimostra di non essere affatto sensibile all'autostima del bambino, né al problema della timidezza.

3. L'insegnante si sforza di ridurre il numero di attività inessenziali e potenzialmente lesive, come, per esempio, la distribuzione dei biglietti di S. Valentino o degli inviti alle feste, quando tutti i bambini non sono inclusi?

A meno che genitori e insegnanti non si dimostrino particolarmente sensibili a queste questioni, accadrà che i bambini più avvenenti e popolari di una classe riceveranno il maggior numero di biglietti di S. Valentino, mentre alcuni altri ne riceveranno solo pochi o, addirittura, nessuno. Senza dubbio, molto tempo dopo che il divertimento della festa sarà stato dimenticato dai ragazzi più popolari, quelli che lo sono meno serberanno in loro il dolore associato all'ennesima infelice evidenza, che dimostra quanto poco siano degni di attenzione. Lo stesso vale per la distribuzione degli inviti alle feste in classe, quando vengono invitati quasi tutti, escludendo però alcuni bambini.

4. L'insegnante è in grado di controllare la classe?

Pensiamo che sia importante, per la percezione del senso di sicurezza da parte dei bambini, che l'adulto, al quale è attribuito il ruolo di responsabile, abbia il controllo della situazione, indipendentemente dal fatto che si tratti di un genitore o di un insegnante. Quando ciò non accade, i bambini "approfitteranno" della situazione, sebbene, in realtà, non sia per loro favorevole, anzitutto, perché interferisce con il processo di apprendimento. In sintesi, l'insegnante che è in grado di controllare la classe è colui che ispira fiducia nei suoi studenti.

5. L'insegnante è incline a manifestare la propria collera?

Potreste non assistere mai, in prima persona, a una manifestazione di collera, ma, d'altronde, potrebbe anche capitarvi. Ci è stato riportato il caso di un'insegnante che disponeva la sua classe in cerchio e, quando un bambino parlava a sproposito, veniva invitato a sedersi su una sedia posta al centro, per esser poi sottoposto a una sfuriata da parte del docente stesso. In altre occasioni, quello stesso insegnante lanciava delle sedie da un capo all'altro dell'aula, quando uno studente si comportava in un modo che riteneva inadeguato. Inutile dire che queste pratiche rendono i bambini molto nervosi. Come ci ha riferito un ragazzo di undici anni: «Non sai mai quando toccherà a te. A volte, pensi che potrebbe romperti un braccio, o qualcosa del genere».

6. L'insegnante ha aspettative realistiche in merito a ogni bambino?

Nel libro intitolato *The myth of the happy child*, la psicologa Carole Klein racconta la storia di Robert, un bambino di sei anni. Sembrava che Robert non fosse in grado di allacciarsi le scarpe senza l'aiuto dell'insegnante. Tuttavia, quella docente sosteneva che i bambini di sei anni, "dovrebbero" essere in grado di allacciarsi le scarpe. Se un numero sufficiente di coetanei nella classe di Robert era in grado di padroneggiare questa abilità, considerata tanto importante da quella docente, allora anche Robert non poteva esimersi, quindi quella sua incapacità era una prova della sua incompetenza. Nel caso di Robert, la sua insegnante rispose alla situazione con sospiri pesanti ed esagerati, manifestando un atteggiamento volto a esprimere un totale disprezzo e, alla fine, avrebbe chiamato un altro bambino per aiutare Robert ad allacciare le scarpe. Robert poi si sedette e fu costretto a sopportare le risatine, e gli scherni, dei suoi coetanei.

Come sottolinea Klein: «Una forza tanto potente, che si manifesti a scuola, può indurre un condizionamento che altera la traiettoria di sviluppo di un bambino, rivelandosi preponderante anche rispetto all'atmosfera rilassata e più comprensiva che si manifesta nel contesto familiare». Sebbene la madre di Robert si metta a ridere, lo copra di baci, quando confessa il suo fallimento, e commenti dicendo «Chi se ne frega di una cosa così sciocca?» e «Ti prometto che quando andrai al college saprai allacciarti le scarpe», quel bambino non appare affatto confortato, perché: «è certo, tanto quanto sa qual è il suo nome, che non sarà mai abbastanza intelligente da poter frequentare il college».

Tali umiliazioni permangono nell'animo dei bambini, anche a distanza di molto tempo dopo che sono riusciti a rimediare a quel "fallimento", e non ci sono ricompense di sorta, quando la motivazione è quella di evitare la vergogna, un'eventualità che, nel caso di Robert, non è stata nemmeno scongiurata. Esponendo al ludibrio quel bambino, l'insegnante potrebbe aver innescato un pattern associato a quella timidezza che Robert avrebbe manifestato durante tutto il periodo della scuola elementare.

7. L'insegnante permette ai bambini di schernire, o beffare altri bambini in modo offensivo, per esempio prendendoli in giro per via delle differenze fisiche? Permette a più bambini di coalizzarsi e accanirsi contro un altro coetaneo?

Quando un insegnante lascia che tutto ciò accada, come ha sicuramente fatto l'insegnante di Robert, non si dimostra indifferente soltanto nei riguardi della timidezza, bensì si dimostra del tutto insensibile. D'altra parte, la scuola dovrebbe essere un luogo in cui i nostri figli imparano qualcosa in merito ai valori e alle abilità sociali. Chiaramente, non è questo il modo in cui si garantirà questo genere di apprendimento.

8. L'insegnante favorisce la libera espressione e incoraggia tutti i bambini a partecipare, "democraticamente", quando alzano la mano per porre una domanda o esprimere una considerazione? Oppure pare coinvolgere sempre gli stessi studenti più e più volte?

È evidente che un bambino, interpellato frequentemente dall'insegnante, riceve dei rinforzi diversi rispetto a un coetaneo a cui viene concessa raramente, o mai, l'opportunità di intervenire. Quest'ultimo bambino può facilmente interiorizzare la percezione che ciò che ha da dire non merita di essere ascoltato.

D'altra parte, quando un insegnante incoraggia la partecipazione di tutti i bambini, crea un ambiente in cui tutti si sentono a proprio agio e, quindi, percepiscono che il loro contributo è importante.

Quando un insegnante non offre una risposta ai bisogni dei bambini che necessitano di aiuto per apprendere certi concetti, banalmente, non insegna loro nulla; quindi, figuriamoci cosa potrebbe fare per favorire i più timidi a "uscire dal guscio".

9. Una domanda difficile a cui rispondere è: c'è un capro espiatorio in classe?

Se, dopo aver osservato più volte la classe, vi rendete conto che un bambino viene criticato, o rimproverato, oppure osservate che all'insegnante non piace, è probabile che diventi il capro espiatorio designato dal docente stesso. Un buon insegnante che ha una pessima relazione con un bambino in particolare sarà in grado di riconoscerlo e cercherà di inibire la propria propensione a prendersela con lui. Tuttavia, un insegnante ci ha fatto presente che la risposta più sana a un problema del genere implicherebbe discuterne col preside e far inserire il bambino in un'altra classe. «Non potevo espormi al rischio», ha riferito, «di prendere di mira un ragazzo della mia classe, semplicemente perché le nostre personalità si erano scontrate. Quindi, credo di aver fatto un favore a entrambi. La sua nuova insegnante mi ha detto che lo considera un bravo ragazzo».

Siamo inclini a pensare che quando un insegnante sceglie di occuparsi di un bambino che non gli piace, pur avendo la possibilità di fargli cambiare classe, potrebbe preferire tale opzione semplicemente perché ha bisogno di un capro espiatorio. Gli studi sulle dinamiche relative agli abusi, a cui sono sottoposti i minori, rivelano che l'unica caratteristica pericolosa delle persone, che hanno bisogno di individuare dei capri espiatori, è che se ne perdono uno, ne trovano un altro. Sappiate che, nel contesto della classe, vostro figlio potrebbe essere considerato un potenziale bersaglio, specialmente se la timidezza lo rende vulnerabile.

Ci auguriamo che le vostre risposte a queste domande vi abbiano offerto alcuni spunti per stabilire se l'ambiente scolastico, attualmente frequentato da vostro figlio, favorisca l'acquisizione della fiducia in sé stessi oppure promuova la timidezza. Se ritenete che si dia questo secondo caso, allora vi consigliamo, se possibile, di attivarvi per consentire l'inserimento di vostro figlio in un'altra classe. Vi consigliamo inoltre di osservare qualche lezione, nell'eventuale nuova classe, prima di avallare definitivamente il trasferimento di vostro figlio.

Ci rendiamo conto che la dimensione della classe sia un fattore che rispecchia abbastanza bene quanto un insegnante possa aiutare quei bambini che ha identificato in quanto timidi. In una classe di cinquanta o sessanta studenti, i bambini possono facilmente nascondersi nella confusione, i timidi possono ulteriormente disporsi in secondo piano; inoltre, ci sono meno opportunità, per gli alunni, di esercitare le abilità verbali attraverso la partecipazione. Ci sono più persone di cui ridere, quando viene commesso un errore, rispetto a una classe più piccola, diciamo, di venti studenti. Le aule grandi, sempre più diffuse nelle nostre scuole pubbliche, non solo potrebbero rendere più difficile l'acquisizione di informazioni da parte dei nostri figli, ma potrebbero anche favorire le manifestazioni della timidezza, le quali, quando si esprimono in forma florida, inibiscono il processo di apprendimento, incrementando la rilevanza dei sentimenti associati alla bassa autostima.

Forse, dopo che tutto è stato detto e fatto, il meglio che possiamo augurarci, in qualità di genitori, è che gli insegnanti prestino molta attenzione ai saggi consigli offerti da un ragazzo di prima media. Quando Philip Kraus ha chiesto ad alcuni bambini di completare per iscritto, la seguente frase "Se fossi un insegnante..." quello studente ha scritto:

Le mie regole in classe sarebbero:

1. Lasciate che gli studenti possano conversare due volte al giorno.
2. Non siate crudeli con loro, dopotutto, sono solo bambini.
3. Non limitatevi a insegnare, divertitevi con loro.
4. Fate in modo che ognuno si senta parte di una grande famiglia felice. Evitate che qualcuno sia ostracizzato. Ricordate che ognuno è titolare di una vita, e che tutti vogliono essere benvoluti a scuola e a casa. Grazie.

DISCUTERE E AVER A CHE FARE CON GLI INSEGNANTI

Dopo aver parlato con un certo numero di genitori ci è parso evidente che molti considerano gli insegnanti e gli altri funzionari scolastici come delle "autorità assolute" che conoscono, ben più di loro, sia i bambini in generale sia i loro figli. Quindi, indipendentemente da ciò che un genitore può percepire, pare diffusa la tendenza a rimettersi agli "esperti", lasciando che le affermazioni di un insegnante prevalgano sulle intuizioni e sui migliori giudizi di un genitore.

A complicare le cose c'è il fatto che alcuni genitori, specialmente quando introducono a scuola i loro primogeniti, paiono intimiditi dal personale scolastico. Come ha osservato una madre: «Quando ho iniziato ad andare alle riunioni tra genitori e insegnanti, mi sentivo come se avessi sei anni. L'insegnante di mia figlia era la mia insegnante, il preside della scuola era il mio preside, e percepivo che sarebbe stato meglio che mi comportassi bene. Non mi ha certo aiutato il fatto che mi fossi seduta su una sedia minuscola, mentre l'insegnante sedeva dietro alla sua cattedra, guardandomi dall'alto in basso». Come molti altri genitori, ci ha riferito che era preoccupata di essere valutata in quanto madre, una condizione che la poneva in netto svantaggio.

È utile, nei rapporti con gli insegnanti e le altre persone che lavorano nella scuola, essere consapevoli del fatto che queste figure possono suscitare tali sentimenti di ansia; tuttavia, occorre poi ricordare, a noi stessi, che un insegnante non può sapere di più su un bambino, che fa parte di un gruppo di trenta alunni ed è stato nella classe di quel docente solo per poche settimane o mesi, di un genitore che ha vissuto con suo figlio fin dal momento della nascita. Conoscete vostro figlio meglio di chiunque altro. Se avete cresciuto bambini per un certo numero di anni, la vostra esperienza vi qualifica come esperti.

Quel che l'insegnante può offrirvi riguarda delle informazioni sulle prestazioni e sul comportamento in classe di vostro figlio, e dirvi quanto va d'accordo con i coetanei.

Assumete un atteggiamento aperto quando parlate con gli insegnanti, ma non lasciate che certe preoccupazioni, in merito alla valutazione di voi stessi, interferiscano con l'ottenimento di informazioni, o alterino la fiducia che riponete nei vostri giudizi migliori. La prima regola, nell'affrontare i problemi che emergono con gli alunni, è: non accettate pedissequamente le affermazioni di un insegnante; se avete delle perplessità, ponete delle domande.

- È utile scrivere in anticipo sia le domande sia le vostre considerazioni su una scheda, quindi assicuratevi di esporle tutte una dopo l'altra. Questa tattica è utile quando si ha a che fare con medici, avvocati, o altri esperti spesso molto occupati. Dimostrate che siete preparati e la vostra ansia non interferirà con l'esposizione delle vostre idee e puntualizzazioni. Spesso l'insegnante, o la persona dotata, in un qualche contesto, di una certa autorità, dirà: «Ci sono altre questioni della tua lista che non abbiamo trattato?», quindi non pensate che la vostra "lista della spesa" vi farà sembrare sciocchi, dacché, al contrario, vi consentirà di ottenere migliori risultati. In base alla nostra esperienza, i genitori che arrivano preparati in questo modo, vengono alquanto rispettati, proprio per aver dimostrato questo tipo di impegno e di attenzione.
- Non cadete nella trappola: "Quale sembra essere il problema di mio figlio?". C'è forse un problema che vostro figlio sta affrontando, ma potrebbe esserci, invece, "il problema della scuola", oppure "il problema dell'insegnante". Non penalizza-

tevi, chiedendo scusa per il problema associato alla timidezza di vostro figlio. Invece di dire: «Perché mio figlio ha dei problemi nel farsi degli amici?», chiedete: «Perché gli altri bambini, in questa classe, non si dimostrano maggiormente amichevoli nei confronti di mio figlio?».

- Distinguete e tenete separate le conclusioni di un insegnante, e la sua valutazione complessiva, dalle dichiarazioni descrittive del comportamento in questione e del contesto in cui si verifica. Dovete individuare nel modo più specifico possibile ciò che vostro figlio dice o fa (o non fa) e che non è considerato desiderabile, per poi stabilire in quali circostanze accade. "Piantagrane", "svogliato", "socialmente ansioso", "ipercinetico", "timido" sono concetti ampi che possono significare cose molto differenti, soprattutto quando sono riferite a persone diverse. Volete individuare con precisione quali sono state le manifestazioni comportamentali che hanno indotto qualcuno a descriverle mediante quegli attributi astratti.

FATTORI DIVERSI DALLA SCUOLA

Se, dopo averlo osservato in classe, siete convinti che vostro figlio sia timido, e non riuscite ancora a individuare con esattezza qualcosa che nell'ambiente scolastico possa alimentare la sua timidezza, allora rispondere alle seguenti domande potrebbe offrirvi qualche indizio.

1. Altri membri della famiglia rivolgono a questo bambino in particolare delle critiche o degli scherni, producendo, di conseguenza, la focalizzazione della sua attenzione su sé stesso?

Spesso, come ben sa la maggior parte dei genitori, i fratelli sono tra tutti i membri della famiglia i soggetti più probabilmente responsabili. Sebbene non sia saggio prendere posizione nelle liti tra fratelli, qualsiasi genitore ha il dovere di porre fine a una lotta impari e sleale, oppure che potrebbe risultare lesiva per un figlio. Inoltre, i genitori hanno l'obbligo di insegnare ai propri figli che non è il caso di umiliare o insultare gli altri, anche quando gli "altri" sono i fratelli e le sorelle.

Se un genitore tende a umiliare un figlio, l'altro ha l'obbligo di segnalare il problema, e anche di intervenire per porvi rimedio. Sebbene apparire uniti sia importante per i genitori, ciò vale solo quando si rivela vantaggioso, e non dannoso, per il bambino. Come ci ha riferito uno studente timido: «Mio padre mi diceva costantemente che ero inutile, che ero del tutto insignificante, e mia madre non è mai intervenuta, nemmeno dicendo una parola. Per quanto mi riguardava, quel suo silenzio indicava che era d'accordo con lui, oppure che non le importava nulla di quel che provavo».

Abbiamo sentito una madre rivolgersi alla figlia timida, di dieci anni, definendola "un'inutile cicciona", quando la bambina ha rovesciato un bicchiere di latte, mentre stava passando un piatto durante una cena. Il padre ha confortato la bambina, che stava piangendo, dicendole: «Va tutto bene, tesoro. Il papà ti vuole bene». Tuttavia, il messaggio che passa è: "Il papà ti vuole bene, anche se sei un'inutile cicciona". In altri termini, il padre recitava il ruolo del "bravo ragazzo", ma non ha affrontato la madre al fine di prevenire ulteriori abusi, pur dimostrandosi gentile nei riguardi della figlia. Una simile violazione pubblica della dignità di un bambino non dovrebbe mai essere tollerata in una famiglia.

2. Il bambino ha qualche ragione per vergognarsi, come, per esempio, degli episodi di enuresi?

Non è il caso di aggiungere punizioni, o ammonimenti, al senso di vergogna di un bambino. Consultate un pediatra e chiedete aiuto per risolvere il problema.

Spesso il problema scompare a mano a mano che il bambino cresce, purché vi dimostriate pazienti e comprensivi. Una volta di più, considerate la possibilità che quel "comportamento problematico" possa essere un effetto collaterale di qualcosa di più serio, che meriterebbe di essere discusso, come, per esempio, il fatto che il bambino non si senta amato, o accettato, dai membri della famiglia, oppure dai coetanei. D'altro canto, potrebbe esserci qualche problema di ordine somatico che richiede cure mediche.

3. Gli altri membri della famiglia sfruttano a loro favore quella "vergogna segreta"?

Un bambino timido, con cui abbiamo parlato, ci ha riferito che sua sorella ha sempre minacciato di spifferare a tutti i suoi amici che lui bagnava il letto. I genitori devono essere in grado di intercettare questo tipo di ricatto emotivo, per poi porvi fine, analogamente a come si comporterebbero per neutralizzare altri comportamenti inaccettabili. Non solo venite in soccorso della vittima, ma, allo stesso tempo, avete l'occasione di insegnare alcuni valori al "ricattatore".

4. Voi o altri membri della famiglia etichettate il bambino come timido? Oppure attribuite alcune etichette negative, secondo altre modalità, che possono ledere l'autostima di un bambino, oppure favorire l'espressione di emozioni ascrivibili alla timidezza?

Abbiamo indicato con estrema chiarezza che etichettare un bambino, attribuendogli caratteristiche negative, può determinare conseguenze di vasta portata; quindi, non fatelo e non permettete a nessun altro di attuare qualcosa del genere.

5. C'è qualche parente adulto, un amico di famiglia, oppure un vicino, con cui il bambino interagisce frequentemente, che potrebbe agire secondo modalità che potrebbero contribuire a innescare la timidezza di vostro figlio?

Il modo migliore per stabilire se si dia un caso del genere è chiedere a vostro figlio. Una madre che pensava che la timidezza di suo figlio dipendesse proprio da lei, alla fine, ha attuato questa tattica.

La signora B è stata convocata a scuola dall'insegnante di Paul, che ha sette anni, per informarla del fatto che suo figlio stava manifestando, in modo repentino, un'ingravescente timidezza. L'insegnante ha riferito che ha manifestato una certa agitazione quando gli è stato chiesto di leggere ad alta voce, un compito che, in precedenza, non lo aveva mai posto in una tale difficoltà. Tuttavia, nell'ultimo periodo, ha riferito l'insegnante, Paul arrossiva, balbettava, abbassava lo sguardo e, poi, si rifiutava silenziosamente di provare a leggere ad alta voce. Dopo essersi interiormente interrogata, e aver soppesato ogni parola che rivolgeva a Paul, la signora B si è finalmente decisa a chiedergli cosa stesse facendo per sentirsi tanto timido. Quando Paul le disse che non stava facendo nulla, gli chiese perché non gli piaceva più leggere, e lui replicò dicendo che dipendeva dal fatto di non saper leggere tanto bene quanto gli altri coetanei. A questo punto, la madre ha chiesto a Paul cosa lo avesse indotto a pensare una cosa del genere.

In effetti, dopo la scuola Paul andava, ogni giorno, a giocare a casa di un ragazzo che abitava nel quartiere. La madre dell'amico faceva sedere i due bambini e poi faceva legger loro, a turno, un libro ad alta voce. Dopo ogni sessione di lettura, quella madre lodava il proprio figlio e diceva a Paul che non sapeva leggere altrettanto bene, anzi, che non solo era un pessimo lettore, ma che non le sembrava nemmeno troppo brillante. È stato possibile stabilire che tutto ciò si verificava da molte settimane, senza che la signora B se ne accorgesse.

Quando le è stato comunicato tutto ciò, l'insegnante di Paul ha risolto l'enigma, inquadrandolo in una nuova dimensione. Anche quel ragazzo era nella sua classe, e lei aveva avuto molte occasioni di parlare con sua madre. Riferì alla madre di Paul che quella donna era estremamente ambiziosa in relazione al futuro che prefigurava per suo figlio, perciò gli aveva insegnato a leggere precocemente, e continuava costantemente a addestrarlo alla lettura. I libri che aveva fatto leggere ai due bambini erano adeguati a lettori con capacità superiori a quelle che caratterizzano gli alunni di una seconda elementare e, poiché aveva intensamente addestrato suo figlio, solo lui riusciva a leggere certe parole. Paul, d'altra parte, non era effettivamente in grado, e questo fatto, insieme alla valutazione aspramente negativa che quella madre ambiziosa aveva espresso nei suoi confronti, lo faceva sentire inadeguato, al punto da non poter più leggere i libri normalmente impiegati nella sua classe. Quello che la "Supermother" stava facendo era rinforzare l'autostima di suo figlio, oltre che la sua, a spese di un bambino piccolo.

La madre di Paul ci ha riferito che ci sono voluti quasi due anni per porre rimedio al nocumento arrecato a suo figlio.

COSE DA FARE CON, E PER, IL VOSTRO BAMBINO TIMIDO

Alcune delle indicazioni illustrate di seguito vi suoneranno familiari, ma in questo contesto sono adeguate specificamente per i bambini in età scolare. In effetti, alcune si applicano ai bambini di tutte le età, perciò saranno ripetute qui per completezza, e come promemoria.

- Cercate di considerare le situazioni sociali del bambino dal suo punto di vista. A volte, "mettetevi sul tappetino", concretamente, insieme al bambino per guardarlo negli occhi, piuttosto che parlargli.
- Parlate di ciò che sentite, pensate, apprezzate, di ciò che avete fatto, mentre il vostro bambino era a scuola, e incoraggiatelo allo scambio di altre informazioni. È incredibile come i bambini piccoli (indipendentemente dalla loro età) conoscano i loro genitori.
- Quando ponete una domanda, aspettate una risposta, non rispondetevi da soli. I genitori che hanno la "miccia corta", che si aspettano risposte rapide, tendono a scoraggiare i bambini timidi dal provare a proferirne alcune in relazione a quelle domande, che, formulate in modo tanto rapido, vengono percepite come meramente retoriche. Nella nostra clinica per la timidezza, i terapeuti hanno dovuto tollerare quella faticosa esperienza di apprendimento che prevede l'acquisizione della capacità di aspettare, anche diversi minuti, prima che uno, tra otto adulti timidi, azzardasse una risposta a una banale domanda. Le persone timide sembrano disporre di una tolleranza infinita nei riguardi del silenzio che, invece, frustra

e fa imbestialire gli altri. Se aspettate manifestando pazienza e attenzione, la risposta arriverà e, in seguito, le successive saranno prodotte con maggior frequenza.

- Ricordate che la prima risposta, il primo passo, compiere quella prima azione, è molto difficile per il bambino timido. Tuttavia, gli ostacoli che rendono difficile produrre la prima risposta possono essere superati con la pratica e l'esercizio.
- Iscrivete il bambino a dei corsi di recitazione, o di danza, se pensate che tutto ciò possa piacergli.
- Incoraggiate lo sviluppo di quelle abilità fisiche utilizzabili negli sport di squadra.
- Aiutate il bambino timido ad abbandonare quel ruolo, ormai consueto, affinché possa proporsi come una "persona diversa". Mettete in scena degli spettacoli, piuttosto semplici, di burattini, usate delle maschere, scambiate i ruoli (siate voi il bambino), fate delle "gare di urla", rendetevi ridicoli per mezz'ora, travestitevi con costumi insoliti. Giocate a "Quale burattino è timido?", affinché possiate comprendere le opinioni di vostro figlio sulla timidezza.
- Condividete con vostro figlio alcune delle vostre fragilità, quando eravate dei bambini: cosa non eravate in grado di fare, di cosa avevate paura, come avete superato quei problemi.
- Se siete ancora timidi, chiedete consiglio al bambino in merito a come potreste reagire, in modo diverso, alle situazioni che innescano delle manifestazioni comportamentali ascrivibili alla timidezza.
- Fate finta di essere il nonno del vostro bambino per un fine settimana, e osservate in che modo cambia il vostro rapporto.
- Aiutate il bambino a esercitarsi nello stabilire un contatto visivo, mentre parla e ascolta.
- Osservate con quale frequenza vostro figlio sorride e fate tutto il possibile perché mostri il bianco dei suoi denti! È importante iniziare a sorridere presto, prima di cominciare con la terapia ortodontica, e che i bambini, per l'imbarazzo, parlino senza mostrare i denti.

- Incoraggiate vostro figlio a ridere di certe cose divertenti, a coltivare il senso dell'umorismo e ad assumere una prospettiva che contempli i propri difetti o le frustrazioni.
- Le persone che sorridono, ridono, mostrano un vivace senso dell'umorismo, guardano negli occhi, sono percepite, dagli altri, come maggiormente desiderabili, e raramente sono considerate timide. Potete modellare voi stessi questi comportamenti, attraendo anche l'attenzione del bambino sui casi positivi offerti dagli altri.
- Insegnate come ascoltare gli altri e, al contempo, mostrate di disporre di tale abilità: assumete una postura aperta, attenta, e protendete il busto in avanti. Ricercate il contatto visivo; fate cenni di approvazione e dei gesti che comunichino dei rinforzi; impiegate espressioni come "sì", "hmm", "molto interessante". Ponete domande per ricevere chiarimenti, oppure per dar seguito a certe implicazioni che derivano da ciò che vien detto. Parafrasate i punti principali per essere sicuri di aver compreso ciò che vi è stato appena comunicato. Infine, fate presente che la conversazione (o la lezione) è stata piacevole e interessante.
- Incoraggiate i bambini a parlare con un'intonazione sufficientemente forte e chiara, affinché siano ascoltati e riescano a comunicare adeguatamente il loro messaggio. Lasciate che si esercitino a usare il telefono per ottenere informazioni, chiedete loro di ordinare il cibo al ristorante, invitateli a parlare con i venditori che incontrano nei negozi, e così via.
- Insegnate loro come si ricevono correttamente i messaggi comunicati per telefono. «Ciao, sono Billy Williams...» (attendere la risposta), «No, mia madre non può rispondere al telefono in questo momento. Vuoi che le comunichi un messaggio?»... «Grazie...».
- Insegnate ai vostri amici e parenti come rivolgersi e parlare con vostro figlio, invitateli a non trattarlo come se non esistesse, né a considerarlo un semplice "messaggero". I bambini timidi reagiranno favorevolmente agli adulti che mostreranno un autentico interesse nei loro confronti, senza apparire in alcun modo "minacciosi". Tuttavia, la maggior parte degli adulti non pren-

de abbastanza sul serio i bambini, quantomeno non al punto di concedere loro il rispetto che meritano.

- Insegnate ai vostri bambini come interrompere, in modo educato ed efficace, proferendo: «Scusatemi», «Ho una domanda», «Vorrei dire qualcosa al riguardo». Rinforzateli, dando seguito a quella richiesta di interruzione, solo quando viene eseguita correttamente, ma non altrimenti.
- Fate i complimenti, ogni volta che è possibile, sia al bambino sia agli altri membri della famiglia; rendete anche evidente che vi piace ricevere complimenti da loro. «È stata una cena deliziosa», vale tutto il tempo impiegato per prepararla – tuttavia, sembra che spesso le persone abbiano bisogno di ricevere il permesso per esprimere un complimento. Per esempio, Phil deve far presente ai suoi studenti che è possibile commentare una lezione, anche dicendo che è risultata interessante, e non solo lamentandosi qualora non sia particolarmente piaciuta. Dunque, supponiamo che il mondo intero abbia bisogno di più carezze.
- Evitate di far sì che un bambino si senta diverso, o distante, dai suoi coetanei, per via dell'abbigliamento, oppure accompagnandolo in ritardo a scuola.
- Se accompagnate vostro figlio a scuola, organizzatevi per portarne in macchina anche un altro, senza dar troppo peso al fatto che ciò implichi allungare un po' il tragitto. Lo stesso discorso vale anche per l'idea di invitare a casa vostra un altro bambino, almeno ogni tanto, oppure di portarli tutti al cinema o al circo.
- Un compagno di giochi più giovane aiuterà un bambino timido a praticare le abilità sociali, e anche a mostrarsi più assertivo.
- Osservate come vostro figlio gioca con gli altri bambini, al fine di individuare eventuali comportamenti inappropriati, come, per esempio, rivelarsi troppo autoritario o possessivo, oppure iniziare a giocare con troppa irruenza, o, ancora, senza scendere a compromessi, ed evitando di esprimere complimenti.
- Quando altri bambini rifiutano palesemente vostro figlio, rivolgetevi direttamente "alla fonte" e chiedete loro perché si comportano così. Fatelo impiegando le formulazioni che abbiamo adottato per lavorare con gli adulti timidi nella nostra clinica:

«Cosa potrebbe fare (mio figlio) affinché tu voglia giocare di più con lui la prossima volta?». In altri termini, cercate dei feedback costruttivi in merito ai cambiamenti comportamentali necessari per realizzare conseguenze desiderabili. Non volete che gli altri bambini si fissino sui difetti di vostro figlio, oppure continuino a fare riferimento ai passi falsi compiuti nel passato.

In termini generali, il vostro piano d'azione è volto a migliorare le abilità sociali di base di vostro figlio, e anche a ridurre l'ansia associata all'idea di essere sottoposto a valutazione (e rifiutato) da parte degli altri. Otterrete tutto ciò, modellando voi stessi il suo comportamento, attraverso delle istruzioni verbali, e creando delle opportunità, affinché si eserciti ad assumere il ruolo di una persona socievole. Allo stesso tempo, dovete continuare a costruire l'autostima del bambino e a offrire fondamento alla sua certezza di "essere amato, qualunque cosa accada".

AMO MIO FIGLIO, MA NON HO TEMPO PER AIUTARLO

Prevenire o superare la timidezza comporta un grande investimento di tempo, energia e attenzione in relazione agli aspetti più fondamentali dello sviluppo della personalità e della socializzazione. Ogni genitore deve decidere quanto sia in grado di fare e "dare a casa" senza sentirsi in colpa per quanto ancora potrebbe offrire.

Le famiglie con un solo genitore rappresentano un problema particolare in ragione del fatto che quell'unico adulto, che lavora, deve sia trovare il tempo per fare qualcosa di più sia far fronte ai bisogni di sopravvivenza del nucleo familiare. Nondimeno, i 12 milioni di bambini statunitensi che attualmente vivono con un solo genitore sono quelli che, con maggiore probabilità, avranno bisogno, e trarranno beneficio, dalle nostre raccomandazioni per combattere la timidezza.

Quasi un quinto di tutti i ragazzi di età inferiore ai 18 anni oggi vive con un solo genitore. Nelle famiglie afroamericane, la metà dei bambini vive in famiglie con un solo genitore. Dal 1967 il numero delle famiglie monoparentali è aumentato, ogni anno, di un milione. Il 90% di queste famiglie è gestito da donne, questo dato è dieci volte maggiore di quello che riguarda l'incremento delle famiglie con due genitori durante il decennio dal 1967 al 1977. Il Census Bureau stima che il 45% di tutti i bambini, nati oggi negli Stati Uniti, esperirà almeno un anno di convivenza con un solo genitore. La maggior parte delle famiglie con un solo genitore sono conseguenza di separazioni o divorzi, ma ultimamente le donne non sposate hanno iniziato a partorire i loro figli e a crescerli da sole.

Un recente studio, promosso dall'Associazione nazionale dei presidi delle scuole elementari, è stato condotto su 18000 studenti delle scuole elementari e superiori che vivono in famiglie con un solo genitore. Nelle conclusioni si legge che questi bambini hanno bisogno di molta più attenzione e aiuto, da parte della scuola, di quanto ne ricevano attualmente. Considerandoli come un sottogruppo della popolazione, si osserva che ottengono risultati scolastici inferiori e manifestano maggiori problemi di disciplina rispetto ai loro coetanei che vivono con due genitori. Fanno più assenze, giungono più spesso in ritardo a scuola e mostrano più frequentemente problemi di salute.

Sebbene non sia riportato nello studio, sospettiamo che questi bambini abbiano anche maggiori problemi in relazione all'adattamento sociale, alla solitudine e alla timidezza.

I genitori delle famiglie monoparentali devono fare tutto il possibile per promuovere l'autostima e la socievolezza dei loro figli. Attribuire ai figli delle responsabilità, per le quali vengono lodati (piuttosto che dare per scontato l'adempimento di alcuni compiti), allevia il fardello che grava sul genitore, ma incrementa anche la fiducia in loro stessi e il senso di condivisione. Spendete tutto il tempo disponibile per il contatto sociale, offrendo un "tempo di qualità" – per parlare, ridere e scambiare idee, emozioni, paure, non solo per lamentarvi e "comandare".

È importante aumentare le opportunità di socializzazione, organizzando cene e banchetti di gruppo, che includano i bambini; inoltre, potete programmare gite, nel fine settimana, con altre famiglie monoparentali (o anche con due genitori). Il bambino ha bisogno di sentirsi parte di un sistema comunitario. Nella nostra società sempre più alienante, si tratta di un bisogno difficile da soddisfare, anche quando ci sono due genitori. Per i genitori single diventa fondamentale creare una cerchia allargata, composta da amici, vicini e parenti. Nei casi che riguardano tali genitori, seguire, anche solo nello spirito, le raccomandazioni che proponiamo, può rivelarsi sufficiente per combattere la timidezza, anche quando non si dispone del tempo per seguire alla lettera quanto prescritto.

7
I migliori anni della loro vita
(da 12 a 17 anni)

Riteniamo che il dolore e le pressioni dell'adolescenza siano considerevolmente maggiori per i giovani di oggi rispetto alla maggior parte delle generazioni precedenti. Prima di tutto, la società si trova in uno stato di grande transizione; in effetti, si accede anche a tante libertà, senza farsi carico delle relative responsabilità.

Poi c'è la questione associata alla struttura del sistema educativo. Quando noi stavamo crescendo, abbiamo frequentato la scuola fino alla terza media, e la laurea segnava un importante rito di passaggio, che ci faceva poi considerare gli anni del liceo come un periodo decisivo. Per alcuni di noi, l'adattamento potrebbe essersi rivelato difficile, ma, dopotutto, dovevamo compierlo solo una volta. La maggior parte degli adolescenti di oggi deve invece farlo due volte.

Abbandonano l'ambiente relativamente sicuro della scuola elementare *due anni* prima di noi, proprio quando stanno evolvendo dalla condizione che caratterizza i bambini a quella che contraddistingue gli adolescenti. «Si tratta di un grande passo», ci ha riferito un alunno di seconda media. «Frequenti sette classi diverse, hai sette insegnanti differenti, perciò sei un po' confuso e spaventato. Si interagisce con alcuni bambini che si conoscono poco e con altri che sono cambiati molto. Tutto ciò è sufficiente per intimidire chiunque».

Un ex insegnante di scuola media, Roy Nehrt, rileva che si tratta del «periodo peggiore nella vita di un bambino». Nehrt, ora funzionario del National Center for Education Statistics, afferma che lo studente delle scuole medie «è sottoposto a una moltitudine di pressioni che provengono da ogni parte, e non può farcela». Se, in genere, è un brutto momento per tutti gli adolescenti, si può facilmente presumere che sia molto peggio per le persone timide.

Quindi, non appena hanno attraversato la pubertà e, presumibilmente, hanno terminato la scuola media, si diplomano di nuovo, per poi doversi nuovamente adattare alla scuola superiore. Nel corso di tale fase, secondo il parere di diversi consulenti che abbiamo intervistato, «Possono facilmente perdersi nella confusione, banalmente perché il corpo studentesco, di cui fanno parte, è numericamente molto ampio».

Inoltre, la tendenza alla timidezza, che peraltro soggiace a tutti i fattori ambientali, è probabilmente massima durante i primi anni dell'adolescenza. Questa è, quantomeno, la posizione espressa da David Elkind, uno psicologo dello sviluppo, che considera il tumulto dell'adolescenza come una conseguenza che si deve alle capacità di pensiero da poco acquisite e ai cambiamenti sul piano emozionale. Nel suo studio, «Understanding the young adolescent», Elkind osserva che il grado elevatissimo di auto-consapevolezza, che rileviamo nei giovani nel corso della prima adolescenza, sia la conseguenza della capacità di riflettere su ciò che le altre persone possono pensare.

In linea teorica, questa capacità offre all'adolescente la possibilità di assumere la posizione dell'altro, riuscendo così a manifestare maggior empatia e a individuare un terreno comune per instaurare le relazioni. Tuttavia, aggiunge Elkind, queste nuove acquisizioni sono spesso condizionate dall'«incapacità di distinguere tra ciò che è interessante per gli altri e quel che è rilevante per sé». Questa preoccupazione, nei riguardi di loro stessi, induce gli adolescenti a credere che tutti gli altri siano interessati a come si presentano o si comportano, almeno tanto quanto importa a loro. Hanno infatti una platea immaginaria concepita come un'entità che contempla tutti i loro pensieri e agisce per giungere alla conclusione dell'"esame" ed esprimere un giudizio.

«Quando credete che tutti vi stiano osservando e valutando, diventate molto impacciati», spiega Elkind. Col passare del tempo, si manifesta un equilibrio più realistico, in termini di auto-consapevolezza, in ragione della quale ci si rende conto che spesso gli altri non si accorgono, o forse non si preoccupano, di ciò che l'adolescente sta pensando, percependo o facendo. Tale acquisizione riduce l'auto-consapevolezza, ma frustra anche il desiderio narcisistico di essere considerati una persona speciale. Questa doppia considerazione della realtà sociale si osserva, più e più volte, sia negli adolescenti sia negli adulti che manifestano timidezza: "Voglio essere al centro della scena, la più osservata delle persone, ma non voglio rischiare di essere giudicato, perché ho paura di essere rifiutato".

L'IMPORTANZA DI ESSERE POPOLARI

Essere popolari è tutto – qualcosa che si rivela anche più importante, secondo un sondaggio tra gli studenti delle scuole superiori del Colorado, di ottenere buoni voti o "comparire sui giornali o in TV". In effetti, secondo un resoconto UPI, i funzionari scolastici hanno rilevato che ottenere buoni voti si collocava solo al nono posto, leggermente prima di "essere sorridenti", in un elenco di quindici tipi di riconoscimenti che gli studenti delle scuole superiori vorrebbero ricevere. Essere popolari era la prima scelta fra le quindici opzioni offerte.

Il segreto della popolarità è essere come tutti gli altri, ma con un tocco in più, che, forse, ci rende speciali. Per un bambino che manifesta già timidezza, che non si sente come tutti gli altri, e non può nemmeno sentirsi speciale, perché ciò significa essere *inferiore*, si tratta di una fase nella quale le cose possono facilmente andare di male in peggio. I risultati prodotti dalla nostra ricerca hanno mostrato che, durante questi primi anni dell'adolescenza, ciò è più vero per le ragazze che per i ragazzi.

Ci vuole davvero molto poco, perché le ragazze adolescenti finiscano veramente per soffrire. Un insegnante della Jordan

Middle School di Palo Alto ci ha riferito che persino un'osservazione banale, oppure il fatto che qualcuno guardi una ragazza, un po' più spesso, nel modo sbagliato, è sufficiente a turbarla per l'intera giornata. Ci ha indicato che le ragazze, più dei ragazzi, erano riluttanti a chiedere chiarimenti a un insegnante durante la lezione, o addirittura ad avvicinarsi, per paura che gli altri ragazzi le vedessero e pensassero che fossero "stupide". D'altro canto, le ragazze, pur apparendo maggiormente sensibili rispetto ai ragazzi, si dimostravano, al contempo, molto più crudeli, quantomeno in merito alla disponibilità a esprimere commenti pungenti nei riguardi degli altri studenti. Secondo questo docente sono soprattutto le ragazze che determinano la maggior parte delle esperienze negative e dolorose per gli altri studenti. Quindi, sebbene possano risultare turbati da insulti che, poi, si rivelano soltanto immaginari, ogni giorno finiscono per ferirsi realmente a vicenda.

Perché le ragazze, a questa età, potrebbero rivelarsi molto più cattive dei ragazzi? È vero, spesso sono irritabili perché stanno attraversando le vicissitudini di un corpo che cambia per assumere l'assetto della maturità. È vero, le pressioni sono più grandi che mai, ma ciò vale anche per i ragazzi. Tuttavia, oltre a tutto ciò, può darsi che il bisogno di apparire popolari a scuola, e risultare anche attraenti agli occhi dei maschi, sia la conseguenza di un processo associato a maggiori urgenze nelle ragazze adolescenti rispetto ai coetanei. Allo stesso tempo, i desideri sessuali, dapprima generalizzati, si fanno più specifici.

Tuttavia, indipendentemente dalle loro paure, il desiderio delle ragazze di risultare attraenti tende a suscitare in loro grandi preoccupazioni per il loro aspetto. Sfortunatamente, le ragazze adolescenti, come d'altra parte tutti gli altri, tendono ad adeguarsi agli ideali culturali, subendo le conseguenze di un confronto sfavorevole, quando non riescono a sembrare "grandi" come Olivia Newton-John, proprio in un momento in cui le eruzioni cutanee e i problemi di peso non sono così rari. Una timida tredicenne ha illustrato, in questo modo, le proprie difficoltà e sofferenze in seconda media:

> Perché succede tutto nello stesso momento? Inizi la scuola media e sei così spaventato che non riesci a dormire la notte "prima".I vestiti non ti stanno bene, la tua pelle scoppia, ti metti l'apparecchio ai denti. Devo indossarlo quattordici ore al giorno, e fa male e sembra stupido. Devo andare dal logopedista perché se non faccio gli esercizi per il linguaggio tre volte ogni giorno, i miei denti non si raddrizzano. Sono a dieta e ho sempre un sacco di compiti a casa. Mia madre mi fa utilizzare un prodotto per il viso ogni giorno. Ma non c'è nulla che funzioni, mi sento uno schifo e non so cosa fare. So solo che non sarò mai popolare né avrò amici – soprattutto i fidanzati – perché sono una tipa stramba.

Alcune delle cose che possono trasformare un adolescente in un soggetto un po' "strano" parrebbero ridicole, se non fosse per il fatto che il dolore e la sofferenza provati sono autentici. Una madre ci ha raccontato un evento singolare: dopo che il marito aveva comprato alla figlia un nuovo lucchetto per la bicicletta, ha trovato la ragazza, nella sua stanza, che piangeva disperata. Quando ha chiesto cosa c'era che non andava, sua figlia ha riferito: «Mamma, è il lucchetto della bici. Non è uguale a quello che hanno gli altri ragazzi. Non posso usarlo, quindi non potrò andare a scuola in bicicletta, perciò dovrò andare a piedi, e sarò costretta a inventarmi una scusa se qualcuno dovesse chiedermi per quale ragione io stia camminando. Per favore, non dirlo a papà, perché si arrabbierebbe». Un banale lucchetto per la bicicletta ha generato un problema complesso e sfaccettato, semplicemente perché è differente e, quindi, potrebbe rendere diversa quella ragazza agli occhi dei suoi coetanei, in merito a qualcosa che considera importante.

La lunghezza dei pantaloni può rivestire la stessa importanza. Se, per esempio, un ragazzo indossa costantemente pantaloni un po' corti, viene preso in giro perché ha "l'acqua in casa" e, qualsiasi altro particolare del suo aspetto che potrebbe essere considerato "bizzarro", finirebbe probabilmente per valergli l'etichetta di "gay", "secchione", "ridicolo" o "inadeguato". In alcuni casi, anche molto tempo dopo aver smesso di crescere, e quindi indossando pantaloni della lunghezza adeguata, a un ragazzo può essere ancora attribuita una di quelle etichette, che gli sono state affibbiate per aver avuto i pantaloni troppo corti. In altri casi, anche i ragazzi, a cui davvero piace, lo rifiuteranno, semplicemente perché simpatizzare e andare in giro con un "gay" o un individuo "ridicolo" è un'idea socialmente poco saggia: solo i più solidi e sicuri di loro stessi possono permettersi il lusso di quel genere di lealtà. Quindi, quell'adolescente potrà considerarsi fortunato se riuscirà ad avere uno o due amici a scuola e, certamente, non potrà mai sperare di essere popolare.

Parrebbe quasi che non sia una punizione sufficiente, per un adolescente, sapere in cuor suo che non è popolare, dacché questo fatto deve essere certificato pubblicamente, misurando la popolarità di ogni studente secondo un evento di moda, ormai istituzionalizzato, che si ripete, ogni anno, in una delle nostre scuole medie locali. Il metodo di misurazione è associato a un evento chiamato "Giornata dei fiori". Funziona così: ogni studente dispone di un numero di "ordini" in bianco, che può compilare coi nomi di tutti coloro a cui vorrebbe recapitare un garofano nel corso della giornata.

In media, ogni studente riceve cinque o sei fiori, ma c'è sempre chi ne riceve di più, oppure di meno. Un anno una ragazza ne ha ricevuti cinquantacinque, un'altra quarantadue, un ragazzo trentacinque e un certo numero di ragazzi ne ha ricevuto uno, oppure nessuno (ci viene indicato, tra l'altro, che è peggio ricevere un fiore, se proviene da un insegnante o da un tutor, piuttosto che non riceverne affatto). Ovviamente, quello non è un evento che garantisce a tutti la felicità. Ai ragazzi che ricevono uno, o nessun fiore, vengono offerte evidenti prove non solo del fatto che sono impopolari, ma anche che non piacciono a nessuno.

Un ragazzo, che non ha ricevuto fiori, è riuscito a trattenere coraggiosamente le lacrime, fino a quando non ha raggiunto la sicurezza di casa, e della sua camera, dove si è "rinchiuso" per l'intero fine settimana. Un altro che ne aveva ricevuto solo uno era stato, prima di quel giorno, entusiasta all'idea di vivere il fine settimana del Memorial Day che i suoi genitori avevano programmato per far divertire tutta la famiglia. Tuttavia, durante il viaggio, quel ragazzo ha litigato con la sorella quattordicenne, poi ha maltrattato verbalmente i suoi genitori, al punto che hanno perso la pazienza nei suoi confronti e hanno finito per evitare di consumare tutti insieme i pasti nei ristoranti. In almeno un'occasione sono anche riusciti a perdersi e, in termini generali, quel ragazzo ha trascorso un fine settimana complessivamente infelice, insieme ai suoi genitori e a sua sorella altrettanto esausti. Al termine del fine settimana, qualunque sentimento di scarsa autostima, che quel ragazzo poteva percepire, era molto più esacerbato, anche a causa del modo in cui si era comportato; ma tutto ciò finiva per rinforzare il suo senso di inutilità, praticamente attraverso ogni parola proferita e ogni azione compiuta.

Come si è sentita la ragazza che ha ricevuto i cinquantacinque fiori? Assolutamente in difficoltà! Era talmente in imbarazzo per il fatto di aver ricevuto tutte quelle attenzioni che, alla fine della giornata, era in lacrime. Lacrime di imbarazzo e lacrime per il timore, molto realistico, che molte altre ragazze le avrebbero mostrato il loro risentimento. D'altra parte, come ha ipotizzato un membro del nostro team di ricerca, alcune di quelle lacrime erano forse rivolte ai coetanei ai quali era stato dolorosamente, e pubblicamente, ricordato che erano davvero impopolari.

Un osservatore, Louis Fine, riassume così la triste sorte degli adolescenti in qualche modo turbati, oppure soli:

> Esistono adattamenti anormali, o francamente patologici, che si verificano quando un adolescente non ha amici, ha scarse relazioni con il gruppo dei coetanei, oppure è sessualmente promiscuo. L'assunzione frequente, o sporadica, di sostanze indica quasi sempre la presenza di problemi di adattamento significativi.

Il gruppo dei pari è così importante, per lo sviluppo psicologico di un adolescente, che sembrerebbe corretto affermare che l'assenza di amici, associato ad altre difficoltà, determina l'opportunità di offrire un aiuto professionale.

Un certo numero di studenti delle scuole superiori, che abbiamo intervistato, ha affermato di ritenere che alcuni ragazzi sarebbero disposti a fare assolutamente qualsiasi cosa, pur di essere popolari o avere amici. Quando abbiamo chiesto specificamente se pensavano che le adolescenti avrebbero fatto ricorso al sesso, alcuni di questi studenti hanno risposto di sì. Uno di loro ha detto: «In questa scuola, per essere popolare devi essere una troia».

Tuttavia, non disponiamo di dati concreti a supporto di questa prospettiva. Per via di una proibizione dovuta a una legge vigente in California, non siamo stati in grado di porre domande agli studenti in merito alle loro attività sessuali, quindi non abbiamo potuto stabilire se quegli adolescenti fossero sessualmente attivi, né, qualora lo fossero, come hanno vissuto quelle prime esperienze. Tuttavia, la nostra supposizione, che dipende dal fatto di vivere nel mondo reale, è che ci siano delle ragazze, come, d'altronde, indicano gli studenti, che, in mancanza di altre opzioni o attributi, faranno ricorso al sesso. Una donna, ricordando la sua adolescenza, ci ha riferito che quel che maggiormente ha influito sulla sua vita è stato il fatto di non essere carina: «Mi sono sempre chiesta», ha commentato, «come sarebbe stato essere attraente – mi chiedevo se davvero sarei finita sul sedile posteriore delle auto, con ragazzi che non mi piacevano davvero, facendo quel sesso che non desideravo».

Dal nostro punto di vista, la promiscuità sessuale è ancora percepita come una manifestazione comportamentale deviante e, fatta salva questa eccezione, generalmente non c'è nulla di più conformista di un adolescente, almeno rispetto al gruppo dei pari a cui appartiene, o di cui vorrebbe far parte. Chiedete a chiunque sia cresciuto negli anni Cinquanta, e abbia iniziato a fumare al liceo, come sono andate le cose. Se il gruppo che frequentava fumava e beveva birra, solo i membri del gruppo più solidi, e che esprimevamo massima fiducia in loro stessi, resistevano alle pressioni che spingevano tutti a conformarsi, dato che nessuno desiderava apparire né diverso né troppo rigido o "bacchettone". Quei ragazzi volevano apparire disinvolti e appartenere a quel gruppo. Un ragazzo timido, singolarmente disposto a esternare, ci ha riferito: «I coetanei sono i nostri peggiori nemici... a meno che non si sia in grado di assumere il ruolo degli studenti stimati, che non amano fumare, bere e cazzeggiare». Louis Fine, d'altra parte, ha osservato:

> A mano a mano che la lealtà nei riguardi del gruppo dei pari si manifesta, gli amici diventano sempre più importanti, apparentemente anche maggiormente rilevanti dei genitori...
> Il gruppo dei pari offre all'adolescente impacciato, emotivamente insicuro e ansioso, il supporto psicologico necessario per perseguire il tentativo di definire un'identità "separata". Tale obiettivo viene raggiunto... solo se l'identità appare distinta in relazione ai genitori e agli altri adulti; mentre deve risultare tanto più conforme nei confronti dei coetanei.

Sebbene sia indubbio che un adolescente non debba necessariamente manifestare timidezza per conformarsi al gruppo, abbiamo motivo di credere che coloro che si rivelano timidi risultino più vulnerabili alle pressioni sociali. Per esempio, nel nostro sondaggio, condotto nelle scuole superiori, circa il doppio degli individui che manifestavano timidezza percepiva che le altre persone esercitavano pressioni, affinché assumessero alcol, o droghe, rispetto al gruppo dei non timidi. Inoltre, il fatto che le persone timide abbiano un bisogno più urgente di essere accettate, e manifestino maggiori difficoltà nel difendere i loro diritti, oppure a esprimere le proprie opinioni, incrementa la loro propensione a disporsi per seguire pedissequamente i leader.

Tuttavia, potrebbe esserci anche un'altra possibile ragione per dar conto del fatto che gli adolescenti timidi assumano alcol o droghe. Il doppio degli adolescenti timidi, rispetto ai coetanei che non manifestano timidezza, ha affermato di aver assunto droghe, oppure alcol, durante le feste, o in altre situazioni sociali, per sentirsi maggiormente a proprio agio, più sicuri, meno riservati, e ben integrati nel gruppo. Un certo numero di adulti che manifestano timidezza ci ha anche riferito di assumere alcol per cercare di limitare tale problema. Uno di loro, che attualmente non è più dipendente dall'alcol, ci illustra adeguatamente le relazioni tra la timidezza e l'assunzione di alcolici:

> Ero un adolescente alcolizzato. Ho iniziato a bere, principalmente birra, quando avevo circa quindici anni, semplicemente perché tutti quelli con cui uscivo bevevano. Tuttavia, l'unica cosa che sapevo era che, dopo aver bevuto un paio di birre, le mie emozioni associate all'auto-consapevolezza si sarebbero dissolte. A volte, ho persino provato degli autentici sentimenti associati alla fiducia in me stesso, delle emozioni che credevo di non aver mai provato prima. Quindi, quando immaginavo che mi sarei trovato in una situazione che mi avrebbe fatto percepire la timidezza, come, per esempio, andare a una festa, avrei bevuto qualcosa in anticipo.

Col passare del tempo, la tolleranza all'alcol è aumentata; quindi, un solo drink non era abbastanza per farlo sentire a proprio agio, per impedirgli di arrossire e tremare, per non sentirsi imbarazzato in ragione di quelle sue manifestazioni, prima di riuscire a sciogliere le sue inibizioni. Presto ci vollero due, poi tre, poi quattro drink, finché il rilassamento e l'ubriachezza giungevano insieme, nel corso della festa.

Un effetto indesiderato, peraltro molto insidioso, associato tanto all'uso di alcol, quanto all'assunzione di altre sostanze o alla pratica del sesso, per placare la timidezza oppure per incrementare la propria popolarità, risiede nel fatto che questi comportamenti si traducono in sensi di colpa, i quali innescano un circolo vizioso caratterizzato da sentimenti di inadeguatezza e inutilità, che possono determinare un aumento della frequenza di certe manifestazioni comportamentali e, quindi, un incremento della timidezza.

Se considerata nella prospettiva del bisogno di un adolescente di essere popolare o avere amici, la promiscuità sessuale potrebbe essere forse meglio compresa. Anche l'assunzione di alcol e di altre sostanze, sia per conformarsi sia per far fronte a sentimenti ascrivibili alla timidezza, può essere considerata come manifestazione che poco ha a che fare con la ribellione nei riguardi dei genitori.

LA PAURA DEL SESSO OPPOSTO

Anche se, statisticamente, le ragazze, durante gli anni dell'adolescenza, risultano maggiormente timide, rispetto ai coetanei di sesso maschile, e sembrano vivere un periodo particolarmente complesso, anche i ragazzi, specialmente quelli timidi, hanno i loro problemi. In effetti, molti maschi adulti, che manifestano timidezza, ci hanno riferito che le loro manifestazioni comportamentali hanno avuto il loro esordio proprio durante quegli anni complicati, durante i quali alcuni erano consapevoli di essere più bassi delle ragazze e anche del fatto che le loro voci stavano cambiando; in effetti, si percepivano "diversi" e, al contempo, stavano per scoprire il sesso opposto.

Praticamente tutti gli adolescenti che abbiamo intervistato (compresi gli studenti delle scuole medie e superiori), indipendentemente dal fatto che si definissero timidi, o meno, hanno affermato di percepire la loro timidezza nelle situazioni che implicavano il contatto con il sesso opposto. Un dato abbastanza interessante prodotto dal nostro sondaggio ha rivelato che dopo aver iniziato a frequentare il liceo, e soprattutto dopo aver superato il primo anno, alcune ragazze riducono ampiamente le loro manifestazioni ascrivibili alla timidezza. Tuttavia, abbiamo osservato, e anche questo dato ci è parso in qualche modo sorprendente, nel gruppo degli studenti che dichiaravano di non essere timidi, più femmine che maschi ammettevano di temere il sesso opposto. Invece, quando si trattava di considerare gli studenti che si definivano timidi, allora c'erano più maschi che femmine che facevano riferimento a tale timore. Quindi, dovremmo concludere che per quanto riguarda il sesso opposto, le ragazze manifestano ansia in età precoce, probabilmente perché, in genere, maturano sessualmente circa due anni prima dei ragazzi, quindi la timidezza adolescenziale sembra costituirsi piuttosto come una fase che alcune femmine, nel corso delle scuole medie, attraversano e superano. Occorre anche notare che, siccome un certo numero di maschi e femmine non timidi afferma di percepire timidezza nei riguardi dei membri del sesso opposto, dobbiamo anche concludere che un certo insieme di manifestazioni dev'essere considerato normale e, quindi, non dovrebbe rappresentare una fonte di preoccupazione. Tuttavia, ci sentiamo anche di ipotizzare che il motivo per cui le femmine, che non sono più timide, esprimono un certo timore nei riguardi del sesso opposto (considerando anche che il caso reciproco non si dà), sia da attribuire alla programmazione scolastica tradizionale e anche al fatto che le ragazze sono da sempre state condizionate a "non farsi avanti con i ragazzi".

In ogni caso, la timidezza è, ovviamente, più intensa e diffusa nel corso delle prime esperienze di un certo tipo; ovvero nel corso delle prime feste durante la frequentazione della scuola media, laddove i ragazzi generalmente si riuniscono in capannelli e le ragazze finiscono spesso per ballare tra loro, mentre i maschi, "trascinando i piedi" si chiedono se hanno il coraggio necessario per chiedere, a una di loro, di ballare. Le parole di un counselor, dopo aver osservato il primo ballo della stagione, descrivono molto bene l'evento: «La sala da ballo era piena di dolore».

La situazione migliora col passare del tempo, almeno per alcuni di quegli adolescenti. Alla fine, alcuni maschi chiedono ad alcune ragazze di ballare. Tuttavia, anche loro, tanto quanto le ragazze che ricevono quella richiesta, sperimentano la timidezza, mentre coloro a cui non viene chiesto di ballare, si sentono rifiutati e non desiderati, quindi, del tutto ovviamente, anche alquanto in imbarazzo. Se si trovano in tali condizioni abbastanza spesso, provando imbarazzo per il fatto di star seduti in disparte, pubblicamente esposti, e riconosciuti come "rifiutati", smetteranno di frequentare quelle occasioni sociali. Come ci ha riferito un adolescente:

Quando avevo dodici anni, sono andato alla mia prima festa, stavo frequentando la scuola media. Avevo davvero paura che nessuna di quelle ragazze ballasse con me. Non ho chiesto di ballare a nessuna di loro, per paura che mi dicessero di no. Ripensandoci, in retrospettiva, mi rendo conto che non sarebbe stato molto importante se mi avessero rifiutato, ma ero così spaventato, che non mi sono dato nemmeno l'opportunità di provarci. Mi rendo anche conto che, in realtà, pochissime di loro mi avrebbero rifiutato, se solo avessi corso il rischio. Tuttavia, non ho avuto la forza di correrlo, sicché ho passato la serata, seduto in un angolo, con alcuni amici. Nessuno di noi stava ballando, stavamo solo parlando di quel ballo, screditando le ragazze, criticando la discoteca e, sostanzialmente, annoiandoci. Ci siamo sentiti tutti piuttosto in difficoltà, in ragione del fatto che ci toccava osservare le persone che ballavano, e si divertivano, mentre noi eravamo seduti lì, senza far nulla. Alla fine, ci siamo salutati e sono tornato a casa da solo. Ero così depresso, dopo esser stato a quella festa, che non ho più partecipato ad altri eventi del genere per due anni.

Una volta che i ragazzi e le ragazze iniziano a frequentarsi, la "questione" non si rivela mai facile, per nessuno, tranne forse per quelli che sono molto sicuri di loro stessi, e anche molto popolari. Come accade in occasione del ballo, i ragazzi chiedono appuntamenti e temono di esser rifiutati, mentre le ragazze si siedono e aspettano, nel timore che nessuno ponga loro quella richiesta. Occorre rivelare che, nonostante l'emancipazione delle donne, per lo più, il rituale degli appuntamenti è rimasto invariato.

Anche gli incontri sociali casuali con individui che appartengono al sesso opposto possono riservare sofferenza e difficoltà per un adolescente timido. Ecco quel che ci ha riferito un ragazzo di diciassette anni:

L'estate scorsa, ero in centro e ho incontrato quella ragazza che frequenta la mia stessa scuola. Eravamo abbastanza in confidenza a scuola, ma non abbiamo mai avuto contatti al di fuori di quel contesto. Mi ha salutato dal fondo dell'isolato e mi è corsa incontro. Quando mi ha raggiunto, riuscivo a malapena a parlare, così ho borbottato qualcosa di insensato sul fatto che avevo fretta, anche se, in realtà, non stavo andando da nessuna parte. Le ho però detto che l'avrei chiamata più tardi. Mentre me ne andavo, continuavo a pensare a tutte le cose che avrei potuto dire, e ho capito quanta fortuna mi aveva riservato il caso quel giorno. Non l'ho mai chiamata, perché mi vergognavo per il modo in cui mi ero comportato. Ho pensato che non avrebbe mai più voluto parlarmi.

Eppure, per quanto ne poteva sapere questo adolescente, la ragazza di cui stava parlando avrebbe potuto sentirsi esattamente come la coetanea che ha descritto un incontro per certi versi simile:

> Ero in cartoleria, per comprare dei fogli da aggiungere nei quaderni con gli anelli, quando ho visto Alan, che frequenta con me il corso di storia. È davvero brillante, e mi piace, pensavo di piacergli un po', anche perché era sempre gentile. Mi sono avvicinata e ho iniziato a parlare del compito di storia e di altre cose, solo per fare conversazione. Ha borbottato qualcosa, poi ha detto che doveva tornare a casa, ma che mi avrebbe visto volentieri più tardi. Immagino di essermi sbagliata sul fatto che gli piaccio, e ora sono così imbarazzata, perché mi sono resa ridicola costringendomi ad avvicinarmi a lui per parlargli.

AIUTARE IL VOSTRO ADOLESCENTE TIMIDO

Se vi è mai capitato di provare a dare un consiglio a un adolescente, sapete quanto viene ben accolto. Anche i genitori che hanno mantenuto aperti i canali della comunicazione hanno difficoltà, semplicemente perché una tappa dello sviluppo, nel corso dell'adolescenza, implica separarsi dai genitori. Per fare questo l'adolescente deve cogliere, nei suoi genitori, due ottuse "figure del Medioevo" che non sanno cosa stia realmente accadendo, né hanno nulla da dire che meriti di essere ascoltato.

Possono prendere alla sprovvista un genitore, perché, a volte, portano a casa i loro problemi, in certe occasioni vogliono parlare, in altri casi chiedono cosa dovrebbero fare e, talvolta, ci trattano persino come se fossimo dotati di una certa intelligenza. Poi, il giorno dopo, a causa di un'impennata ormonale, vi ritrovate nuovamente al posto che vi hanno riservato. Anche gli adolescenti timidi, come sanno la maggior parte dei genitori, possono rivelarsi più aggressivi, quando i loro genitori "escono dai ranghi".

Una madre ci ha riferito che, un giorno, sua figlia di quindici anni è tornata a casa e le ha detto: «Mamma, sei così comprensiva e intelligente. Mi dici sempre la verità, perciò non ti mentirei mai». Il giorno dopo, quella madre si è fermata davanti a casa e ha visto sua figlia in piedi sul marciapiede con le amiche. Ha notato una sigaretta che spuntava dalla tasca dei suoi pantaloni. Quando le ha chiesto una spiegazione, la figlia ha detto: «Non ho sigarette». Quando la madre ha fatto notare alla figlia quella sigaretta, la ragazza ha risposto: «Be', non ce l'ho messa io. Qualcun altro deve averlo fatto». Sarete forse gratificati dal sapere che questa madre ha reagito mettendo in punizione la figlia per «aver offeso la mia[sua] intelligenza».

Anche altre persone, che non sono i genitori dei ragazzi che hanno bisogno di aiuto, hanno difficoltà a interagire con loro. Per esempio, in una scuola media di Palo Alto è stata organizzata una clinica per la timidezza e solo sette ragazzi erano interessati. Di quei sette, tutti, tranne uno, hanno negato di essere timidi. Quando hanno offerto spiegazioni in merito alla loro partecipazione, ognuno di loro ha detto che «aveva un amico timido che intendeva aiutare». Ovviamente, questi giovani manifestavano timidezza per il fatto di essere timidi.

Proprio in ragione delle difficoltà che gli adulti hanno nell'interagire con i giovani, il capitolo 9, "Il manuale dello studente per la timidezza", è stato progettato per offrire agli studenti delle scuole medie inferiori, delle superiori e, anche, agli universitari, gli strumenti per superare la timidezza per proprio conto. I genitori possono aiutare al meglio i loro figli offrendo loro questo materiale, e poi, a seconda della loro età, lavorando indirettamente per farli sentire al sicuro e ridurre le occasioni in cui quei ragazzi si sentono impacciati.

La prima regola da ricordare, quando volete aiutare un adolescente timido a superare quel problema, è evitare di dire: «Non essere timido». Anzitutto, così etichettate il vostro interlocutore, e poi dovete ricordare che nessuno si è mai liberato di una fobia, semplicemente dicendogli di farlo. Nondimeno, un ragazzo può essere incoraggiato ad agire come se non fosse timido.

Dal momento che l'aspetto personale può svolgere un ruolo tanto rilevante in merito al fatto che un adolescente manifesti eccessiva auto-consapevolezza, e poiché su queste questioni i suoi genitori possono aiutarlo, inizieremo a "lavorare" dall'esterno verso l'interno.

Aspetto personale

Se non siete nati belli, potreste ricordare come vi sentivate per il fatto di manifestare alcune caratteristiche che vi facevano sentire impacciati. Riuscite a ricordare la sofferenza? Rammentate quando volevate solo nascondervi in camera vostra? Una donna, ricordando la dolorosa timidezza che manifestava a causa della brutta pelle, ci ha riferito: «Dovevo andare a scuola, ma quando potevo scegliere restavo a casa, per esempio, durante i fine settimana e dopo le lezioni. Ricordo che nel corso dell'estate successiva al conseguimento del diploma di maturità non uscivo quasi mai dalla mia camera da letto».

Pelle

Accanto al mito che tutti gli adolescenti emergeranno dalla timidezza c'è quello che tutti loro supereranno il problema dell'acne giovanile. Alcuni lo fanno. Invece, altre persone non lo faranno mai, e continueranno a essere afflitte da certi problemi, che riguardano la cute, per tutta la vita. Tuttavia, il fatto che quelle eruzioni, a un certo punto, scompaiano magicamente, o meno, ha poco a che fare col danno che possono arrecare a un adolescente sensibile e impacciato. Non è possibile riuscire a distogliere la mente da un problema di pelle perché: a) il prurito e l'infiammazione vi ricordano costantemente che lo avete, e b) le persone continuano a porvi domande, oppure vi consigliano degli inutili rimedi da banco che dovreste provare.

La dermatologia ha fatto molta strada e, nella maggior parte dei casi, i problemi associati all'acne giovanile, che si distribuiscono in una gamma che va da lievi a gravi, possono essere risolti, anche del tutto, con creme, vitamine, e con la terapia antibiotica: in alcuni casi, basta correggere uno squilibrio tiroideo. È un mito che l'impurità della pelle sia la causa principale dell'acne; perciò, gli adulti e le altre persone che insistono sul fatto che un viso pulito favorisce la salute dalla pelle aggiungono solo la beffa al danno, quantomeno finché il problema permane. Un bambino con problemi cutanei dovrebbe andare fin da subito a consulto da uno specialista che si occupi di dermatologia.

Peso

Sia il sovrappeso che il sottopeso possono innescare e mantenere quel particolare stato di auto-consapevolezza. C'è un modo corretto, e uno sbagliato, di affrontare il sovrappeso di un adolescente. Questa lettera illustra il modo sbagliato:

> Avevo 12 anni e frequentavo la seconda media. Mia madre, mio padre e io eravamo seduti in giardino. Stavo attraversando i primi mesi "imbarazzanti" del mio ciclo mestruale, cercando di rimanere un "maschiaccio" e, al contempo, volendo essere una "ragazza". Ero sovrappeso al punto da risultare piuttosto brutta. Le parole che ricordo sono quelle che mio padre rivolse a mia madre: «Vuoi fare qualcosa per lei, per favore? È grassa come un maiale!». Questa fu la goccia che fece traboccare il vaso. Corsi in camera mia per nascondermi, e non feci altro che piangere.

Il modo corretto è:

a. Sottoponete vostro figlio a un esame obiettivo e chiedete al vostro medico di famiglia, o al pediatra, di parlargli, per poi metterlo a dieta.
b. Tenete a portata di mano degli snack nutrienti, ma a basso contenuto calorico.
c. Non lamentatevi, perché ciò rinforza la percezione della bruttezza da parte di una persona e può generare una tale frustrazione che può essere placata solo da un'enormità di Twinkie.
d. Date il buon esempio.

Denti

La buona notizia è che la maggior parte dei bambini, alla fine, interpreta e ricorda in modo positivo il periodo in cui frequenta l'ortodontista. Il filo metallico e tutti gli altri apparecchi ortodontici sono ormai considerati una sorta di status symbol. Portare l'apparecchio comunica: "Ho un problema, ma lo sto risolvendo". Non solo portare l'apparecchio è di moda, ma, di solito, si rivela un'esperienza formativa in relazione alla responsabilità. Quando poi gli apparecchi ortodontici vengono rimossi, le persone si sentono benissimo con loro stesse. Nessuno dovrebbe vivere, per tutta la vita, con dei denti che sembrano un ventaglio giapponese, oppure tali da suscitare l'invidia di Dracula. Certo, è un trattamento costoso, ma la maggior parte degli ortodontisti offre piani di pagamento, senza interessi, che non sono così "dolorosi" come quelli relativi all'acquisto di un'auto, e, soprattutto, si tratta di un investimento sull'autostima di vostro figlio che ha un valore inestimabile.

Igiene personale

Quando non infastidirete un adolescente in merito all'assenza di ordine nella sua camera, avrete risparmiato risorse per porre questioni su aspetti ben più importanti, come, per esempio, l'igiene personale. Lamentatevi, se dovete, per porre in evidenza l'importanza delle docce quotidiane, l'uso regolare dello shampoo e di indossare vestiti puliti.

Abbigliamento

Ricordate che gli adolescenti incarnano il più assoluto conformismo. Mettete a loro disposizione una quantità adeguata di vestiti che, in base al loro codice, stiano bene. Non insistete sul fatto che i vostri figli indossino qualcosa che i loro coetanei non metterebbero nemmeno a "costo della vita". In effetti, non sorprende che una delle ragazze più timide che frequenta la seconda media alla Jordan Middle School sia vestita in modo impeccabile. Indossa bellissime gonne a pieghe, con camicette coordinate, maglioni, calze al ginocchio, e lucidissime scarpe stringate. I suoi coetanei, al confronto, sembrano alquanto squallidi e pacchiani: jeans consumati, magliette, giacche imbottite e qualunque scarpa da tennis che sia di moda (variano di mese in mese). Ovviamente, i genitori di questa ragazza sono mossi da buone intenzioni, ma, al di là dei loro sforzi, potrebbero anche vestire la loro figlia con un costume da gorilla. Possiamo personalmente aborrire l'attuale conformismo, nondimeno, dobbiamo esser consapevoli del fatto che è molto importante per gli adolescenti; perciò, apparire diversi dai loro coetanei li può predisporre alla manifestazione della timidezza.

Potrebbe apparire una questione banale, eppure una donna, ora madre di due adolescenti, ricorda di essere diventata molto più timida, nel corso dell'adolescenza, quando sua madre la costrinse «a indossare quegli abitini da bambina con le fusciacche sulla schiena, mentre tutti gli altri ragazzi indossavano gonne e maglioni».

Capelli

Dovrebbero essere puliti e acconciati secondo uno stile attuale. Niente tagli militari, per i ragazzi, solo perché papà portava i capelli così, vent'anni fa, niente soffici bouffant, perché questa è la preferenza della mamma. Non discutete in merito alla lunghezza: la lunghezza non è determinata da Vidal Sassoon, né dal Presidente degli Stati Uniti, bensì da ciò che è ritenuto adeguato, o accettabile, dal gruppo dei pari.

AIUTARE VOSTRO FIGLIO A SENTIRSI SICURO

Anche se, a volte, i ragazzi possono manifestare qualche resistenza, cogliete ogni opportunità, quando vostro figlio desidera rassicurazioni e la dimostrazione del vostro affetto. Accarezzateli, finché potete, perché presto cresceranno e quell'opzione sarà quasi fuori portata; perciò, osservate alcuni dei seguenti suggerimenti per individuare ulteriori modalità per farli sentire al sicuro.

Privacy

Sebbene la privacy sia sempre importante per tutti i figli (sì, lo sappiamo, a eccezione di quella dei loro genitori), in nessun momento è tanto importante per il loro senso di sicurezza come durante l'adolescenza. Ancora una volta, nella maggior parte dei casi, l'accesso alle loro stanze, alla scrivania, ai cassetti, ai diari e alla posta dovrebbe essere considerato "vietato".

Ciò vale, per l'appunto, nella maggior parte dei casi. Ci sono deroghe a ogni regola e, sebbene sia vero che i genitori dovrebbero rispettare la privacy dei propri figli, un'eccezione notevole è quando si ha motivo di credere che il vostro ragazzo possa fare qualcosa di dannoso per la sua salute fisica o emotiva, come, per esempio, l'assunzione di sostanze. Prima di attuare una ricerca senza alcun preavviso, vi suggeriamo di parlare con lui. Ma se parlando non ottenete nulla, e credete ancora che vostro figlio possa fare qualcosa di autodistruttivo, allora vostra è la responsabilità di stabilire se le cose stanno così. Se cercare in una stanza, o un cassetto, è l'unico modo per farlo, allora considerate giustificata un'iniziativa del genere in ragione delle circostanze.

Definite dei limiti, stabilite delle regole

Uno dei nuovi miti è che gli adolescenti desiderino e rispondano bene alla libertà più totale. Il fatto è che non dispongono dell'esperienza per stabilire come affrontarla. Una parte di quel mito indica che, praticamente tutti i ragazzi, possono prendere le proprie decisioni, su questioni come bere o fare sesso, e anche in relazione a molte altre cose. Questo mito, afferma la psichiatra Helen DeRosis, è rinforzato da molti programmi televisivi contemporanei. «Il problema viene posto», afferma DeRosis, «e i genitori, negli spettacoli televisivi, dicono ai loro figli che devono trovare da soli le proprie soluzioni. In seguito, i ragazzi della televisione, attuano proprio tutto ciò, e le vicende si chiudono molto felicemente. Questo scenario dà l'idea, sia ai genitori sia ai figli, che gli adolescenti possano prendere le proprie decisioni, il che è semplicemente assurdo, dato che i ragazzi non dispongono dell'esperienza per assolvere tale compito. Quando ricevono questo genere di messaggi, diventano terribilmente insicuri e, a volte, sono persino terrorizzati. L'onere che tutto ciò pone sui giovani è enorme».

«I genitori devono stabilire delle regole», afferma DeRosis, autrice di un libro intitolato *Parent Power/Child Power*, «e, alla fine, spesso devono prendere delle decisioni di cui i loro figli non sono ancora in grado di farsi carico».

Un adolescente che non ha limiti può vantarsi del fatto che ai suoi genitori non importa se rimane fuori tutta la notte ("Questa è la sua decisione"), e un amico potrebbe manifestare invidia, ma secondo un certo numero di giovani con cui abbiamo parlato, quegli stessi "invidiosi" possono essere segretamente contenti che i genitori abbiano imposto un coprifuoco, perché sanno che alla mamma e al papà importa davvero di loro. Le regole eque e ragionevoli sono evidenze del prendersi cura, anche se spesso innescano, da parte dei giovani, alcune resistenze. Chiedetelo alle persone che non hanno regole da rispettare: è probabile che vi diranno di non sentirsi amate, proprio per l'assenza di quei limiti. Di tanto in tanto appare una lettera in certe rubriche, come, per esempio, Dear Abby oppure Ask Ann Landers, che illustrano tale bisogno. Eccone una che è stata recapitata ad Ann:

> Gentile Ann Landers,
> Ogni tanto qualche adolescente si lamenta che i suoi lo trattano come se fosse ancora un poppante. I ragazzi si risentono quando gli viene chiesto: "Dove stai andando?", "Con chi?", "A che ora rientrerai?" Be', i miei non mi pongono nessuna di quelle domande. Sono libero di andare e venire come mi pare, e non mi piace molto. Mi son fatto l'idea che se si preoccupassero davvero di me, mi imporrebbero delle regole. Tuttavia, quando le regole vengono stabilite, qualcuno deve pur farle rispettare, e ciò significa impegnarsi. Dopotutto, è più facile lasciare che i ragazzi si scatenino.
> Quanto mi piacerebbe che mia madre dicesse: "No, non puoi andare a pattinare sul ghiaccio con questo freddo". Ma non l'ha mai fatto. Dice sempre: «Dipende da te». Mi sento insicuro, semplicemente perché ho troppe decisioni da prendere.
> Spero che quei ragazzi, ai quali i genitori rivolgono molte domande e impongono un sacco di regole, sappiano quanto sono fortunati. Significa che qualcuno li ama.
>
> *Dalla mia amata Bridgeport, Conn.*

Questa lettera ci impone di riconsiderare la sicurezza, e ci invita a riflettere su quanto sia importante disporne per un giovane. Uno psichiatra, che si occupa in maniera specialistica dei problemi degli adolescenti, ci ha riferito che i ragazzi "senza limiti" possono essere paragonati alla vostra «passeggiata sul Golden Gate Bridge scoprendo che non ci sono i parapetti. Senza percepire i limiti, questi ragazzi appaiono terrorizzati». E, ovviamente, anche insicuri.

Le regole hanno bisogno di essere spiegate

Se avete intenzione di mettere in guardia un adolescente sui pericoli del fumo di marijuana, dei trip o delle malattie veneree,

Helen DeRosis consiglia: «Fate il vostro lavoro in famiglia». In altre parole, assicuratevi di sapere di cosa state parlando e dite a vostro figlio la verità. Questo non solo offre al ragazzo una buona ragione per evitare di compiere certe azioni, ma consolida anche in lui la fiducia nei confronti dei genitori. Se, per esempio, fornite a un adolescente una ragione per porre in essere la vostra regola contro il fumo della marijuana, e se l'argomento si basa sui fatti, quando qualcun altro tenterà di far pressione su di lui, affinché infranga quella stessa norma, disporrà delle informazioni necessarie per prendere consapevolmente una decisione in merito.

Preservare la dignità

Non mettetevi a ridere quando vostro figlio commette un errore, o attua qualcosa di sciocco. Non parlatene ad altre persone. Non respingete, con leggerezza, le questioni per le quali potrebbe provare un forte coinvolgimento, magari dicendo qualcosa come «Oh, non c'è nulla di cui preoccuparsi», quando quell'adolescente pensa, del tutto evidentemente, che ci sono molte ragioni per cui essere in ambasce, e vi ha già accordato una certa fiducia, discutendone con voi. È meglio annuire, manifestando empatia, oppure semplicemente dire "Lo so, lo so" e rinforzare le vostre esternazioni con un po' di affetto espresso sul piano somatico.

Sebbene nessuno si aspetti che un genitore tolleri un comportamento abusante, odioso e distruttivo, gli scontri dovrebbero essere gestiti nella dimensione privata e, soprattutto, mai di fronte ai coetanei di un adolescente.

Una regola di base potrebbe essere quella di cercare di trattare gli adolescenti nello stesso modo che riservate agli adulti che rispettate.

Mantenete aperti i canali della comunicazione

Un buon ascoltatore può imparare molto su come funziona un determinato adolescente. Un modo "efficace" per chiudere la comunicazione è impiegare radicali generalizzazioni come "Tu ... sempre" e "Tu ... mai", quando correggete un adolescente. Invece, quando non lo state correggendo, bensì state semplicemente conversando, ascoltate con attenzione sia le lamentele sia le chiacchiere più banali. Quando muovete delle critiche nei riguardi di vostro figlio adolescente, provate a dire, per esempio: «Penso che staresti bene con quel taglio di capelli che mi pare di moda», invece di «I tuoi capelli sono orribili acconciati in quel modo», oppure «Farai una buona impressione, quando sosterrai il colloquio per l'ammissione all'università, se indosserai abiti convenzionali», invece di «Non vestirti come un barbone».

L'"ascolto attivo" è simile alla comprensione che occorre riservare a un'adolescente che lancia i suoi vestiti, per tutta la stanza, al mattino, per ragioni che non sono immediatamente evidenti a una madre perplessa che osserva la figlia, mentre trasforma la sua camera in un campo di battaglia. Non sta violando intenzionalmente gli standard dettati da sua madre, sta invece cercando qualcosa da indossare che la renda socialmente più accettabile. In ogni caso, ascoltare attivamente significa udire con un "orecchio" che percepisce tutte le parole, e anche ciò che potrebbero nascondere. Significa entrare in sintonia per cogliere dei piccoli indizi, in merito al fatto che l'interlocutore è infastidito da qualcosa di cui non sta parlando esplicitamente.

Un esempio di ciò è la madre di una ragazza di tredici anni: come regalo speciale per il diploma della scuola elementare, aveva completamente ristrutturato la stanza della figlia, solo per poi sentirsi dire che non le piaceva e la odiava. «Non riuscivo a capire perché a Linda non piacesse più la stanza. Aveva voluto che fosse ristrutturata impiegando i toni del verde; ero uscita e avevo fatto ogni sforzo per trovare dei campioni di carta da parati, moquette e tessuti. Ne avevo scelti cinque o giù di lì, e poi ho lasciato che scegliesse quelli che preferiva. Quando la stanza fu terminata era bellissima, e tutti gli amici di Linda ne rimasero affascinati».

Come abbiamo avuto modo di osservare, c'erano tre parole nascoste nella raffica di lamentele sulla stanza che la madre di Linda ha dovuto sentire: «Non voglio crescere».

Quasi non mi sono resa conto, e sicuramente non mi sarei soffermata sul perché Linda mostrasse tanta ingratitudine per tutti i miei sforzi. Mi è venuto in mente, in un lampo, che nel ristrutturare nuovamente la sua stanza, avevo "portato a casa", decisamente, il fatto che, indipendentemente da quanto le piacesse, Linda stava crescendo. Quella che, una volta, era stata la stanza di una bambina, ora era quella di una giovane donna. Linda era "in lutto" perché la sua infanzia, senza complicazioni, era finita per sempre. Invece di rimproverarla, ho preso tutti i suoi peluche e li ho messi sul letto. Poi l'ho ascoltata, mentre si lamentava, in lacrime, di quanto tutto ciò fosse terribile e la spaventasse. Aveva bisogno di poterlo dire, e io avevo bisogno di sapere che si sentiva così.

Indiscrezione versus privacy

Quando abbiamo discusso con un gruppo di ragazze timide delle scuole medie in merito ai problemi che stavano affrontando, il riferimento, quasi unanime, era rappresentato dalla "curiosità dei genitori". Mentre approfondivamo ulteriormente la questione, divenne chiaro che quel che stavano mettendo in discussione erano i tentativi dei loro genitori di scoprire cosa stavano provando e pensando, in un momento della vita in cui erano in procinto di sviluppare un sé privato, di avere segreti condivisi solo col "caro diario", di diventare delle persone uniche. I loro genitori apparivano in ansia, perché la trasparenza dell'infanzia era ormai offuscata e intorbidita. Non potevano più stabilire, semplicemente guardando il comportamento del loro bambino, "cosa stava succedendo", poiché le azioni pubbliche non corrispondevano più, necessariamente, al mondo privato che riguardava l'immaginario di un adolescente.

Sebbene questi giovani possano aver reagito in modo eccessivo alle preoccupazioni dei loro genitori (per la perdita dell'innocenza dei figli e la distanza sempre più evidente che si apre tra loro), i padri e le madri dovrebbero variare le vie d'accesso alla comunicazione con i loro ragazzi, se vogliono sinceramente che parlino con loro, in merito a ciò che realmente desiderano, abbisognano, percepiscono e temono. Sostituite lo stile del Grande Inquisitore con un invito a discutere di alcune questioni, interessanti per voi genitori, in cui lo svelamento sarà avviato, per la prima volta, da loro stessi. Nondimeno, ci saranno ancora determinate fantasie riservate solo a loro stessi, perciò ricordate che l'indipendenza del pensiero, la quale si riflette nelle fantasie dell'adolescente, dovrebbe essere rispettata e onorata.

Elogiare

In una fase dello sviluppo in cui ci sono tante manifestazioni che potrebbero essere sottoposte a critica, i genitori devono individuare con attenzione i momenti in cui possono offrire elogi e rinforzi. Quindi, anche se il compito abituale dell'adolescente è semplicemente portare fuori la spazzatura, falciare il prato, oppure lavare i piatti, sfruttate tutto ciò alla stregua di opportunità volte a offrirgli riconoscimenti per gli sforzi che compie. Ricordate di proferire solo ciò che realmente si configura come un complimento.

Continuate a infondere il senso della responsabilità

Alcuni genitori "liberali" reputano che fare i compiti rappresenti una decisione personale, che riguarda l'adolescente. Riteniamo che una prospettiva più sensata sia quella espressa dalle parole di un padre che si è rivolto così a suo figlio: «Ho il mio lavoro, e lo faccio ogni giorno. Il tuo compito è andare a scuola e imparare». L'attenzione espressa in questa affermazione consente a un adolescente di sentirsi al sicuro. Al contempo, gli insegna anche qualcosa in merito alla responsabilità. D'altra parte, un adolescente, al quale viene permesso di marinare la scuola, oppure di evitare di fare i compiti, e che, alla fine, riceve voti molto bassi, o viene addirittura bocciato, non può costruire una buona immagine di sé, ovvero non consegue uno degli obiettivi più rilevanti associato a questa fase dello sviluppo.

Un adolescente è perfettamente in grado di mantenere in ordine la propria stanza (anche se molti si rifiutano di farlo), può anche acquisire un metodo di studio, fare il bucato e gestire da solo vari appuntamenti. Una certa responsabilità, nei confronti della famiglia stessa, è d'obbligo: lavare i piatti, portare fuori la spazzatura, fare commissioni e occuparsi di altre faccende che devono essere amministrate, non significa chiedere troppo. Dopotutto, si tratta di assolvere quei compiti che, alla fine, fanno sentire meglio una persona con sé stessa, anche se poi non perde occasione per lamentarsene.

PARTECIPARE ATTIVAMENTE AL SISTEMA EDUCATIVO

Sebbene sia utile osservare vostro figlio alle elementari, farlo alle medie, oppure alle superiori, è forse la scelta peggiore che un genitore possa fare. Tuttavia, il coinvolgimento dei genitori, ad altri livelli, può rivelarsi vantaggioso, non solo per vostro figlio, ma anche per gli altri.

Forse a causa della costante esposizione agli adolescenti, alcuni insegnanti e funzionari scolastici diventano piuttosto insensibili nei riguardi delle situazioni difficili che riguardano i loro studenti. Così, un genitore coinvolto può svolgere un po' la funzione di "promemoria" e favorire lo sviluppo di un clima a scuola che sia strutturato, per quanto possibile, in modo da ridurre al minimo il manifestarsi della timidezza.

Un buon punto di partenza è rappresentato dai concorsi che non hanno vincitori. Come abbiamo osservato nell'esempio del "Flower Day", sia l'adolescente meno popolare che quello più popolare sembrano subire una sorta di umiliazione.

Certamente, non tutti i vincitori sono scontenti di conseguire una vittoria. Alcuni bambini devono vincere: vengono spinti a farlo, a volte da forze interiori e, in altri casi, dalla pressione dei genitori, o dalla necessità di ricevere importanti approvazioni sia da parte di mamma e papà sia dai coetanei. Tuttavia, metteremmo in dubbio il valore dei concorsi che riguardano la popolarità, quando la posta in gioco è tanto elevata, quantomeno per quei bambini a cui non piace essere al centro dell'attenzione, e che, invece, vi si trovano, senza peraltro averlo scelto. È necessario organizzare un evento, che dovrebbe rivelarsi piacevole, quando qualsiasi godimento sembra andare a scapito dell'autostima di qualcun altro?

I genitori preoccupati per gli effetti negativi prodotti da tali concorsi associati alla popolarità devono unirsi, e fare il possibile per impedirli. Peraltro, si confronteranno con una grande opposizione, la quale proverrà, in gran parte, non solo da genitori per i quali la popolarità dei loro figli è straordinariamente importante, ma anche da parte di ragazzi estremamente popolari, che hanno bisogno dell'adulazione dei loro coetanei, e che non sono preoccupati per il risentimento che gli altri, poi, riserveranno loro.

Tuttavia, alla fine, se più genitori stabilissero delle modalità per generare un clima d'uguaglianza, e proponessero, con decisione, tali opportunità agli insegnanti e agli altri funzionari scolastici, non solo verrebbero aiutati i bambini timidi e impopolari, ma anche quelli che, pur non essendo timidi, né impopolari, sono sollecitati, da mamma e papà, a vincere tutti i concorsi.

Un'altra questione in merito alla quale i genitori possono avere voce in capitolo è associata alla strutturazione stessa del percorso scolastico. In alcuni casi, i nodi sono giunti al pettine per gli educatori liberali, i cui sogni, in relazione alla "libertà accademica", si sono trasformati in incubi. Per esempio, una scuola superiore, che abbiamo visitato, ha cambiato la sua rigida strutturazione per offrire a tutti gli studenti la possibilità di scegliere quali corsi avrebbero seguito; inoltre, ha aperto il campus, affinché gli studenti potessero andare e venire a loro piacimento. A quanto pare, non tutti gli studenti sono abbastanza maturi per prendere le corrette decisioni; perciò, alcuni hanno approfittato di ben tre periodi di tempo libero al giorno, i quali, normalmente, vengono trascorsi in modi non costruttivi, che certamente non favoriscono l'incremento dell'autostima: bere caffè in un bar, fumare, assumere droghe. A un certo punto, questi adolescenti rischiano di ricevere la notizia che potrebbero non avere ottenuto abbastanza crediti per diplomarsi, il che difficilmente rinforza l'immagine di sé di un individuo. Alcuni insegnanti e tutor si lamentano del fatto che il loro lavoro è reso più duro, semplicemente perché non hanno alcun controllo, quando la strutturazione del percorso formativo è tanto lasca. Peraltro, le persone timide hanno bisogno di un ambiente strutturato per funzionare nel modo più efficace.

Sia che i nostri figli frequentino una scuola privata, oppure una pubblica, si tratta comunque di istituti finanziati da noi genitori, pertanto abbiamo tutto il diritto di partecipare, quanto basta per assicurarci che i nostri soldi siano investiti in modo adeguato. Quindi, per il bene della formazione e per l'autostima di vostro figlio, fate un po' di "rumore".

Combattere la timidezza con il senso di scopo

Un problema fondamentale, che riguarda gli adolescenti si configura in triplice forma. Primo, non sono né bambini né adulti; tra l'altro, i più piccoli, che frequentano le scuole medie, subiscono gli effetti dell'ulteriore confusione dovuta allo stato di transizione somatica ed emotiva, ai quali si aggiunge la percezione, molto reale, di non avere sotto controllo il proprio destino. Secondo, mentre i bambini piccoli sono generalmente amati, gli adolescenti sono sistematicamente denigrati: tutti, almeno a parole, sostengono la scuola di pensiero i-bambini-sono-meravigliosi, mentre osservare gli adolescenti, esprimendo biasimo, o disgusto, è un passatempo socialmente accettabile. Terzo, gli adolescenti hanno difficoltà a trovare uno scopo nella vita. Questo accade, sempre di più, perché non dispongono di ruoli da assumere. Per esempio, qui, a Palo Alto, fino a poco tempo fa si viveva in un ambiente piuttosto privilegiato e protetto; disponevamo di molte scuole, ma ora, per salvaguardare gli interessi dell'economia, ne abbiamo chiuse alcune e abbiamo potenziato le rimanenti. L'esito è che ci sono molti più studenti in tutte le nostre scuole e il numero di ruoli che possono assumere rimane limitato. C'è solo un presidente del corpus studentesco, un rappresentante per ogni classe, un consiglio degli studenti e una squadra di football. La competizione è più agguerrita di prima, e anche l'alienazione è maggiore rispetto a qualche tempo fa. Si tratta di un progetto perfetto per favorire la timidezza.

Lavorando insieme, genitori e insegnanti dovrebbero individuare alcune modalità grazie alle quali offrire ai nostri giovani dei ruoli che appaiano significativi ai loro occhi. Un vantaggio secondario si otterrebbe qualora si permettesse agli adolescenti di offrire contributi alla comunità, o alla scuola, dacché diventerebbe meno giustificato denigrarli in quanto gruppo, oppure per quel che sono.

Quindi, cosa possiamo fare oltre a incoraggiare i nostri figli a sviluppare abilità specifiche?

Forse possiamo cominciare a offrir loro meno scelte. Per esempio, un insegnante di scienze sociali potrebbe far presente, in una classe, che ci sarà una campagna di raccolta fondi per combattere la fame nel mondo e, quindi, chiedere ai suoi studenti di fare volontariato. Un'alternativa al semplice "annuncio e reclutamento" è proporre, come compito da eseguire in classe, l'organizzazione della partecipazione a un tale evento, nella quale a ogni studente è riservata un'attività, e ognuno è tenuto, in quanto ciò fa parte del progetto, a partecipare anche alla manifestazione.

Altri ruoli da assumere potrebbero essere garantiti dalla partecipazione a un club, oppure dal fatto di prestare servizio in un qualche comitato scolastico. È importante consentire ai ragazzi di scegliere a cosa dedicarsi, ma occorre impedire ogni opzione che consenta di bighellonare. Ciò non è più antidemocratico del fatto che tutti gli studenti devono frequentare i corsi di matematica, storia, educazione fisica e scienze.

Dobbiamo incoraggiare i nostri figli ad aiutare gli altri, e supportarli affinché individuino dei modi per farlo. Concentrare la propria attenzione sugli altri è un modo grazie al quale una persona timida può "mettere da parte" l'auto-consapevolezza e sentirsi bene con sé stessa. Indipendentemente da quanto siano timidi, individuare dei modi, grazie ai quali i ragazzi possano aiutare gli altri, può offrire loro l'accesso a ruoli significativi. In una delle nostre scuole medie è stato messo a punto un programma che coinvolge i ragazzi in progetti comunitari. L'idea è valida, ma, purtroppo, solo la "crema" degli alunni può partecipare. A quanto pare, questi studenti che prendono sempre delle "A" sono anche, per la maggior parte, molto popolari, sicuri di loro stessi e non appaiono molto timidi. Ci pare che reclutare i ragazzi più timidi, e meno popolari, favorirebbe il raggiungimento di ben più di uno scopo: fornirebbe un numero maggiore di volontari; aiuterebbe i bambini timidi a sentirsi meglio con loro stessi e offrirebbe l'opportunità di "dimenticare" loro stessi, incontrando persone nuove.

Se state cercando dei modi per offrire ai vostri figli il senso dello scopo, questo potrebbe essere il momento giusto, in qualità di genitori, per rendersi disponibili e fare del volontariato, per dedicarsi a una campagna sociale o politica, oppure per schierarsi attivamente a favore di una causa degna, portando con voi i vostri figli.

8
Il periodo del college
(dai 17 anni in poi)

L'accesso all'università rappresenta una tappa importante nella vita dei nostri giovani; dacché segna il passaggio dall'adolescenza alla prima età adulta. Il più delle volte, segnala un cambiamento che si traduce in una riduzione della dipendenza dai genitori a favore dell'acquisizione di una maggiore autonomia. Spesso significa lasciare la propria casa di famiglia e vivere in uno studentato con i propri coetanei. Questo è vero, in una certa misura, anche quando gli studenti frequentano un Community College poiché trascorrono sempre meno tempo a casa.

Per molti studenti, il primo anno, specialmente la prima parte, riserva un'esperienza alquanto deprimente. In effetti, è una delusione rendersi conto che non sono particolarmente speciali, bensì delle repliche tra migliaia di "sosia", alcuni dei quali sono anche destinati a dimostrarsi più brillanti di loro. Uno studente ha descritto i suoi sentimenti in questo modo:

> Per tutta la vita, il sogno dei miei genitori era quello di vedermi frequentare la Stanford University, quindi quello è diventato anche il mio obiettivo, da quando ho memoria. Pensavo: «Accipicchia, se solo avessi le qualità, lo realizzerei». Quando sono stato ammesso, ho provato una sorta di «sballo naturale», che è durato per giorni. Ma ora che sono qui, mi sento circondato da persone che sono più brillanti di me, e da centinaia e centinaia di altre che, ovviamente, essendo state ammesse, sono intelligenti quanto me. Quindi io non sono la persona eccezionale che mi hanno fatto credere di essere.

Un altro studente che è stato ammesso in uno dei migliori college, grazie a una borsa di studio, ha dichiarato: «Invece di sentirmi speciale in modo positivo, in ragione della presenza di così tanti studenti che sono figli di genitori famosi o ricchi, mi sento speciale in senso negativo... povero».

Il passaggio dal liceo al college è molto più importante di quello dalle scuole medie alle superiori, non solo perché rappresenta un momento caratterizzato dall'acquisizione di una maggiore indipendenza personale, ma anche in ragione del fatto che l'ambiente è radicalmente diverso. A causa delle dimensioni del campus e delle dimensioni dei corsi, indipendentemente dalla bravura di uno studente, è possibile perdersi in quel mare di universitari. Ci sono così tanti studenti e così tanti corsi, ampiamente frequentati, che, spesso, quei ragazzi si trovano avvolti e immersi nel magma dell'istruzione di massa. Per esempio, i 680 studenti che frequentano il corso introduttivo di psicologia, tenuto da Phil Zimbardo, costituiscono un numero maggiore del totale delle iscrizioni della maggior parte delle scuole superiori. Nei grandi college statali, come l'University of Minnesota, un corso può arrivare a esser seguito da 2 000 studenti, parte dei quali guarda il professore, mentre insegna, attraverso un monitor.

In tali condizioni, gli studenti che hanno terminato con profitto il liceo, studiando duramente e, magari, dimostrando di avere talento, abilità, capacità cognitive facilmente riconoscibili, anche perché gli insegnanti hanno mostrato un interesse speciale nei loro confronti, scopriranno che tutto ciò, al college, non è sufficiente. La maggior parte dei loro coetanei si trovano nella stessa "barca", quindi dovranno fare qualcosa di più che studiare, se vorranno distinguersi agli occhi del loro professore che insegna all'università. Se non lo faranno, verranno superati e travolti da coloro che manifesteranno tale disposizione. È raro individuare un college che si rivolga a studenti che manifestino reticenza, che si dimostrino poco assertivi, scarsamente indipendenti, che non partecipino, oppure evitino di prendere l'iniziativa. In breve, *le persone che manifestano timidezza, il più delle volte, si ritireranno, e appariranno ancor più in secondo piano, al college.*

È istruttivo considerare quali sono i due problemi principali per i quali gli studenti richiedono un aiuto psichiatrico durante gli anni del college. Il primo ha a che fare con le performance cognitive, il secondo con le competenze sociali. Il mancato rispetto degli standard fissati dal proprio ideale dell'Io produce disillusione e un abbassamento dell'autostima nella maggior parte di coloro che richiedono il counseling professionale. Per anni, genitori, parenti e insegnanti li hanno definiti (etichettati) come "studenti da tutte A". La loro autostima è stata protetta da quel prezioso marchio di qualità, rappresentato da tutte quelle eccellenti valutazioni. In effetti, alcuni studenti si adeguano alle indicazioni proposte da genitori troppo zelanti, e stabiliscono, per loro stessi, l'impossibile standard di *essere perfetti*. In un mondo caratterizzato dall'imperfezione, il quale pullula di altri individui competitivi, che aspirano a essere i "Numeri Uno", si determineranno certamente molte conseguenze per coloro che non possono soddisfare standard tanto elevati. Per molti, l'illusione ha caratterizzato gli anni del liceo, laddove erano i barracuda in un branco di pesciolini. Al college (e, più tardi, alla scuola di specializzazione) scoprono che stanno nuotando in una vasca piena di enormi squali bianchi. Per esempio, tra le 1 600 matricole dell'anno accademico 1984 alla Stanford University, il GPA *medio* alle scuole superiori era 3.8, in una scala nella quale 4.0 rappresenta il massimo. Pertanto, c'è probabilmente un insieme di individui composto da "studenti con tutte A" più ampio di quello costituito dalle persone che abbiano ricevuto qualsiasi altra valutazione inferiore. Potremmo anche aggiungere che, oltre al fatto che una persona percepisce di non essere più così intellettualmente speciale, in questo contesto di persone rigorosamente selezionate, a causa degli standard di selezione, anche altri attributi appaiono più comuni e meno distintivi; si pensi, per esempio, all'abilità atletica, a quella musicale, e persino alla piacenza fisica. Se uno studente è arrivato a credere di essere amato e rispettato, in modo condizionale, in ragione delle proprie prestazioni e dell'aspetto, allora quello studente rischierà di deprimersi quando non riuscirà più a soddisfare i criteri irrealistici che ha interiorizzato quando era più giovane.

Un'analoga rilevanza, per quanto riguarda la diffusione del disagio psicologico tra gli studenti universitari, va riconosciuta al senso di fallimento, che consegue alla difficoltà di stabilire relazioni significative con i coetanei. Troppi studenti richiedono l'accesso a un percorso terapeutico per via della solitudine, o dell'incapacità di coltivare amicizie, che poi si sviluppino mediante stretti contatti personali. Il senso associato al "trovarsi ai margini" è più acuto in un ambiente che offre così tante opportunità per essere "integrati", specialmente laddove gli studenti consumano i pasti insieme e dispongono di una vita sociale al di fuori delle lezioni. A differenza degli anni del liceo, durante i quali gli studenti spesso godono di una sorta di "doppia cittadinanza", che consente loro di frequentare sia gli amici del vicinato sia i compagni di scuola, di solito, al college si struttura una condizione "tutto o nulla" all'interno del campus. Per questo motivo le amicizie che si sviluppano in tali condizioni possono rivelarsi significative e durature. Tuttavia, per gli studenti timidi la posta in gioco, associata al farsi, o meno, degli amici, è ben più rilevante.

LA TIMIDEZZA CAMBIA NEL CORSO DEL TEMPO

La nostra ricerca ha rivelato che per circa un terzo degli studenti il grado di timidezza non è variato nel corso dell'esperienza al college. Non erano timidi quando sono stati ammessi, non hanno avuto problemi ascrivibili alla timidezza durante gli anni passati al campus e non ne avevano quando si sono laureati. D'altra parte, se si dimostravano timidi fin dall'ammissione, nel corso degli anni successivi, fino al conseguimento della laurea, manifestavano lo stesso grado di timidezza. Quindi, per questo gruppo di studenti, gli anni del college non hanno prodotto alcun effetto sulla loro timidezza.

Uno studio ha rivelato che, all'inizio di un nuovo semestre, gli studenti universitari timidi hanno ricevuto dei punteggi più elevati su una scala di valutazione della solitudine, rispetto ai loro coetanei che non manifestavano problemi ascrivibili alla timidezza. Come ci si potrebbe aspettare, nel corso di quello stesso periodo temporale, i livelli di solitudine, di entrambi i gruppi, sono diminuiti, a mano a mano che si sono adattati alla nuova situazione. Tuttavia, quando la loro solitudine è stata nuovamente misurata, alla successiva sessione di follow up, gli individui timidi erano ancora significativamente più soli. J. M. Cheek e C. M. Busch affermano che il semplice passare del tempo non costituisce un fattore sufficiente a compensare le tensioni e le inibizioni caratteristiche della timidezza. Ci sono dunque fattori personali associati alla solitudine che possono determinare problemi duraturi per quanto riguarda l'adattamento sociale.

Un altro 25% degli studenti coinvolti nella nostra ricerca ha riferito che il tempo trascorso al college li ha resi più timidi. Una studentessa che manifestava timidezza, giunta ora all'ultimo anno, la quale ha dichiarato che l'esperienza universitaria l'ha resa sempre più timida e infelice, al punto da giungere ad affermare, più volte, che la vita non è degna di essere vissuta, ha cambiato tre volte il college, con la speranza di trovare un nuovo ambiente che potesse ridurre al minimo la sua riservatezza e ritrosia. Forse tutto ciò potrebbe anche accadere, se fosse in grado di riconoscere che il campus non è altro che un palcoscenico, che lei potrebbe ancora essere la star del "suo spettacolo" e che ciò di cui abbisogna è soltanto un nuovo atto.

Offrendosi tutte quelle nuove opportunità per ricominciare da capo, cercando di lasciarsi alle spalle la propria immagine di "persona timida", questa giovane donna attua tutto ciò che ha costantemente rinforzato la sua timidezza e ha peggiorato la sua condizione: si rifiuta di vivere in uno studentato, a meno che non possa disporre di una stanza tutta per sé e, quindi, perde tutte le opportunità sociali associate alla vita trascorsa nelle case degli studenti. Come molti altri universitari che abbiamo osservato nella caffetteria, entra e si dirige spedita verso un tavolo vuoto, si siede e, poi, costruisce una "barricata" con i libri, i piatti e il cappotto, che appoggia sul tavolo e sulle altre sedie vuote. Il messaggio è chiaro: non avvicinatevi.

Non sorprende che non si iscriva a seminari e non si lasci coinvolgere in alcuna attività del campus. In effetti, nonostante esprima tutto il suo desiderio di neutralizzare la timidezza, ricorda, per certi versi, quelle persone che non vedono l'ora di diventare un pianista da concerto, ma che non hanno ancora realizzato che per avverare quel desiderio, non occorre soltanto conoscere la tastiera e saper leggere la musica, bensì è assolutamente necessaria tantissima pratica.

Temiamo che tanto questa studentessa quanto gli altri coetanei che appaiono così timidi, e che rinforzano la loro timidezza ogni giorno, probabilmente peggioreranno e, forse, risulteranno sempre più socialmente inadeguati, semplicemente perché, dopo il college, le opportunità per incontrare le persone, conoscerle, e applicare le abilità sociali diminuiranno considerevolmente. Queste persone scopriranno che dovranno impegnarsi molto di più per fare delle "conoscenze" nel mondo degli adulti, figuriamoci per trovare un amico. Queste sono le persone che hanno maggiori probabilità di condurre una vita di "tranquilla disperazione", rispetto a coloro che decidono di fare qualcosa per cercare di risolvere il problema associato alla loro timidezza, durante gli anni del college.

La buona notizia è che, nonostante tutti gli aspetti in qualche modo alienanti, l'esperienza universitaria offre numerose opportunità per affrontare e superare la timidezza. Ci ha confortato osservare che il 40% degli studenti universitari, in effetti, coglie le opportunità per affrontare e neutralizzare la propria timidezza, riuscendo, infine, ad apparire meno timidi. Per quanto riguarda questi studenti, si osserva che l'esperienza universitaria li rende, in effetti, più aperti, maggiormente estroversi, in grado di godere della compagnia di altre persone, di compiere dei passi avanti e di mettersi in mostra nella luce migliore. In altri termini, finiscono per essere maggiormente in grado di apprezzare ciò che gli altri hanno da offrire. *Queste sono le gioie associate al fatto di non essere timidi. Si tratta della facilità e del piacere che si provano, quando si creano delle relazioni tra gli esseri umani.*

Pertanto, la timidezza può influire significativamente sulla qualità del percorso formativo universitario, al punto che si traduce in un'esperienza molto differente per uno studente timido, rispetto a coloro che non manifestano timidezza. L'aspetto inibente della timidezza, che sfavorisce i contatti sociali, priva lo studente non solo delle amicizie, ma anche dell'apprendimento che consegue a quelle forme di associazione informale con altri coetanei di diversa estrazione. Inoltre, gli amici del college sono dei potenziali "contatti", a volte per tutta la vita, che possono favorire la nostra carriera successiva, per via dell'influenza, dello status, oppure in virtù di alcuni consigli offerti al momento opportuno.

Abbiamo svolto ricerche che hanno coinvolto studenti universitari che frequentano gli Atenei degli Stati Uniti e in numerosi altri paesi del mondo. Questo è ciò che ha evidenziato la nostra ricerca e che gli studenti stessi ci hanno riferito in merito all'interferenza della timidezza nelle loro vite:

- La timidezza interferisce con la vita sociale degli studenti in vari modi alquanto ovvi ed evidenti; non si frequentano tanti amici quanto si vorrebbe, non ci si dispone per prendere l'iniziativa, non ci si avvicina ad altre persone, con le quali si percepisce di avere qualcosa in comune, come, per esempio, amici, o partner, per redigere progetti in aula e compilare tesine.
- La percezione, quasi cronica, che condiziona le persone timide, le quali sentono di essere sempre valutate, le induce a reagire in modo inappropriato in un'ampia serie di situazioni. La preoccupazione per le prestazioni e le valutazioni rende anche difficile l'elaborazione delle informazioni in ingresso. Di conseguenza, i timidi possono dare l'impressione di essere piuttosto reattivi, sia in aula sia in situazioni che prevedano di sostenere un colloquio (per esempio, in occasione di assunzioni post-laurea, oppure nei casi di reclutamento di studenti universitari da parte dell'industria).

- Gli studenti timidi tendono a essere più conformisti, meno disposti a difendere le proprie convinzioni, meno efficaci nell'esprimere le proprie opinioni pubblicamente, ma anche maggiormente disposti ad andare d'accordo con gli altri, piuttosto che litigare o discutere. È più facile che capiti loro di subire torti, di essere sedotti, di cooperare controvoglia, di finire per fare "favori" ad altre persone, che non rientrano tra i loro maggiori interessi, e anche di manifestare accordo con il gruppo, indipendentemente dal fatto che ciò li favorisca o meno.
- In molti casi, gli studenti timidi hanno particolari difficoltà a relazionarsi con persone del sesso opposto, a coltivare frequentazioni e a stabilire relazioni intime. In parte, questo è dovuto al fatto che molti di loro sono stati dei "topi di biblioteca", oppure dei "pensatori", che hanno trascorso molto tempo a leggere libri, o a perseguire da soli i propri progetti. Molti studenti universitari non hanno frequentato delle scuole superiori miste e, quindi, non hanno vissuto, banalmente, le adeguate esperienze con il sesso opposto, come peraltro sarebbe stato più opportuno. Il 40% di tutti gli studenti timidi che abbiamo intervistato ha riferito che stare da soli, con un membro del sesso opposto, rappresenta una situazione che sicuramente eliciterà sentimenti ed emozioni ascrivibili alla timidezza. Poiché hanno imparato a prefigurare quel che accadrà loro in una situazione del genere, spesso la evitano.

Confrontando i dati relativi alla timidezza, che riguardano studenti, di età compresa tra i diciotto e i ventun anni, che appartengono a otto contesti culturali differenti, abbiamo osservato che la prevalenza di coloro i quali, attualmente, si considerano timidi è più bassa in Israele (31%) e in Messico (39%), rispetto agli Stati Uniti (44%). La prevalenza registrata negli Stati Uniti è paragonabile a quella che riguarda gli intervistati in Germania (43%), a Terranova (44%) e in India (47%). A Taiwan (55%) e in Giappone (57%) osserviamo la più elevata prevalenza degli studenti, della stessa età, che si definiscono timidi. La diffusione universale della timidezza è indicata dal fatto che oltre il 75% degli studenti, in ciascuna di queste culture, ha riferito che, in un certo periodo della propria vita, si sono considerati timidi.

Il principale fattore elicitante associato alla timidezza era, per gli studenti statunitensi, il fatto di trovarsi "al centro dell'attenzione innanzi a un ampio gruppo di persone". Tale fattore è risultato il più rilevante anche in tutti gli altri paesi, tranne che in Israele e in India. In Israele, la maggior parte delle persone sperimenta la timidezza quando si trova in situazioni in cui si sente "vulnerabile, per esempio quando occorre chiedere aiuto"; mentre in India, il fattore più rilevante è il sesso opposto, nel contesto delle interazioni "faccia a faccia", dacché tutto ciò contribuisce maggiormente alla manifestazione della timidezza. Altri importanti fattori elicitanti associati alla timidezza, in queste diverse culture, sono: le situazioni che richiedono assertività; la percezione di trovarsi in una condizione di sudditanza, come, per esempio, quando ci si rivolge ai superiori; quando si viene valutati o confrontati, come accade in un colloquio, e anche nelle situazioni nuove, in senso generale. Dunque, gli sconosciuti, le figure associate all'autorità e i membri del sesso opposto innescano un discreto grado di timidezza nelle persone di tutto il mondo.

I due comportamenti più caratteristici degli statunitensi timidi sono il silenzio (indicato dal 74% degli intervistati) e l'incapacità di stabilire un contatto visivo (48%). Gli indizi che rinviano alla timidezza sono riconosciuti nel parlare a bassa voce da israeliani, messicani e indiani; nei balbettamenti, o nella disfemia, da parte dei messicani e, in larga misura, anche dagli studenti indiani. L'arrossamento è un evidente segno associato alla timidezza in tutte queste culture, tranne che in quella indiana.

La tabella seguente indica le principali conseguenze della timidezza, negative e positive, percepite dagli studenti che appartengono a queste differenti culture. Appare evidente, dall'esame dei dati, che la timidezza pone problemi a molti studenti, indipendentemente dal loro background culturale. Praticamente, tutte le persone riconoscono l'esistenza di conseguenze negative associate alla timidezza, mentre sono meno quelle che riportano delle conseguenze positive. Tuttavia, occorre osservare che la virtù più spesso associata al fatto di essere timidi è quella di garantire una sorta di distacco socio-emotivo, che consente di osservare gli altri e, quindi, agire in modo più saggio, invece che passare all'atto impulsivamente. Circa un terzo degli intervistati, in ogni paese, indica anche, tra i vantaggi della timidezza, la proiezione di un'immagine di sé modesta, ma in qualche modo attraente, che caratterizza le persone timide.

Lo scopo dei nostri tentativi di modificare la timidezza dovrebbe essere quello di mantenere il maggior numero possibile di tali caratteristiche positive, neutralizzando le conseguenze negative. Così, per esempio, sebbene esortiamo risolutamente lo studente timido ad assumersi maggiori responsabilità, quando si tratta di avviare dei nuovi contatti sociali, nonché a porre e rispondere alle domande in classe, non lo invitiamo certo a mettersi a "correre laddove anche gli angeli temono di camminare". Considerando con attenzione la tabella, potreste osservare altri interessanti effetti, associati alla cultura, che confermano, o smentiscono, i vostri stereotipi (per esempio, eravate consapevoli del rilevante ruolo che la timidezza parrebbe giocare tra i giovani tedeschi?).

Dimensioni interculturali della timidezza negli studenti dai diciotto ai ventun anni

Parte 1	USA	Israele	Messico	Germania
Prevalenza della timidezza	44%	31	39	43
La timidezza è un problema	63%	42	79	85
Conseguenze negative (sì)	97%	92	97	100
Causa problemi sociali	76%	53	70	84
Genera emozioni negative	61%	33	55	72
Difficoltà a fare affermazioni	68%	30	45	74
Gli altri esprimono una valutazione sbagliata	53%	20	22	61
Eccessiva auto-consapevolezza	53%	15	21	61
Problemi cognitivi e sul piano dell'espressione	41%	29	50	63
Sfavorisce le valutazioni positive	36%	20	25	56
Conseguenze positive (nessuna)	18%	19	42	45
Osservare gli altri, agire con attenzione e intelligenza	48%	31	32	45
Offre un'impressione di modestia, ma è affascinante	36%	33	25	30
Sottrae alle valutazioni negative da parte di altri	27%	30	13	34
Offre anonimato e protezione	24%	22	9	19
Evita i conflitti interpersonali	14%	23	19	7
Consente di essere più selettivi nelle interazioni	22%	17	20	26
Migliora la privacy personale	23%	13	9	13

Dimensioni interculturali della timidezza negli studenti dai diciotto ai ventun anni

Parte 2	**Terranova**	**India**	**Taiwan**	**Giappone**
Prevalenza della timidezza	44	47	55	57
La timidezza è un problema	76	83	60	75
Conseguenze negative (sì)	100	80	93	97
Causa problemi sociali	86	45	64	86
Genera emozioni negative	47	40	43	47
Difficoltà a fare affermazioni	90	53	52	90
Gli altri esprimono una valutazione sbagliata	57	33	29	55
Eccessiva auto-consapevolezza	45	30	32	40
Problemi cognitivi e sul piano dell'espressione	43	27	58	39
Sfavorisce le valutazioni positive	39	20	38	39
Conseguenze positive (nessuna)	30	24	17	24
Osservare gli altri, agire con attenzione e intelligenza	45	41	35	34
Offre un'impressione di modestia, ma è affascinante	34	26	29	39
Sottrae alle valutazioni negative da parte di altri	36	20	25	20
Offre anonimato e protezione	23	23	23	23
Evita i conflitti interpersonali	15	35	23	27
Consente di essere più selettivi nelle interazioni	19	32	25	20
Migliora la privacy personale	15	27	21	14

Lo studente deve assumersi la responsabilità di farsi conoscere, partecipando a seminari, alle esercitazioni e ai corsi di lettura indipendenti, recandosi, negli orari di ricevimento, presso la facoltà per porre domande ed esprimere commenti. Lo studente deve mostrare sufficiente interesse per la materia, richiedendo ulteriori informazioni che considera interessanti, al di là di quanto viene proposto a tutti, anche per distinguersi in qualità di studente serio, degno di essere considerato per farne in futuro un ricercatore.

Tuttavia, molti studenti timidi attuano esattamente l'opposto; evitano di frequentare i seminari, perché ci si aspetta che parlino, partecipino, condividano idee, commentino quelle esposte dagli altri, e propongano anche critiche appropriate. Rifuggono dai seminari a causa della mancanza di fiducia in loro stessi e della scarsa consuetudine a impegnarsi nello scambio comunicativo previsto dalle conversazioni. Così, perdono ciò che è veramente il meglio che il college possa offrire: il "dare e ricevere" tra gli studenti che hanno davvero qualcosa da dire, la condivisione di idee ed esperienze tra loro e i docenti.

Poiché gli allievi timidi possono passare ben quattro anni in modo anonimo in grandi aule universitarie, un certo numero di professori si rende conto che molti degli studenti rimangono loro del tutto sconosciuti. Tutto ciò appare straordinariamente evidente quando uno studente, in procinto di laurearsi, si presenta nell'ufficio del professore per chiedere una lettera di raccomandazione. Il professore non è in grado di scrivere qualcosa che riguardi specificamente quel candidato (in relazione all'accesso a un'assunzione o alla formazione avanzata), perché il loro contatto è stato, nella migliore delle ipotesi, del tutto impersonale. Per essere efficaci, tali lettere devono trascendere i punteggi e i voti ottenuti ai test dal candidato, dacché si dovrebbe scrivere della personalità, della motivazione, della maturità, dell'affidabilità e dell'idoneità di questo individuo in relazione a una particolare posizione. A meno che il candidato non si sia precedentemente affermato come un individuo "particolare" agli occhi di almeno tre professori, le lettere di supporto, anche per studenti brillanti, appariranno soltanto educatamente positive, giammai esprimeranno un appassionato entusiasmo. Nondimeno, per progredire lungo la via, sempre più stretta, dell'avanzamento di carriera è essenziale questo genere di supporto che si declina autenticamente sul piano personale. Ma come può un docente impegnarsi dicendo: «Valuta con attenzione questo candidato, lo sostengo al 100%», oppure «Lei non può essere esclusa», quando queste persone sono solo delle anonime facce associate alla loro GPA che non si distinguono nella moltitudine?

Quindi, anche quando la timidezza non è tanto ingravescente da impedire a questi studenti di frequentare l'università (mentre era già uno svantaggio per alcuni dei loro coetanei delle superiori), può comunque rivelarsi un limite difficilmente superabile per cogliere ulteriori successi.

Abbiamo osservato, in un precedente capitolo, che, per quanto riguarda i cadetti di West Point, la timidezza e l'efficacia della leadership sono caratteristiche che non vanno d'accordo. Le posizioni di responsabilità e quelle associate ad alta visibilità vengono riservate per coloro che sono giudicati dei leader maggiormente efficaci. Si genera una sorta di effetto a spirale positivo, in ragione del quale coloro che vengono scelti per le posizioni lavorative migliori hanno maggiori opportunità di mostrare le proprie capacità e, quindi, vengono giudicati più competenti, rispetto a coloro ai quali vengono assegnati lavori di routine e meno impegnativi. Analogamente, nell'industria privata abbiamo riscontrato che i dipendenti timidi sono anche quelli più insoddisfatti del loro lavoro e che mostrano il morale più basso, perché si sentono ignorati, in quanto candidati degni di una promozione, e anche scarsamente riconosciuti per i risultati che ottengono. In effetti, non vengono riconosciuti, rispetto ai colleghi molto meno timidi, che non nascondono la loro "luce" sotto un barile. Le persone che non manifestano timidezza hanno appreso un'importante lezione in merito al successo: se parlate, il mondo, a volte, vi ascolterà; se tacete, il mondo non vi ascolterà mai.

È interessante osservare che coloro che sembrano molto brillanti potrebbero semplicemente essere molto ambiziosi e socialmente abili, come mostrano le sottili osservazioni compiute da una giovane studentessa:

> Non porrò una domanda, né farò un commento in classe, a meno che non sia abbastanza sicura di apparire intelligente. Un giorno, solo per il gusto di farlo, ho deciso di prestare molta attenzione alla qualità delle domande poste, e anche ai commenti espressi da alcuni degli studenti più assertivi, uno in particolare. Alcune delle domande e dei commenti erano talmente stupidi che, a malapena, riuscivo a mantenere un'espressione seria. Tuttavia, erano ben accolti, a quanto pare, sia dal professore sia dagli altri studenti. Penso che ciò dipendesse dal fatto che quel che veniva espresso rifletteva una buona padronanza della lingua e, quindi, la percezione da parte degli altri era favorevole.

Insomma, non conta quel che dite, bensì come lo dite; questa asserzione potrebbe non rappresentare un valore, ma descrive un utile stratagemma. In tal modo, è possibile persino nascondere la mancanza di conoscenze e la scarsa comprensione, proprio come il silenzio può mascherare l'intelligenza.

Thomas Harrell, professore alla Stanford Graduate School of Business, ha studiato i fattori necessari per aver successo negli affari. In una serie di studi che prevedono quanto guadagneranno i laureati delle scuole di economia, nei 5-10 anni dopo l'ingresso nel mondo del lavoro, Harrell e i suoi collaboratori hanno mostrato che «la personalità è importante per il successo nel mondo degli affari». Gli alti guadagni sono appannaggio degli estroversi, socialmente audaci, che parlano di più. Sono quegli uomini con elevati livelli di energia, salute e fiducia in loro stessi che, quando erano a scuola, si divertivano in attività come, per esempio, "fare dei discorsi" e "intervistare i clienti". Quindi, per diventare un manager di successo in un'azienda, è necessario dimostrare di essere un comunicatore efficace. Se vi concedete un momento per riflettere capirete da soli perché è così. Tendiamo a giudicare l'intelligenza delle altre persone considerando, in gran parte, il loro modo di parlare. Inoltre, quelli che parlano per primi, finiscono per dirigere la conversazione verso argomenti che conoscono meglio, quindi sembrano più informati. Infine, il successo negli affari è più spesso associato all'essere persuasivi ed efficaci, nel trattare con altre persone, piuttosto che dipendere dalle proprie capacità tecniche. Non c'è da meravigliarsi quindi che i corsi Dale Carnegie che hanno per tema "Come influenzare le persone" siano favorevolmente considerati da quelle aziende che desiderano che i loro dirigenti junior si rivelino più socialmente equilibrati, ed efficaci, a livello interpersonale.

COSA DITE A UNO STUDENTE UNIVERSITARIO TIMIDO?

Potrebbero non essere rimasti molti consigli che i genitori non abbiano già dato ai loro figli timidi quando hanno ormai l'età per frequentare il college. Potrebbero non esserci molti consigli che un diciottenne sia disposto ad accettare da parte dei suoi genitori, anche se ogni studente sa che potrebbe aver bisogno di una buona indicazione. Nel prossimo capitolo, offriremo delle raccomandazioni specifiche per gli studenti timidi che possono decidere di attuare (o rifiutare) per proprio conto. A un livello più generale, ecco alcuni punti chiave che voi, in qualità di genitori di uno studente universitario timido, potreste voler comunicare nel vostro messaggio di "addio alle truppe":

- La timidezza è di comune osservazione negli studenti universitari; vostro figlio sarà in buona compagnia, dacché finirà per far parte di un insieme che comprende il 40% degli altri studenti che, loro volta, manifestano timidezza.
- È possibile modificare il proprio grado di timidezza in qualsiasi momento, a patto che si manifesti un forte impegno personale, per poter investire risorse negli sforzi necessari a realizzare il cambiamento.
- Il vostro ragazzo desidera veramente essere meno timido?

- In qualità di matricola al college, lo studente timido è un estraneo in una sorta di paradiso, dove avrebbe la libertà di interpretare ciò che desidera essere. Agendo come se non fosse timido nei confronti degli altri, che, peraltro, non lo hanno già etichettato, non sarà giudicato come uno studente che manifesta timidezza.
- Per non essere considerato timido, tutto ciò che uno studente deve fare è: sorridere, ricercare contatti oculari, presentarsi per nome agli estranei, con un tono di voce sufficientemente elevato da far sì che gli altri lo sentano, dire "Ciao!" quando incrocia altri studenti, ascoltare con attenzione, porre domande, esprimere commenti, offrire suggerimenti e fare dei complimenti, quando sono meritati.
- Per apparire "alla mano", quantomeno agli occhi degli altri, uno studente non dovrebbe cominciare a vestirsi sfoggiando uno stile che susciti commenti da parte degli altri coetanei (troppo ricco, troppo sciatto, troppo strano), o erigendo una barriera di libri e cappotti intorno al posto in cui è seduto in mensa o in aula.
- Una persona dovrebbe riconoscere l'importanza di ascoltare ciò che gli altri studenti hanno da dire, sia a lezione sia in altri contesti.
- È meglio godersi il processo di apprendimento in quanto tale, senza pensare soltanto ai voti. Ci si dovrebbe far carico di alcuni rischi intellettuali, uno studente dovrebbe essere aperto a diverse esperienze e a nuove sfide.
- Occorre considerare l'idea che il fallimento faccia parte di ogni rischio reale; ma ogni battuta d'arresto è un'esperienza di apprendimento, perlomeno quando ci consente di riflettere su come comportarci diversamente la prossima volta.
- Vostro figlio è amato incondizionatamente. L'amore che gli riservate non dipende dalle sue esperienze associate al successo o al fallimento: tutto ciò che potete aspettarvi è un onesto tentativo.
- Comunicate a vostro figlio che deve disporsi per chiedere aiuto, quando è necessario, a compagni di studio, insegnan-

ti, tutor e ad altro personale che lavora in università. Non si tratta di un segno di debolezza, bensì del riconoscimento della condizione umana, che contempla ricevere e offrire aiuto, quando è necessario.

- Dite a vostro figlio di aspettarsi di percepire un po' di solitudine, quantomeno all'inizio, e poi, di tanto in tanto, in quella nuova esperienza formativa, finché quei volti e quei luoghi non diventeranno abbastanza familiari da risultare confortanti.
- Fate sapere a vostro figlio che, a volte, può aspettarsi di sentirsi più inadeguato, meno acuto o spiritoso, di un compagno di studi, oppure meno popolare di un altro ancora. La migliore tesina può essere "sbriciolata" da una critica severa, e le A non "fioccheranno" sempre alla fine di ogni corso. Tuttavia, da tali esperienze emerge una valutazione più realistica dei propri punti di forza, su cui fare affidamento, e delle debolezze, alle quali porre rimedio.
- Ego e performance (intellettuale, atletica, sociale) non sono fattori intercambiabili; l'ego non deve essere messo in discussione ogni volta che le prestazioni sono al di sotto della media. Provandoci, non si ha nulla da perdere. Come apprendiamo dagli israeliani: «Se non avete nulla e chiedete qualcosa, ci sono solo due possibili risultati. Non vi daranno ciò che chiedete, e allora non cambierà nulla, quindi non si determinerà una perdita. Oppure otterrete quel che volete, e allora tutto cambierà in meglio. Pertanto, chiedete fino a quando non ottenete quel che volete».
- Quando si genera un conflitto con un altro studente o un insegnante, dovrebbe essere possibile discutere, negoziare, contrattare. Una persona non dovrebbe capitolare a malincuore, senza riuscire ad affermare il proprio punto di vista in modo obiettivo e non emotivo. Un disaccordo non dovrebbe mai essere risolto semplicemente assumendo che si abbia torto, rivolgendo poi la rabbia contro la propria interiorità. C'è sempre un consulente, un mediatore, un consigliere pastorale, o un genitore a cui rivolgersi, prima che una persona diventi una vittima.

- Rendete possibile dire: «Ti amo. Mi manchi. Spero che tu sia felice e che ti stia divertendo».

COSA NON DOVREBBERO FARE I GENITORI

- Non date troppi consigli fondati su come stavano le cose quando voi avevate diciotto anni. I tempi sono cambiati.
- Non abbiate aspettative irrealistiche che si trasformino in richieste in merito agli obiettivi che vostro figlio dovrebbe raggiungere. Phil Zimbardo aveva uno studente, Mark David, la cui media, pari a "C", gli aveva impedito di ottenere l'ammissione alla facoltà di medicina; tuttavia, sarebbe stato contento di lavorare nei Peace Corps in Africa. Il padre dello studente, tuttavia, era furioso, perché tutto quel che aveva pianificato per lui sarebbe stato vanificato. «Vedi, ho chiamato mio figlio Mark David in modo che avesse le iniziali M. D. prima e dopo il suo cognome!»
- Accettate i limiti, i valori e gli interessi di vostro figlio senza spingerlo lungo direzioni indesiderate o costringendolo a intraprendere progetti irrealizzabili. Ovviamente, tutto ciò presuppone che i genitori conoscano il loro ragazzo abbastanza bene da essere consapevoli dei suoi limiti e delle sue qualità.
- Non aggiungete pressione, al già elevato livello di impegno competitivo, facendo riferimento a voti migliori, quando chiamate o scrivete. Diciamo che vostro figlio abbia ormai compreso che preferireste vedere una "A", piuttosto che una "C"; non è dunque il caso di apparire "ridondanti". Impiegate un po' di quel tempo per parlare dei sentimenti, delle opinioni e delle preoccupazioni di vostro figlio. Ricordate anche che siete sempre delle persone, al di là del ruolo associato alla genitorialità: iniziate a essere qualcuno che vostro figlio, ormai quasi adulto, potrebbe voler frequentare come un amico.
- Resistete alla tentazione di dire: "Se solo ti applicassi di più...".
- «Non trattarmi come un bambino» è spesso il triste lamento che un giovane adulto rivolge ai genitori, e che abbiamo avu-

to modo di registrare, in varie declinazioni, nei nostri college. Gli studenti timidi, più degli altri, devono imparare a sentirsi autosufficienti, hanno bisogno di aumentare la loro autostima, senza chiedersi perché si sentono ancora legati al cordone ombelicale. Una straordinaria campionessa di basket è stata rimproverata da suo padre, nel corso delle telefonate settimanali, per il fatto di non aver segnato abbastanza punti, e non aver realizzato tutte le cose che le aveva insegnato. Ora, è una giovane adulta che ascolta ciò che le dice il suo allenatore del college, il quale preferisce che lei sia un playmaker, non già un'ala che segna tanti punti. Quel padre la faceva sentire soltanto confusa e inadeguata.

- Trattenete le critiche, diluitele con le lodi. Siate un porto sicuro per il vostro ragazzo timido, impegnato nella navigazione in acque agitate. Ricordate che c'è una lunga vita dopo il college: i vostri figli desidereranno venirvi a trovare e sceglieranno di mantenere una relazione intima e amorevole con voi, solo se sarete stati delle figure di riferimento, piuttosto che delle persone difficili e da evitare.

9
Il manuale dello studente per la timidezza

È essenzialmente una persona timida e un uomo tranquillo. Non sono sicuro di aver mai compreso appieno come abbia superato la sua timidezza. È assurdo che sia così timido. Forse c'è un po' di Dale Carnegie in ognuno di noi, ma vincere la timidezza diventando Presidente degli Stati Uniti è un po' singolare.

Gary Schneider, consigliere di Jimmy Carter

Se siete alle scuole medie, non dobbiamo certo dirvi che questo è, probabilmente, un momento difficile per voi, e che qualsiasi emozione ascrivibile alla timidezza, peraltro già esperita in passato, ha raggiunto la sua massima espressione. Quello che potreste non sapere, tuttavia, è che ci sono molti altri studenti che si trovano nelle vostre stesse condizioni. Nondimeno, la gran parte di ciò che percepite passerà col tempo. Resta fermo che la timidezza, anche se può ridursi, raramente si esaurisce spontaneamente.

Se siete andati avanti a studiare e ora siete al liceo, sapete bene di cosa stiamo parlando. Se siete appena agli inizi e avete delle difficoltà ad adattarvi, potreste sentirvi frustrati e scoraggiati; potreste persino percepire che tutti gli altri stiano vivendo un momento molto più facile: in altri termini, che il destino vi abbia scelto per offrirvi una vita miserevole. Questi sentimenti sono comprensibili, e quando pensate di essere in qualche modo diversi, provate a ricordare, a voi stessi, che non lo siete affatto, dacché probabilmente la metà di tutti gli altri studenti della vostra scuola si sta confrontando esattamente con le stesse questioni. Perciò, potete fare fronte anche a questo, e potete anche ridurre i vostri sentimenti ascrivibili alla timidezza e all'ansia.

Se ora siete al college, potreste aver raccolto tutti i vostri vecchi e familiari sentimenti associati alla timidezza, per portarli sempre con voi. Oppure, se siete nelle stesse condizioni di molti altri studenti, potreste non esservi mai considerati timidi, fino a quando non siete entrati nel campus e vi siete resi conto che il college può essere un posto enorme, spaventoso e che tende a isolarvi.

Qualunque sia la vostra età, il vostro livello di timidezza, indipendentemente da quando e come l'avete acquisito, può essere ridotto, o addirittura neutralizzato del tutto, purché siate disposti a lavorare.

FASE 1: LA DECISIONE DI CAMBIARE

Il concreto superamento della timidezza inizia con la decisione di cambiare. Per alcune persone, la timidezza è un rifugio sicuro, oppure rappresenta qualcosa a cui aggrapparsi. In altri termini, può essere una scusa: per evitare di correre rischi, per rimanere dipendenti, per non avere a che fare con persone che preferireste non vedere, per evitare di agire, attuando quel che non vorreste fare. Per esempio, conosciamo una studentessa molto timida: nel suo caso, rimanere in tali condizioni significa ricevere una serie di benefici. Le persone si sentono dispiaciute per lei, si offrono di farle delle cose, perché sembra spaventata e non in grado di affrontarle da sola. Le persone trascorrono del tempo con lei, perché la sua "triste" timidezza le fa sentire in colpa. Tuttavia, nelle situazioni sociali, in cambio della loro gentilezza, ricevono un silenzio di pietra. La condizione in cui si riceve, senza mai dare, implica non conoscere mai la gioia di offrire, né la ricchezza di un'amicizia profonda.

Se questo tipo di prigione non fa per voi, allora fate il primo passo importante: decidete che tale situazione non è adeguata e che non desiderate che la timidezza continui a turbare la vostra vita. Richiedete quantomeno la "libertà condizionale" dalla timidezza.

FASE 2: CONOSCERE I PROPRI SENTIMENTI ASSOCIATI ALLA TIMIDEZZA

Non etichettatevi in quanto timidi. Dite piuttosto a voi stessi che manifestate timidezza in determinate situazioni. Ora, fate un elenco di quali sono tali situazioni e, poi, ordinatele in base alla rilevanza dei sentimenti ascrivibili alla timidezza che provate. Dopo aver prodotto la vostra lista, confrontatela con la seguente:

- quando mi trovo al centro dell'attenzione – gruppo ampio (come quando si tiene un discorso)
- grandi gruppi
- quando mi attribuisco uno stato inferiore
- situazioni sociali in generale
- nuove situazioni in generale
- quando è richiesta assertività
- quando vengo valutato
- quando mi trovo al centro dell'attenzione – piccolo gruppo
- ridotte situazioni sociali
- interazioni faccia a faccia con individui del sesso opposto
- condizioni di vulnerabilità (bisogno di aiuto)
- piccoli gruppi orientati al compito
- interazioni faccia a faccia con individui dello stesso sesso.

Ora compilate un elenco che includa tutti i tipi di persone che vi fanno sentire timidi. Confrontate la vostra lista con la seguente:

- sconosciuti
- individui di sesso opposto
- autorità, a causa della loro conoscenza
- autorità, a causa del loro ruolo
- parenti

- anziani
- amici
- bambini
- genitori.

Quello che abbiamo osservato, esaminando più di diecimila soggetti, è che le situazioni e le persone che più probabilmente suscitano manifestazioni ascrivibili alla timidezza – incremento della frequenza cardiaca o arrossamento delle guance – sono essenzialmente le stesse per tutte le persone, sia che si definiscano timide o non timide.

Quindi considerate i vostri sentimenti ascrivibili all'ansia come "normali", e preparatevi ad attuare le modalità grazie alle quali possono essere ridotti e gestiti. Iniziate a fare qualcosa che limiti l'influenza di quel "generatore di timidezza" che è la bassa autostima.

FASE 3: COSTRUIRE L'AUTOSTIMA

Ecco alcuni esercizi progettati per rafforzare la vostra autostima e aiutarvi a padroneggiare alcune delle situazioni che vi fanno provare dei sentimenti ascrivibili alla timidezza.

1. Fate un elenco di tutte le vostre migliori qualità. Includete i tratti della personalità, i vostri valori, i talenti speciali e le abilità, come, per esempio: gentilezza e onestà; senso dell'umorismo; abilità atletiche; talento musicale, artistico o associato alla scrittura; abilità associate alla falegnameria, alla dattilografia, alla cucina o al cucito.
2. Ora fate un elenco dei vostri difetti più evidenti e chiamate quell'elenco: "Aspetti che necessitano di essere migliorati". Quindi, determinate quali di questi aspetti possono essere perfezionati, attribuendo anche un livello di rilevanza a ciascun elemento nell'elenco. A questo punto, stabilite obiettivi realistici in relazione al cambiamento e, uno alla volta, inizia-

te a fare il possibile per ridurre il numero di item contenuti nel vostro elenco "Aspetti che necessitano di essere migliorati". Assicuratevi di dedicare un tempo sufficiente per ogni item dell'elenco.

3. Mentre lavorate al vostro programma di miglioramento personale, concentratevi su uno dei vostri punti di forza e sviluppatelo ulteriormente, registrando i progressi in forma scritta (su un quaderno o nel vostro diario). Annotate eventuali battute d'arresto, scrivete come vi sentite al riguardo e trovate dei modi per far funzionare al meglio il piano secondo le vostre esigenze. Ricordate anche che, se incappate in una battuta d'arresto in relazione a qualcosa che state tentando di realizzare, non si tratta di un fallimento: il vero insuccesso consegue solo alla paura di provare.
4. Ricordate che quando si corre un rischio, il fatto di essere realisti implica anche essere preparati. In altre parole, quando state per attuare qualcosa che desiderate realizzare, ma avete molta paura di fallire, assicuratevi di aver fatto tutto il possibile per rivelarvi ben preparati. Per esempio, se avete intenzione di sostenere un provino per giocare in una squadra di calcio, non sottoponetevi ai test prima di aver dato a voi stessi il tempo per esercitarvi e sviluppare le vostre abilità; allo stesso modo, se c'è un gruppo di discussione che vi aggrada di più, assicuratevi di conoscere bene l'argomento.
5. Poiché la maggior parte delle persone ha bisogno di ragioni concrete per stare bene con loro stesse, stabilite delle regole di comportamento al fine di incrementare il rispetto verso voi stessi, evitando di compiere azioni che lo mineranno.
6. Decidete a priori di evitare di compiere atti che vi faranno sentire in colpa.
7. Cercate di fare qualcosa, ogni giorno oppure con frequenza settimanale, che vi faccia stare bene con voi stessi. Ecco alcuni spunti per farvi riflettere:
   - Definite e iniziate a praticare un programma di esercizi.
   - Cuocete dei biscotti.
   - Organizzate le fotografie in un album.

- Pulite la vostra stanza.
- Riparate un oggetto che si è rotto.
- Mettete in ordine le vostre librerie.
- Riorganizzate la vostra area di lavoro.
- Scrivete una lettera a un amico.
- Dipingete o tappezzate una parete della vostra stanza.
- Riconsegnate i libri alla biblioteca.
- Dipingete un quadro, infilate delle perline, dedicatevi alla ceramica.
- Sbrigate qualsiasi piccola commissione che avete rimandato.
- Fate i compiti, senza che vi venga detto di farlo.
- Leggete un libro.
- Scrivete una poesia.

Pensate ad altre cose che potete attuare per farvi sentire bene con voi stessi e, poi, compilate un elenco. Scrivete anche una lista di cose che dovreste portare a termine, e poi fatele; infine, godetevi la gioia di depennare alcuni "dovrei" dalla vostra lista.

FASE 4: IL VOSTRO ASPETTO PERSONALE

Anche se siamo in disaccordo con l'idea che l'avvenenza sia la misura della persona, sappiamo che quando apparirete al meglio, vi sentirete meno impacciati. Valutate il vostro aspetto personale e, se potete attuare un miglioramento, agite.

Preparate un elenco che contempli tutti i modi in cui potete migliorare il vostro aspetto fisico.

Se avete problemi dermatologici oppure odontoiatrici, se non vi piace il vostro naso o le orecchie, oppure una qualsiasi delle caratteristiche somatiche che ritenete significativamente "penalizzanti", qualcosa che vi fa sentire a disagio, parlatene con i vostri genitori, dite loro come vi sentite, chiedete il loro aiuto per fare tutto ciò che può essere attuato al fine di correggere qualunque fattore che percepiate come un tratto somatico che sta favorendo il manifestarsi della vostra timidezza.

Analogamente, potete attuare da soli ciò che è nelle vostre possibilità per assicurarvi che il vostro aspetto sia il migliore possibile:

1. Avete un aspetto ordinato e pulito?
2. Ciò vale anche per i vestiti che indossate?
3. Considerate con attenzione la vostra postura. È eretta e fiera? Oppure vi muovete in un modo che riflette la vostra timidezza?
4. Siete in sovrappeso?
5. Siete sottopeso?
6. Potreste farvi acconciare i capelli in modo diverso?

È più facile ricevere aiuto dai vostri genitori se fate uno sforzo per aiutare voi stessi. Quindi, mettetevi a dieta, lavatevi i capelli, prendetevi cura dei vostri vestiti.

FASE 5: IMPARATE A ESSERE IL VOSTRO MIGLIOR AMICO

Henry David Thoreau ebbe modo di scrivere: «Non ho mai trovato un compagno tanto socievole quanto la solitudine. Siamo soprattutto soli quando usciamo e andiamo tra gli uomini, piuttosto che quando restiamo nelle nostre stanze». Thoreau, fu un uomo fortunato, sapeva chi era il suo migliore amico.

Il piacere della nostra compagnia è qualcosa che tutti noi faremmo bene a goderci. Tuttavia, come abbiamo indicato nei capitoli precedenti, le persone timide hanno più problemi, rispetto alle persone che non manifestano timidezza, nel restare semplicemente da sole.

Non essere in grado di godersi la propria compagnia significa dipendere dagli altri per divertirsi e, in effetti, la dipendenza è una componente importante della timidezza. Inoltre, se non vi piace la vostra compagnia, chi altro l'apprezzerà?

Una variazione di atteggiamento, quindi, è il primo passo per godere della propria solitudine, ovvero della propria compagnia. Consideratela un'opportunità per impiegare il tempo in modo creativo, mentre individuate un accorgimento che favorisca la vostra indipendenza. Iniziate compilando un elenco dei tipi di attività che vi piacerebbe praticare e che potreste compiere da soli, se solo consideraste la solitudine in modo più positivo. Ecco alcune idee per iniziare a riflettere:

- dedicarvi a un hobby
- dedicarvi alla lettura
- giocare con un solitario
- ascoltare la musica
- prendere il sole
- pianificare, oppure organizzare, un progetto
- una qualsiasi delle attività elencate da voi, o suggerite da noi, che vi faccia sentire meglio con voi stessi, mentre attuate qualcosa di costruttivo.

Il disagio di ritrovarsi da soli in privato è nulla, se confrontato con quello associato al fatto di provare solitudine quando si è in pubblico. Le persone prive di timidezza non se ne preoccupano; invece, coloro che sono timidi si sentono a disagio. È come se stessero mostrando al mondo l'evidenza della loro indegnità: nessun amico.

Quando avete imparato a sentirvi a vostro agio con voi stessi in privato, giunge anche il momento di impegnarvi per comportarvi come una persona non timida in pubblico. Vi sarà d'aiuto ricordare che è improbabile l'eventualità per cui altre persone si occupino del motivo per cui potreste sentirvi soli in un luogo pubblico. Ecco alcuni suggerimenti per "aprirvi agli altri", di nuovo, solo per iniziare a riflettere:

- camminate lungo una strada del quartiere, godetevi il panorama e smettete di pensare a voi stessi
- fate commissioni
- fate shopping, guardate le vetrine
- correte
- andate in bicicletta
- andate in biblioteca
- sfogliate i libri in una libreria, oppure curiosate in un negozio di dischi

- prendete una tazza di caffè al bancone di un bar
- bevete un boccale di birra, se siete abbastanza grandi
- esercitatevi, esercitatevi, esercitatevi e, già che ci siete, imparate a sorridere agli sconosciuti per strada.

FASE 6: PRATICATE LE ABILITÀ SOCIALI

Se non sapete come comportarvi nelle situazioni sociali, uno dei modi migliori per imparare è osservare altre persone socialmente abili. Guardate cosa fanno, ascoltate cosa dicono e fate pratica seguendo il loro esempio. Se osservate le persone che non manifestano timidezza nelle situazioni sociali, in genere, questo è ciò che vedrete:

- Per prima cosa, le persone non timide sorridono spesso e guardano negli occhi le altre persone. Esercitatevi a fare entrambe le cose.
- Quando ascoltano, le persone non timide mostrano la loro attenzione; si protendono in avanti, annuiscono e dicono cose come «Interessante», «Non lo sapevo», «Dimmi di più», «Come mai?». Quindi, rispondete agli altri con le vostre parole, con gli occhi e, quando vi pare appropriato, con il sorriso.
- Le persone che non manifestano timidezza non si limitano a sorridere, ridono spesso. Quando qualcuno dice qualcosa di divertente, si fanno una risata; quindi esercitatevi a ridere. Fate sentire bene le persone quando mostrate apprezzamento per il loro senso dell'umorismo. Ovviamente, mostrare di avere il senso dell'umorismo è un'altra questione, qualcosa che potete trasmettere non solo ridendo alle battute degli altri, ma anche proponendone alcune.
- Le persone che non sono timide controllano la conversazione e la situazione in cui si trovano. Un modo per fare tutto ciò implica essere i primi ad alzare la mano in classe, proporre un commento, fare una domanda, raccontare una barzelletta, oppure esprimere un'osservazione interessante. Il vantaggio,

per la persona timida che segue questo esempio in termini di assertività, è che quando sarete i primi a esprimervi, non soffrirete dell'ansia associata al dover rivedere, in anticipo, tutti i diversi scenari, e nemmeno di quella che si accumula mentre vi fate coraggio per dire qualcosa. Inoltre, se aspettate troppo a lungo, può capitare che quel che intendete proporre venga detto da qualcun altro; anche per questa ragione dovreste dirlo per primi in modo che gli altri riconoscano che quello è il vostro contributo. Non dovete essere prolissi, né manipolatori, bensì semplicemente assertivi, in modo appropriato. Quindi, pensate a quello che state per dire, pianificatelo, "tuffatevi" nel dibattito e siate i primi a proporre un commento o a fare una domanda.

- Anche le persone che non manifestano timidezza discriminano adeguatamente. Anche queste persone non amano chiunque, né ogni cosa, ma non disprezzano tutti e tutto. Quindi, quando vi viene chiesta un'opinione su qualcosa – un libro, un'opera teatrale, un film, una conferenza, del cibo – consideratela da più di una prospettiva. Cosa vi ha interessato? Cosa non vi è piaciuto? Cosa c'era di insolito? Cosa vi è parso mediocre? Il più delle volte, le persone timide tendono a reagire in un modo più semplicistico: dicono che qualcosa gli piace oppure no. Su ben poche cose al mondo è possibile esprimere un giudizio tanto semplicistico. Tuttavia, il "doppio legame" per molte persone timide risiede nel fatto che, per un verso, non intendono attirare l'attenzione su loro stesse, dacché temono di "subire" una valutazione negativa, ma, d'altro canto, anche quando trascendono quel timore, tendono a preoccuparsi di non monopolizzare la conversazione, e non sono sicuri che le persone desiderino davvero ascoltare quel che hanno da dire. In breve, temono di imporsi sugli altri, oppure di rendere ridicoli loro stessi. Be', a volte, si deve correre il rischio di rendersi ridicoli, o di passare per dei chiacchieroni oppure dei pettegoli. A tutt'oggi, nessuno è morto per il fatto di essersi reso ridicolo.

- Questa è una buona occasione per ribadire che la maggior parte delle persone non è così intensamente concentrata su di voi e, anche quando vi ascoltano, non si preoccupano dell'impressione che state facendo.
- Quando le persone non timide si trovano in un certo contesto, con altre persone che hanno maggiori conoscenze, un talento speciale o che sono riconosciute, in qualsiasi modo, eccezionali, tendono a cogliere, in tutto ciò, un'opportunità per ampliare i propri orizzonti. Per queste persone si tratta, in tali circostanze, di ampliare il proprio bagaglio di conoscenze, stringere contatti utili e migliorare loro stesse. D'altra parte, le persone timide, in genere, stringono paragoni sfavorevoli tra loro stesse e gli altri che considerano "superiori", cogliendo nei talenti degli altri l'evidenza della propria personale inadeguatezza. Quel che le persone timide, e anche voi, dovrebbero attuare è iniziare invece a considerare la vita, non già come una serie di prove in cui siete sempre in competizione con ogni altro individuo con cui entrate in contatto, bensì considerare questi aspetti dell'esperienza esistenziale come una sorta di pre-programma di allenamento stagionale, nel quale vi si offre l'opportunità di imparare, e di arricchirvi, in occasione di ogni incontro. Pertanto, dovreste considerare l'idea di frequentare delle persone che hanno qualcosa da offrirvi, di cui non disponete, perché, una volta che avrete acquisito nuove conoscenze, potrete offrirle a qualcun altro. Tutto ciò si realizza eliminando l'abitudine di pensare in termini di "te o loro" e "meglio o peggio", per poi prendere l'abitudine di pensare facendo riferimento a ciò che potete apprendere dagli altri.
- Un aspetto che caratterizza spesso gli individui non timidi è la preoccupazione per la responsabilità sociale, per le altre persone, per l'accoglienza nei riguardi degli altri, disponendosi per farli sentire a proprio agio e per riconoscerne l'identità. Tutto ciò rappresenta quel che una persona timida si aspetta dagli altri, ma che non offre prontamente al prossimo.

- Le persone che non sono timide sanno come accettare adeguatamente i complimenti. Sorridono, e replicano con un semplice "grazie", quando qualcuno dice loro che gli piace quel che indossano. Un complimento, in merito a un commento espresso in aula, può essere ricevuto rispondendo con un ringraziamento e può favorire un'ulteriore discussione su un determinato argomento, colmando ulteriormente la distanza sociale che può esistere tra persone che non si conoscono bene.
- Le persone non timide fanno dei favori ad altre persone e si aspettano che gli altri manifestino reciprocità. Le persone timide, d'altro canto, non si offrono per fare un favore e non chiedono aiuto. Vi troverete disperatamente nei guai, a scuola e, più in generale nella vita, a meno che non siate super brillanti e pieni di risorse, al punto da non dover mai chiedere aiuto. Non proiettate l'illusione di essere un'entità "onnisciente", perché vi indurrà a non chiedere mai aiuto, anche quando ne avrete bisogno. Alla gente non piacciono gli "onniscienti", ma al di là di questo, alle persone piace essere sia dipendenti sia necessarie. Chiedete a qualcuno gli appunti della lezione, dicendo che avete avuto delle difficoltà a prenderli in modo adeguato. In compenso, offrite a qualcuno un complimento, per il fatto di aver preso buoni appunti. Oppure, se avete bisogno di un passaggio, chiedetelo a qualcuno, che conoscete, qualora si stia dirigendo nella giusta direzione. Se invece disponete di un'auto, o di uno scooter, e qualcuno ha bisogno di un passaggio, offriteglielo. Rendetevi disponibili per ritirare qualcosa, per qualcuno, mentre state svolgendo le vostre commissioni. Accettate i favori quando vi vengono offerti.
- Qualcosa che le persone non timide fanno, e che spesso difetta agli individui che manifestano timidezza, è offrire una "carezza" alle altre persone. Insomma, fanno i complimenti. Dicono: «Che bell'aspetto hai oggi». Non importa l'espediente che impiegherete per fare un complimento, proferitelo e basta, facendo in modo che si inserisca nel decorso naturale della comunicazione. Qualsiasi cosa vi piaccia merita un vostro

complimento. Quando vi sentirete liberi di farli agli altri, ne riceverete ben più di quanti ve ne sono riservati attualmente.

Una regola da ricordare è: risultare amichevoli e mostrare interesse per le altre persone. Alcuni degli studenti timidi con cui abbiamo lavorato, in effetti, non contribuiscono molto in un incontro sociale; in un certo senso, è come se si limitassero a rilanciare la palla nell'altra metà del campo, di volta in volta, senza mostrare alcun segno che manifesti il desiderio di impegnarsi in un autentico e fecondo scambio comunicativo. Potrebbero dire "Ciao", oppure "Buongiorno", ma dimenticano che un'esternazione potrebbe estendersi ulteriormente e, poi, prevedere una parte conclusiva. Questa potrebbe essere una tipica conversazione:

Non timido: Ciao, come stai?
Timido: Bene.
Non timido: Cosa hai fatto ultimamente?
Timido: Ho studiato.
Non timido: Cosa c'è di nuovo?
Timido: Niente.
Non timido: Be', ci vediamo in giro.

Ovviamente, la persona non timida deve arrendersi, perché riceve risposte troppo scarne, mentre la persona timida si ritrova a fare i conti con la percezione di essere stata respinta, un'evenienza che, in alcuni casi, finisce per alimentare il suo senso di indegnità. La persona timida deve assumersi delle responsabilità e, quantomeno, sostenere la conversazione fino al termine. Un incontro sociale migliore, che, peraltro, non dovrebbe rivelarsi troppo difficile da sostenere, potrebbe essere questo:

Non timido: Ciao, come stai?
Timido: Bene. Tu? Come stai?
Non timido: Abbastanza bene. Un po' stanco, però.
Timido: Come mai?
Non timido: Ho davvero sudato sui libri.
Timido: So cosa intendi. Può davvero diventare estenuante, no?

Non timido: Sì. Accipicchia, quel nostro professore di storia è davvero un'altra cosa. Dimmi, raccontami qualche novità che ti riguarda?
Timido: Oh, niente di che. Ho giocato un po' a tennis, sono andato al cinema. E tu?
Non timido: Le solite cose. Sono andato a sciare una settimana fa.
Timido: Oh? Dove sei stato?
Non timido: Squaw. Hai mai sciato lì?
Timido: No. Com'è?

Come potete osservare, nel primo scambio la persona timida non ha posto domande e non ha mostrato interesse. Nel secondo scambio la persona timida è apparsa amichevole e ha mostrato interesse, ponendo alcune domande, tra l'altro del tutto analoghe a quelle che gli venivano poste. Il punto è che non dovete frequentare un seminario di Dale Carnegie per imparare a chiedere alle persone: «Come stai?».

Fatelo e basta. Esercitate le vostre capacità di alimentare una conversazione e la gestualità davanti a uno specchio, parlate, registrandovi e, poi, riascoltatevi. Quindi, assumete l'atteggiamento di un critico e prendete degli appunti circa ciò che potete migliorare sia in merito a ciò che comunicate sia ai tempi.

Un vantaggio secondario dell'essere socievoli è che quando rimanete in silenzio, durante un incontro sociale, tendete a percepire un disagio, tanto quanto le altre persone. Questo incrementa la vostra auto-consapevolezza, perché poi vi soffermerete a rifletterci sopra. La vostra mente si colmerà di pensieri negativi su voi stessi, magari con dei timori, veramente assurdi, in merito ai vari modi in cui vi renderete ridicoli, o verrete rifiutati dagli altri. D'altra parte, quando mostrate interesse per un'altra persona, ascoltate ciò che ha da dire e provate almeno a rispondere, accade il contrario, perché tutto ciò vi distrae.

Se pensate di non disporre di assolutamente nulla con cui contribuire a una conversazione, prendetevi il tempo necessario per apprendere gli argomenti che interessano alle persone con cui entrate in contatto. Leggete i giornali, i libri, le riviste, delle pubblicazioni scientifiche; ascoltate la radio, andate al cinema. Sappiamo che un quattordicenne di successo, dal punto di vista sociale, è un conversatore da *Guinness dei primati*, ed è anche molto divertente.

Fate un'elenco degli argomenti che interessano ai vostri colleghi. Poi scegliete quelli che interessano anche a voi e cercate di acquisire delle adeguate conoscenze per poter sostenere una conversazione e porre delle domande.

Un altro modo per acquisire conoscenze, mettendo anche in pratica le abilità sociali, è impegnarsi per una degna causa. Cosa sta succedendo nella comunità o nel campus? Ci sono le sezioni di certe organizzazioni nazionali come NOW, ZPG, Save the Whales, Children's Rights Crusade?

Non ci sono luoghi migliori per incontrare nuove persone con cui avere qualcosa in comune, sarete in grado di sviluppare amicizie, non appena vi impegnerete per una causa che vi interessa.

Quando partecipate a una riunione (a un seminario, una festa, una lezione), siate puntuali, oppure giungete in anticipo. Quando giungete in ritardo per interagire in un contesto di gruppo, le persone immediatamente si girano a guardarvi. Vi noteranno, non già perché siete diversi, bensì per il fatto che siete in ritardo. Vi sentirete ansiosi e impacciati. Inoltre, avrete la percezione di essere degli "intrusi". Osservate gli studenti che entrano in aula in ritardo: le espressioni intimidite sui loro volti riflettono i loro sentimenti di imbarazzo e, forse, anche un certo senso di colpa.

D'altra parte, se sarete i primi a giungere sulla "scena", avrete un netto vantaggio, dacché, quando arriva la persona successiva, potrete iniziare una conversazione. È naturale farlo, quando state aspettando l'inizio di un evento.

Per dimostrarsi socialmente abili ci vuole pratica, quindi esercitatevi ovunque potete. Per esempio, quando entrate in un negozio, in biblioteca o al bar, invece di trattare coloro che vi servono come commessi, trattateli come esseri umani interessanti. Salutateli, chiedete loro come stanno, considerate il fatto che sia una bella giornata, oppure commentate il brutto tempo. Cercate un'opportunità per fare un complimento a qualcuno, osservando cosa indossa, che aspetto ha, il colore dei capelli e degli occhi. Ringraziate quando venite serviti o accuditi. Il punto è: siate gentili. Notate qualcosa che riguardi la persona, con cui interloquite, che potete commentare favorevolmente.

PASSO 7: AFFRONTARE IL SESSO OPPOSTO

Sviluppare le vostre abilità sociali vi offrirà le basi per trattare con i membri del sesso opposto. Ecco alcune regole fondamentali da tenere a mente:

Primo approccio

1. Anche i membri del sesso opposto provano sentimenti: incertezza, ansia, paura di essere rifiutati.
2. Non considerate, automaticamente, un membro del sesso opposto come un potenziale partner romantico. Consideratelo come una persona che vorreste conoscere, invece che alla stregua di un oggetto.

Chiedere un appuntamento

1. Chiedere un appuntamento genera ansia, quindi agite con accortezza. Chiedete alla persona di uscire per bere una tazza di caffè, oppure invitatela a casa vostra per rivedere gli appunti della lezione, ascoltare un nuovo disco, oppure mostrare qualcosa che avete ricevuto da poco, quando è il momento giusto. Banalmente, il momento giusto è quando vi sentite a vostro agio nel proporre quell'invito, e l'altra persona è apparsa abbastanza reattiva da generare in voi l'impressione che le piacete, in quanto amico.
2. Quando finalmente siete pronti per chiedere un appuntamento, pensate a qualcosa di specifico: un concerto, uno spettaco-

lo teatrale, un film, una festa. Se avete conosciuto quella persona abbastanza bene, al punto che le avete chiesto di uscire per bere un caffè, dovreste sentirvi a vostro agio nell'invitarla a uscire durante il giorno, oppure la sera. Assicuratevi di chiederle di uscire con sufficiente anticipo, in modo che non percepisca che l'invito giunga all'ultimo minuto. Circa una settimana in anticipo per una cena, o per vedere insieme un film, circa due settimane in anticipo per un grande evento, come il ballo di fine anno, oppure un concerto.

3. Se temete di rimanere ammutoliti, scrivete una sorta di "copione" e poi mettetelo in pratica, quindi invitatela usando il telefono. Siate amichevoli e specifici. Per esempio:
   - Tu: Ciao, sono Tom Smith. Come stai, Susanna?
   - Lei: Bene. Tu come stai?
   - Tu: Bene, grazie. Senti, il motivo per cui ti chiamo è che ho due biglietti per un concerto rock, e mi chiedevo se ti piacerebbe venire con me. Il gruppo che suona sono i BeeGees, mi hai detto che ti piaceva la loro musica.
4. Improvvisare: proprio come non direte realmente di essere "Tom Smith", utilizzate il vostro eloquio per comunicare il messaggio.
5. Preparatevi a un rifiuto. Se dice "No", non date per scontato che dipenda dal fatto che non ha intenzione di uscire con voi. Ci sono molte ragioni per esprimere un rifiuto: una persona potrebbe non sentirsi bene, potrebbe avere preso un impegno in precedenza, oppure avere dei problemi personali, persino essere ansiosa oppure depressa. Se non offre una ragione (il che è improbabile), non insistete. L'unico dato che dovete ricordare è che siete stati in grado di chiedere a qualcuno un appuntamento e, né proporre quell'invito né il fatto di aver ricevuto un eventuale rifiuto, si sono rivelati fatali. Riconoscetevi il merito di aver corso il rischio e, ora che l'avete fatto, considerate di farlo di nuovo, con la stessa persona (a meno che non vi dica "No" per tre volte di seguito) oppure con qualcun'altra, con una certa regolarità.

6. Ora, se dice "Sì", assicuratevi di specificare bene l'orario in cui passerete a prenderla e offrite indicazioni in merito a come dovrebbe vestirsi.
7. Siate puntuali, ma non giungete in anticipo. Sebbene la puntualità sia importante nella maggior parte delle situazioni, in un'occasione del genere è meglio arrivare in ritardo di qualche minuto, piuttosto che essere in anticipo, perché in questo secondo caso mettete l'altra persona "nei guai", specialmente se deve aprire la porta con indosso l'accappatoio e con i capelli non ancora asciutti.
8. Durante l'appuntamento: se avete seguito i nostri consigli e avete pianificato qualcosa di specifico, dovreste disporre di qualcosa da dire all'inizio, qualcosa da fare durante la serata e qualcosa di cui parlare dopo.

Alla fine della serata, fate sapere a quella persona che vi siete divertiti, prendetele la mano, magari datele un bacio sulla guancia, a seconda del tipo di segnali che vi invia. Se è tesa e distaccata, non ponete alcuna questione. Anche se è calda e rilassata, non siate troppo intrusivi. Molte persone timide commettono questo errore, quando desiderano un po' di romanticismo. Non affrettare le cose. Il rispetto dei tempi è tutto.

Come rispondere a un invito

1. Se qualcuno con cui volete uscire vi chiede un appuntamento, desiderate accettare e non avete altri impegni, ringraziate la persona, assicuratevi di aver compreso correttamente sia la data sia l'ora e chiedete, se non vi viene detto, se è il caso di vestirsi in maniera elegante oppure in modo casual.
2. Quando arriva il momento, mostrate interesse per quella persona – di cosa si sta occupando, i viaggi che ha fatto – e per il mondo che vi circonda.
3. Alla fine della serata, ringraziate la persona e, se un po' di romanticismo è appropriato, regolate il tono della voce per esprimere calore. Ma non sentitevi obbligati a dover finge-

re un affetto che non c'è, o a "fare sesso", perché qualcuno ha speso dei soldi per voi, oppure perché è "quel che si deve fare".

4. Potreste voler sottolineare la parità, l'uguaglianza, il fair play, proponendo di condividere le spese. Oppure, se vi piacete e continuerete a frequentarvi, potrete ricambiare: chiedendo un nuovo appuntamento, organizzando la serata e pagando.
5. Se, in qualche occasione, qualcuno vi chiede un appuntamento e non volete uscire con quella persona in particolare, non siete affatto obbligati ad accettare. Nondimeno, siate gentili quando rifiutate qualcuno. Ricordate che probabilmente ha dovuto trovare un po' di coraggio per chiedervi quell'appuntamento.

UN MESSAGGIO SPECIALE PER GLI STUDENTI UNIVERSITARI DEL PRIMO ANNO

Anche se il vostro obiettivo principale è frequentare le lezioni, studiare, per poi finire il college, occorre anche aggiungere che questo è il momento di considerare cos'altro possa rappresentare, per voi, l'esperienza universitaria. Nello specifico, come può influire sulla vostra timidezza e sulla vostra capacità di interagire con altre persone.

Le opportunità sono probabilmente maggiori in questo periodo, della durata di soli quattro anni, in ragione della varietà dei contatti sociali a cui sarete esposti, che in qualsiasi altro periodo della vita.

Inoltre, i vostri compagni di studio saranno gli avvocati, i medici, i politici, gli uomini d'affari e gli imprenditori del futuro. Uno studente, che non manifesti timidezza, stabilirà contatti importanti durante questo periodo, mentre le persone timide avranno in questo senso meno opportunità; un particolare peraltro da non sottovalutare perché, alla fine, riduce al minimo le possibilità di ottenere un successo futuro nel corso della vita. Una volta terminata l'università, le opportunità di incontrare persone, sia per motivi sociali sia per ragioni professionali, saranno drasticamente ridotte.

Quindi, sapendo che una volta finito il college, le opportunità diminuiranno, è questo il momento di prendere seriamente la decisione di ottenere il massimo nel corso di questi anni. È possibile, indipendentemente dal fatto di come vi consideriate, che smettiate di essere timidi. È possibile riporre la vostra timidezza nel dimenticatoio, per assumere il ruolo di una persona che non è afflitta da certe manifestazioni, che sa cogliere le opportunità, invece di lasciarsele sfuggire.

Ricordate, nessuno sa che siete timidi. Quando inizierete il college, sarete, essenzialmente, una persona nuova. La nostra ricerca ha rivelato una singolare contraddizione in merito alla timidezza, di cui, forse, potreste esser già consapevoli: la maggior parte delle persone appare meno timida quando interagisce con gli estranei, rispetto a quando si trova al cospetto di individui che conosce. Dato che ora vivete in un "mondo" colmo di estranei, che conoscerete pian piano, ma che non hanno preconcetti su di voi, ricordate che il primo passo che farete caratterizzerà quelli che seguiranno, perciò rendetelo quello di una persona che non è timida. Lasciate che sia quella la prima impressione che farete al cospetto di ogni nuova persona con cui entrerete in contatto.

Assumete un ruolo. Recitate la parte che riguarda il fatto di essere voi stessi. Conoscete bene il personaggio principale di quella sorta di "copione" che riguarda la vostra vita. Chi è quella persona? Quali sono le sue qualità? Quella persona ha il senso dell'umorismo? A quella persona piacciono gli altri? Quella persona è intelligente? Interpretate tutto ciò che riguarda questa persona scevra da ogni timidezza.

Iniziate ad assumere il vostro ruolo, quello di una persona non timida, seguendo i passaggi che abbiamo indicato per l'apprendimento delle abilità sociali. Tuttavia, otterrete anche di più, e sarete anche in grado di distinguervi accademicamente, se eviterete di nascondervi nelle grandi aule e vi iscriverete a qualche seminario, per poi parteciparvi attivamente. Se sentite di aver bisogno di prepararvi a tutto ciò, potete recarvi dal docente e chiedere quale sarà il programma del seminario. Potreste voler dire all'insegnante, di sorvolo, che in passato avete manifestato un po' di timidezza e che, quindi, potreste trovare difficile partecipare, anche se ci proverete comunque. Quando l'insegnante si rende conto che la timidezza è un problema per voi, non vi metterà in difficoltà e vi sarà sicuramente riconoscente, quantomeno ogni volta che offrirete il vostro contributo. Al di là di tutto ciò, cercate comunque di essere la prima persona che esprimerà un commento.

Se non lo farete, riducendovi a stare nell'ultima fila delle grandi aule in cui si tengono corsi affollati, la maggior parte di quel che imparerete potreste apprenderlo, altrettanto bene, e forse anche meglio, semplicemente recandovi in biblioteca per leggere dei libri. Quando non partecipate, non imparate a conoscere voi stessi, né a valutare, in modo adeguato, la qualità del vostro pensiero, della vostra immaginazione o delle vostre capacità. Non apprenderete una delle abilità alle quali il college dovrebbe prepararvi: essere in grado di parlare in modo brillante e intelligente con altre persone, sentendovi del tutto a vostro agio.

Per gli studenti che riescono a mantenere un basso profilo, andare al college è, come ci hanno detto alcuni, "sconfiggere il sistema". Frequentando solo lezioni tenute in aule di grandi dimensioni, nelle quali sarete sempre del tutto anonimi, non sarete riconosciuti né individuati dai vostri professori, e potrete rimanere, del tutto al sicuro, sullo sfondo. In teoria, si può anche giungere al termine del college, e anche essere uno studente "con tutte A", senza aver mai detto una sola parola a un altro essere umano. Tuttavia, quando sarete in procinto di laurearvi, e starete inviando un'application per la scuola di specializzazione, oppure starete cercando di ottenere un posto di lavoro, e avrete bisogno di una lettera di raccomandazione scritta da un professore, non sorprendetevi se non sarà facile trovare disponibilità, semplicemente perché nessun docente può dire qualcosa su di voi che trascenda i vostri voti; ovvero delle informazioni facilmente reperibili in un certificato di laurea.

Una volta terminato il college, in poche occasioni vi verrà chiesto di sostenere un test scritto; anzi, per molte persone, tutto si limiterà al test per la patente di guida, o a un esame per offrire il servizio civile. Invece, vi verrà chiesto di parlare, di commentare delle vicende di rilevanza mondiale, di esprimere ciò che pensate sull'economia, sulle prossime elezioni, o anche di dare un parere su un film che avete appena visto. Ovviamente, è anche molto probabile che dovrete sostenere dei colloqui in relazione a potenziali assunzioni: sarete valutati in base a ciò che direte e a come lo direte. In breve, la personalità conta tanto nel mondo degli affari quanto nei contesti e nelle situazioni sociali.

Iniziate ora a modellare e ad assumere la personalità che ben conoscete, perché è la scelta migliore al fine di ottenere ciò che desiderate dalla vita.

10
La fine della timidezza

Per spazzare via la sofferenza conseguente alla bassa autostima e alla timidezza in un gran numero di persone, dobbiamo crescere le prossime generazioni con un'elevata consapevolezza associata alla moralità, all'umanità e alla preoccupazione nei confronti degli altri. Dobbiamo offrire loro quell'integrità e quella consapevolezza che si rivelino sufficienti, affinché quelle persone comprendano che la differenza tra il bene e il male dipende, anzitutto, da come considerate le altre persone, non già dal fatto di conseguire il massimo dei voti, dall'essere una star dell'atletica, o una reginetta del ballo. Tutto ciò significa spazzare via certe forme di "fanatismo" e sostituirle con il rispetto per gli esseri umani, coltivando la loro unicità, alimentando gli atteggiamenti compassionevoli per gli imprevisti che la vita infligge alle persone, e anche per instillare nei nostri figli l'idea che non siamo immuni dalla sfortuna, affinché possano percepire la vulnerabilità altrui in relazione alla sofferenza.

Anche i bambini che vengono tenuti a distanza dai loro coetanei, secondo modalità, che alcuni adulti considererebbero in modo positivo, corrono il rischio di essere emarginati per via della timidezza. Albert Einstein era famoso per la sua genialità. Tuttavia, era anche noto per la sua timidezza, la quale si sarebbe presentata presto nella vita, anzitutto, perché era "diverso" e, poi, in ragione della passione divorante per la scienza che tendeva a isolarlo, mentre la sua straordinaria intelligenza lo poneva nella condizione di confrontarsi con difficoltà quando si relazionava con i coetanei.

I genitori dei bambini dotati, e anche alcuni insegnanti, possono anche considerare un tale dono come una sorta di "premio", ma, a nostro avviso, per alcuni possedere quello stesso talento si rivela un "albatros", perché li distingue, fin da bambini. Alcuni di loro, abbiamo appreso, sono talmente dotati che decidono, al fine di passare per "normali", di nascondere il proprio talento. Alcuni bambini, che finiscono per soffrire di solitudine e quasi alienati nell'ambiente scolastico, rischiano, a volte, di esser persino considerati come soggetti al di sotto della media, soprattutto quando non partecipano e si annoiano, perché percepiscono il lavoro in classe per nulla interessante e, per loro, troppo poco impegnativo.

La madre di un ragazzo che manifesta un talento speciale per la scienza ci ha riferito che, in occasione di ogni valutazione di suo figlio, da parte degli insegnanti, le viene detto: «Non è un "mainstreamer" e, quindi, rappresenta un problema». Quella stessa madre ci dice che raramente, se non mai, gli insegnanti parlano dei suoi punti di forza, per concentrarsi, invece, sulla sua "disattenzione", sulla mancanza di interesse che manifesta in classe, definendoli come i deficit di un soggetto dotato di una personalità che andrebbe cambiata. Peggio ancora, il figlio ha interiorizzato queste valutazioni e, ora, la sua autostima pare ampiamente erosa, dacché si considera un "fallito" e un "diverso" rispetto ai suoi coetanei ben più "convenzionali".

Ostracizzato in classe, quel ragazzo agisce degli acting out e, così, finisce per alienarsi ulteriormente sia gli insegnanti sia i coetanei. Come ha osservato, in un'intervista, Charlotte E. Malone, una consulente che si occupa di individui che manifestano particolari talenti, un bambino che agisce così sta implicitamente dicendo: "Ascoltami", "Deridimi", "Compatiscimi", "Per favore, sii come me". Una reazione alternativa, afferma Malone, è semplicemente quella di ritirarsi: «Questi ragazzi leggono troppo e fanno una quantità enorme di progetti, purché il tempo passi». In altre parole, usano la lettura e la pianificazione di progetti come delle strategie di fuga.

Una delle conseguenze più tragiche del fatto di esser particolarmente talentuosi e, al contempo, rifiutati, che Malone ha osservato nei bambini con cui ha lavorato è la franca decisione di conformarsi ad agire come tutti gli altri: come se non fossero effettivamente maggiormente dotati.

Dunque, abbiamo prodotto un secondo esempio che ci invita a riflettere in merito all'urgenza di insegnare a noi stessi, e alle generazioni successive, che la "differenza è un valore".

Possiamo duramente criticare una società che riverisce il conformismo, la bellezza del corpo, l'intelligenza, il successo e che motiva inadeguatamente molti giovani; tuttavia, quando ci impegniamo in questa critica dobbiamo pur ammettere che *noi stessi* siamo la società. Se vogliamo che la nostra cultura accolga valori più adeguati, dobbiamo prima curare i nostri "giardini" e, poi, non permettere che certe forme di fanatismo e di crudeltà prosperino incontrastate.

Quand'è stata l'ultima volta che avete detto a vostro figlio di non rivolgere a qualcuno certi epiteti, come, per esempio, "ciccione" o "scorfano"? Quand'è stata l'ultima volta che avete detto ai vostri figli di non prendere in giro le altre persone, di non giudicarle in base al loro aspetto o, addirittura, facendo riferimento a evidenti difetti fisici? Quand'è stata l'ultima volta che avete detto a un amico di vostro figlio di non attribuire agli altri dei nomi dispregiativi? Quand'è stata l'ultima volta che avete detto a un altro adulto che trovate disgustosi certi insulti razzistici?

L'unico modo, per rendere inaccettabile il tipo di comportamento che fa sentire le persone indegne e timide, è rifiutarsi di accettare certe manifestazioni comportamentali nel modo più risoluto, nient'affatto timido.

Possiamo anche imparare qualcosa semplicemente osservando una bella famiglia di cui molti di voi probabilmente hanno sentito parlare, o hanno letto qualcosa. Dorothy e Bob DeBolt, che vivono a Piedmont, California, sono i genitori di venti figli, quattordici dei quali sono stati adottati. Una delle particolarità che rende speciali i bambini DeBolt è che non tutti sono vedenti, hanno due braccia e gambe perfettamente funzionanti. Ciò che li rende tanto speciali è che sono meravigliosamente normali: sono indipendenti, responsabili, fiduciosi e la maggior parte di loro non manifesta affatto la timidezza. A quanto pare, gli "ingredienti magici" impiegati dai genitori includono alcune delle nostre strategie per ridurre al minimo, o prevenire, la timidezza; quindi, proviamo a considerarli alla luce delle modalità che questi genitori applicano per crescere i loro figli:

- *L'amore incondizionato* è un dato di fatto in casa DeBolt. Fa da cornice, e sfondo, a tutto quel che accade. Ogni bambino, in questa famiglia, è pervaso dal senso di accettazione e amore dei genitori che non si basa sulle prestazioni, ma è invece una sorta di costante, la base sicura di cui tutti i bambini hanno bisogno.
- Le *aspettative* devono essere sempre realistiche. Andrebbero calibrate su ciò che un bambino in particolare è in grado di fare; dato che, in effetti, non devono essere né troppo elevate né troppo basse. Per esempio, quando Karen, una bambina priva dalla nascita dei quattro arti, era pronta ad allacciarsi le scarpe, usando i suoi uncini, i genitori erano pronti a lasciarla fare, indipendentemente da quanto tempo ci fosse voluto.
- *Toccare* è qualcosa che fa parte integrante dello stile di vita e dell'interpretazione della genitorialità da parte dei DeBolt. In quella famiglia vengono profusi sia l'amore sia gli affetti.
- *La disciplina associata all'amore* è fondamentale quando si hanno così tanti bambini. Dovrete mantenerla, altrimenti vivrete il caos. Dovete essere fermi, ma gentili, e dovete disporre delle regole. Quando alcuni dei vostri figli non hanno mai inteso cosa vuol dire prendersi cura dei propri genitori, il rispetto della disciplina diventa una prova d'amore. Viene amorevolmente e ragionevolmente distribuita, e i genitori ascoltano molto attivamente.
- *Parlare* è un'attività particolarmente importante in questa famiglia. I bambini hanno bisogno di parlare, e sono incoraggiati a farlo (quando sono pronti), in merito a come si sentivano nel corso della loro vita, prima di entrare a far parte di

questa famiglia, come percepiscono i loro problemi fisici e anche loro stessi, come reagiscono agli imprevisti che riserva loro la vita presente. Nella famiglia DeBolt si parla molto.

- *Prestate attenzione a vostro figlio:* i bisogni speciali di ogni bambino implicano che ognuno riceva notevoli attenzioni da parte dei genitori, e anche dagli altri membri della famiglia. I bambini parlano, i bambini si ascoltano; i genitori parlano, i genitori ascoltano. Il clima che si genera in quella famiglia consente a tutti di farlo.
- *Costruire fiducia:* il concetto di fiducia viene appreso nel momento in cui i bambini entrano a far parte della famiglia DeBolt. L'accordo di base è che i genitori si fidano dei figli e i ragazzi sanno che possono contare sui genitori.
- *Autosufficienza, responsabilità:* in questo ambito la famiglia DeBolt brilla davvero. Ogni membro della famiglia si occupa delle faccende. Per esempio, J. R., che è cieco, deve lavare i piatti come tutti gli altri. Oh, all'inizio ne ha rotti alcuni, perché non vede. Ma, dopotutto, in che altro modo potrebbe imparare, se non facendo?
- *Il piacere della propria compagnia:* vengono offerti loro particolari strumenti; per esempio, sono incoraggiati a leggere, vengono impartite loro delle lezioni di musica e stimolati a sviluppare competenze.
- *Assunzione di rischi:* l'assunzione dei rischi passa per la preparazione dei bambini nei riguardi di quelli che stanno per correre. Quindi, senza esercitare pressioni, i genitori valutano la loro adeguatezza in merito all'acquisizione di una nuova abilità, li incoraggiano a provarla, ma quando si tirano indietro, li lasciano fare, senza aiutarli. Dorothy dice che la cosa più difficile che deve fare è non intromettersi, non aiutare un bambino che si sta impegnando per indossare un dispositivo protesico, oppure allacciarsi una scarpa usando degli uncini. Una volta, l'intera famiglia ha osservato Karen mentre impiegava tre ore per salire i diciannove gradini della scala, per poi applaudirla fragorosamente quando ha realizzato il proprio intento. Nessuno l'ha aiutata, il successo è stato tutto suo, si

è crogiolata nella "gloria" e nell'affetto che la sua famiglia le ha offerto per il suo trionfo.

- Ai bambini viene insegnato ad affrontare il "fallimento", a considerarlo come un processo necessario per apprendere nuove abilità. Viene loro insegnato a rialzarsi, rimettersi in sesto e riprovare.
- *Sviluppare la tolleranza:* è ovvio che in una famiglia multietnica la tolleranza razziale non è un problema. Inoltre, poiché tutti i bambini sono così diversi l'uno dall'altro, viene insegnato loro ad apprezzare l'unicità individuale. Questi bambini non sono inclini ad attribuire errori e strafalcioni all'incompetenza, bensì li considerano alla luce delle circostanze in cui si verificano. Insegnando ai bambini l'importanza di essere tolleranti nei confronti di loro stessi, viene automaticamente indicata l'importanza di mostrarsi comprensivi con gli altri.

  È chiaro che ai bambini viene insegnato anche a tollerare l'intolleranza. Quando uno di loro ha avuto una brutta esperienza, perché qualcuno ha sottolineato che è cieco, oppure che è "diverso", i genitori spiegano perché alcune persone si comportano in quel modo, di solito esprimendosi in termini molto comprensivi e caritatevoli.
- *Questioni lessicali:* basti pensare che ai DeBolt non piace l'etichetta "handicappato" e che si rifiutano di usare quel termine per riferirsi a uno qualsiasi dei loro figli. Dorothy DeBolt afferma che le persone veramente handicappate sono quelle incapaci di provare ed esprimere amore.

Tutti noi possiamo imparare dai DeBolt, una famiglia che ha attraversato molte crisi: quando viene accolto un nuovo bambino, quando un altro si ammala, quando qualcuno viene offeso dai suoi coetanei, quando un figlio subisce un intervento per correggere, si spera, la cecità. Per esempio, Wendy non solo era cieca, quando era entrata a far parte della famiglia all'età di cinque anni, ma era stata anche maltrattata. Tutti sono consapevoli dei danni emotivi (oltre che somatici) che il maltrattamento dei bambini può causare. La medicina moderna è stata in grado di ripristinare la vista di Wendy, ma le cicatrici che non si vedono sono state guarite dal fatto di essere amata per ciò che è, sentendosi al sicuro nella sua nuova famiglia e percependosi come un essere umano dotato di piena dignità. Quando qualcuno vi vuole così tanto bene, semplicemente per ciò che siete, proprio come i vostri genitori, come potete dubitare del vostro valore?

A volte, quando qualche scrittore narra della famiglia DeBolt, impiega l'espressione «i ragazzi che nessuno voleva». Ebbene, se è forse vero che questi bambini non erano desiderati da nessun altro, certamente sono passati da una condizione di massimo depauperamento ad essere straordinariamente amati, quando loro e i loro genitori si sono ritrovati.

Non intendiamo far sembrare tutto troppo facile. Non lo era, e non lo è. Nondimeno, la storia di questa famiglia è decisamente stimolante. Se Bob e Dorothy DeBolt possono offrire a così tanti bambini un senso di elevata autostima, allora anche noi disponiamo del potere di farlo. I DeBolt sono la prova vivente dell'enorme potere ascrivibile all'amore incondizionato, e anche alla saggezza che risiede nel coltivare aspettative realistiche nei confronti dei nostri figli.

I bambini del futuro hanno bisogno di imparare dei valori, traendoli dagli esempi offerti dai loro genitori e anche da altri adulti. Se, nel corso del processo volto ad aiutare i bambini di oggi a superare la loro timidezza, insegniamo loro il valore dell'amore, dell'integrità, della gentilezza, della tolleranza, del rispetto per le differenze individuali, allora saranno questi i valori che, probabilmente, trasmetteranno agli altri. Con altrettanta probabilità, saranno questi i valori che trasmetteranno ai loro figli. Se i bambini di oggi imparano che il processo di apprendimento riserva una gioia, almeno equivalente a quella che percepiamo quando otteniamo un risultato, allora impareranno, come osserviamo nella famiglia DeBolt, che esiste una forma di competizione che è salutare, che non mette i bambini l'un contro l'altro, e che non impedisce alle amicizie di fiorire. La competizione con sé stessi, considerando il successo di oggi rispetto a quello di ieri, è quella condizione che può farci percepire quel senso di orgoglio personale e offrirci il piacere di andare avanti, impegnandoci per migliorare in qualsiasi ambito: dal compiere il diciannovesimo passo, su quella scala, al dire "ciao" per primi, quando si entra in contatto con qualcuno che non si conosce.

La neutralizzazione della timidezza, quindi, dipende in gran parte da noi. Potremmo continuare a farla prosperare, perpetuando standard superficiali e pregiudizievoli con il più timido dei silenzi, che non produce nulla, e spesso viene considerato come educata accondiscendenza. Oppure, impegnandoci nel processo che aiuta i nostri figli a non essere timidi, possiamo rendere il nostro angolo di giardino massimamente fiorente. Possiamo fare del nostro giardino un terreno fertile nel quale germoglia il rispetto per l'unicità che caratterizza ogni essere umano, affinché a tutti i nostri figli sia concesso di celebrare la vita, amando loro stessi e gli altri.

Appendice

L'INTERVISTA SULLA TIMIDEZZA DI STANFORD

Questa intervista è stata sviluppata come strumento di ricerca per aiutarci a capire meglio cosa pensano le persone della propria timidezza, delle sue cause, del suo modo di manifestarsi e delle sue conseguenze. È uno strumento pensato per concentrarsi su quelle aree, relative all'esperienza personale, con cui spesso la timidezza interferisce.

Inoltre, si è rivelato utile anche come mezzo per aprire un dialogo sulla timidezza tra genitori e figli. Rispondendo al questionario insieme, un genitore e un bambino possono iniziare a discutere e a parlare insieme di come si manifesta la timidezza e di quali sono le sue cause. Per alcuni genitori, si è rivelata una preziosa esperienza condivisa, che ha consentito un livello di comunicazione più profondo tra loro e i loro figli. Ovviamente, non ci sono risposte giuste o sbagliate, né un punteggio da confrontare con gli altri. Le risposte possono fare riferimento al corpo generale di conoscenze sulla timidezza delineato in questo libro che è stato in parte ottenuto utilizzando lo Stanford Shyness Survey.

Nonostante la timidezza sia un tema di studio affascinante per la psicologia, praticamente non esistono ricerche che abbiano cercato di approfondire la comprensione delle sue dinamiche e delle sue conseguenze. Questa intervista costituisce parte di un programma più ampio, avviato alla Stanford University (California, USA) da un team di specializzandi e docenti. È stata somministrata in numerosi college degli USA, e anche di Hawaii, Giappone, Messico, Gran Bretagna e Germania. In molti di questi paesi sono stati esaminati anche gruppi di soggetti diversi dagli studenti universitari.

Rispondi a tutte le domande con la maggiore attenzione e sincerità possibile. Siamo interessati alle tue esperienze, percezioni e reazioni alla timidezza. Il questionario è anonimo, quindi le tue risposte saranno confidenziali.

Ti ringraziamo perché condividi queste informazioni con noi.

SEZIONE A
INFORMAZIONI ANAMNESTICHE

Data odierna:

• Sesso: (7)
1. Maschio
2. Femmina

• Età: (8, 9) _____ anni

• Istruzione: (10)
1. Meno di 12 anni
2. Diploma di scuola superiore
3. Qualche anno di college
4. Studenti del college

• Occupazione: (11)
(specificare: per esempio, "studente", "casalinga", "dentista")

Non scrivere
in questa colonna

Scheda n. (1) _1_
Soggetto n. (2) ___
(3) ___
(4) ___
(5) ___
Nazi n. (6) ___

(7)

(8)

(9)

(10)

(11)

• **Stato civile: (12)** 1. Single e mai coniugato 2. Coniugato 3. In precedenza coniugato	Non scrivere in questa colonna
• **Razza o background etnico: (13)** 1. Bianco 2. Nero 3. Orientale 4. Di lingua spagnola 5. Altro (specificare) ____________________	(12) ______ (13) ______ (14) ______ (15) ______ (16) ______
• **Stato di nascita: (14, 15)** ____________________	
• **Religione: (16)** 1. Nessuna, ateo o agnostico 2. Protestante 3. Cattolica 4. Ebraica 5. Altro (specificare)	

SEZIONE B
TIMIDEZZA PERSONALE

Non scrivere in questa colonna

(17)

(18)

(19)

(200)

(21)

(22)

- **Attualmente, ritieni di essere una persona timida? (17)**
  1. Sì 2. No
  Se hai risposto "no", c'è stato un periodo nella tua vita in cui ti consideravi timido? (18)
  1. Sì 2. No

- **Se hai risposto "sì", c'è stato un periodo nella tua vita in cui NON ti consideravi timido? (19)**
  1. Sì 2. No

- **La maggior parte delle persone che ti conoscono bene ti considera timido? (20)**
  1. Sì 2. No

- **I tuoi parenti ti considerano una persona timida? (21)**
  1. Sì 2. No

- **Sulla seguente scala dell'introversione-estroversione, cerchia il numero che meglio indica come in generale consideri te stesso. (Nota: una persona introversa è definita come "una persona i cui pensieri e interessi sono prevalentemente diretti verso l'interiorità". Una persona estroversa viene definita come "una persona principalmente interessata agli altri e all'ambiente".) (22)**

Estremamente introverso	Moderatamente introverso	Leggermente introverso	Neutro	Leggermente estroverso	Moderatamente estroverso	Estremamente estroverso
1	2	3	4	5	6	7

Non scrivere
in questa colonna

(23)

(24)

(25)

(26)

(27)

(28)

- **In confronto ai tuoi pari (della stessa età e sesso), quanto ritieni di essere timido? (23)**

  Io sono
  1. Molto più timido
  2. Più timido
  3. Nella media
  4. Meno timido
  5. Molto meno timido

- **Quale percentuale della popolazione generale (dallo 0 al 100%) considereresti timida, ovvero alla quale attribuiresti l'etichetta di persona timida? (24-26) (Scrivi la tua stima.)**

  _______%

- **Quanto ritieni che la timidezza sia una caratteristica personale desiderabile? (27)**
  1. Molto indesiderabile
  2. Indesiderabile
  3. Né desiderabile né indesiderabile
  4. Desiderabile
  5. Molto desiderabile

- **Anche se, in generale, non ti consideri timido, nel passato o attualmente, hai esperito sentimenti di timidezza? (28)**

  1. Sì 2. No

SEZIONE C
DIMENSIONI DELLA TIMIDEZZA

Non scrivere in questa colonna

(29) ____
(30) ____
(31) ____
(32) ____
(33) ____
(34) ____
(35) ____
(36) ____
(37) ____

Nota: Se non hai mai esperito sentimenti di timidezza, per favore non completare le domande seguenti e passa direttamente all'ultima domanda (Sezione G), e avrai terminato il questionario.

Se ora esperisci, o hai esperito in passato, sentimenti di tristezza, per favore indica quali delle seguenti situazioni, attività, e tipi di persone elicitano in te la timidezza. (Poni un segno di spunta vicino a tutte le scelte appropriate.)

Situazioni e attività che elicitano in me la timidezza:

- **Situazioni sociali in generale (29)**
- **Gruppi numerosi (30)**
- **Gruppi piccoli, orientati a un compito (per esempio, seminari a scuola, gruppi di lavoro) (31)**
- **Gruppi piccoli (per esempio, party, balli) (32)**
- **Interazioni uno-a-uno con persone dello stesso sesso (33)**
- **Interazioni uno-a-uno con persone del sesso opposto (34)**
- **Situazioni in cui sono vulnerabile (per esempio, chiedere aiuto)**
- **Situazioni in cui mi trovo in uno stato di inferiorità rispetto agli altri (per esempio, quando parlo a un superiore, con autorità) (36)**
- **Situazioni che richiedono assertività (per esempio, quando ci si lamenta del servizio al ristorante o della scarsa qualità di un prodotto) (37)**

	Non scrivere in questa colonna
• **Situazioni in cui sono il centro dell'attenzione, davanti a un gruppo numeroso (per esempio, tenere un discorso) (38)**	(38)
• **Situazioni in cui sono il centro dell'attenzione, davanti a un piccolo gruppo (per esempio, quando si viene presentati, quando viene richiesta direttamente un'opinione) (39)**	(39)
• **Situazioni in cui vengo valutato o confrontato con altri (per esempio, durante un colloquio di lavoro, o quando si viene criticati) (40)**	(40)
• **Situazioni nuove in generale (41)**	(41)
Tipi di persone che elicitano in me la timidezza:	
• **I miei genitori (42)**	(42)
• **I miei fratelli/sorelle (43)**	(43)
• **Altri parenti (44)**	(44)
• **Amici (45)**	(45)
• **Estranei (46)**	(46)
• **Stranieri (47)**	(47)
• **Autorità (in virtù del loro ruolo – polizia, insegnanti, superiori al lavoro) (48)**	(48)
• **Autorità (in virtù della loro conoscenza – superiori a livello intellettivo, esperti) (49)**	(49)
• **Persone anziane (molto più anziane di te) (50)**	(50)
• **Bambini (molto più giovani di te) (51)**	(51)
• **Persone del sesso opposto, in un gruppo (52)**	(52)
• **Persone dello stesso sesso, in un gruppo (53)**	(53)
• **Una persona del sesso opposto, uno-a-uno (54)**	(54)
• **Una persona dello stesso sesso, uno-a-uno (55)**	(55)

SEZIONE D
REAZIONI ALLA TIMIDEZZA

Non scrivere in questa colonna

Se esperisci, o hai esperito, sentimenti di timidezza, quale delle seguenti reazioni fisiologiche sono associate a tali sentimenti? (Segna tutte le risposte adatte.)

- **Arrossire (56)**
- **Incremento delle pulsioni (57)**
- **"Farfalle nello stomaco" (58)**
- **Sensazioni di formicolio (59)**
- **Batticuore (60)**
- **Bocca secca (61)**
- **Tremori (62)**
- **Traspirazione (63)**
- **Fatica (64)**
- **Altre (specificare sotto) (65,66)**
- ____________

Se esperisci, o hai esperito, sentimenti di timidezza, quali sono i comportamenti esteriori che possono indicare agli altri che sei timido? (Segna tutte le risposte adatte.)

- **Parlare a bassa voce (67)**
- **Evitamento delle altre persone (68)**
- **Silenzio (riluttanza a parlare) (69)**
- **Balbettare (70)**
- **Incapacità di mantenere il contatto visivo (71)**
- **Postura (72)**
- **Evitare di compiere un'azione (73)**
- **Altri (specificare sotto) (74, 75)**
- ____________

(56) ____
(57) ____
(58) ____
(59) ____
(60) ____
(61) ____
(62) ____
(63) ____
(64) ____
(65) ____
(66) ____
(67) ____
(68) ____
(69) ____
(70) ____
(71) ____
(72) ____
(73) ____
(74) ____
(75) ____

Se esperisci, o hai esperito, sentimenti di timidezza, quali sono le sensazioni e i pensieri specifici associati a questi sentimenti? (Segna tutte le risposte adatte.)	Non scrivere in questa colonna Scheda n. (1) _2_ Soggetto n. (2) ___ (3) ___ (4) ___ (5) ___
• **Pensieri positivi (per esempio, mi sento contento di me stesso) (6)**	(6)
• **Nessun pensiero specifico (per esempio, sognare a occhi aperti, non pensare a niente in particolare) (7)**	(7)
• **Consapevolezza di sé (per esempio, un'estrema consapevolezza di me stesso e delle mie azioni) (8)**	(8)
• **Pensieri che si concentrano sulla non piacevolezza della situazione (per esempio, pensare che la situazione sia terribile, pensare che vorresti non trovarti in quella situazione) (9)**	(9)
• **Pensieri che forniscono distrazioni (per esempio, pensare alle altre cose che potrei fare, pensare che quella esperienza si concluderà in breve tempo) (10)**	(10)
• **Pensieri negativi su me stesso (per esempio, sentirsi inadeguato, insicuro, inferiore, stupido) (11)**	(11)
• **Pensieri sulle valutazioni di me che gli altri stanno facendo (per es., domandarsi cosa stiano pensando di me) (12)**	(12)
• **Pensieri sul modo in cui sto gestendo me stesso (per es. chiedersi che tipo di impressione sto facendo agli altri e come potrei controllarla) (13)**	(13)
• **Pensieri sulla timidezza in generale (per es., pensare alle dimensioni della mia timidezza e alle sue conseguenze, desiderare di non essere timido) (14)**	(14)

SEZIONE E
CONSEGUENZE DELLA TIMIDEZZA

Non scrivere in questa colonna

Quali sono le conseguenze positive dell'essere timido? (Segna tutte le risposte adatte.)

- **Nessuna, nessuna conseguenza positiva (15)**
- **Crea un'impressione moderatamente attraente; fa apparire una persona discreta, introspettiva (16)**
- **Aiuta a evitare i conflitti interpersonali (17)**
- **Fornisce una forma adeguata di anonimato e protezione (18)**
- **Fornisce una opportunità di fare un passo indietro, osservare gli altri, agire con attenzione e intelligenza (19)**
- **Evita le valutazioni negative da parte degli altri (per es., una persona timida non è considerata pericolosa, aggressiva o pretenziosa) (20)**
- **Fornisce un modo per selezionare le persone con cui interagire (21)**
- **Aumenta la privacy personale e il piacere della solitudine (22)**
- **Crea conseguenze interpersonali positive, non escludendo gli altri, intimidendoli o ferendoli (23)**

(15) ____
(16) ____
(17) ____
(18) ____
(19) ____
(20) ____
(21) ____
(22) ____
(23) ____

Quali sono le conseguenze negative dell'essere timido? (Segna tutte le risposte adatte.)	Non scrivere in questa colonna
• **Nessuna, nessuna conseguenza negativa (24)**	(24)
• **Crea problemi sociali; rende difficile incontrare nuove persone, fare nuove amicizie, godere di esperienze potenzialmente positive (25)**	(25)
• **Ha conseguenze emotive negative; genera sentimenti di solitudine, isolamento, depressione (26)**	(26)
• **Previene valutazioni positive da parte degli altri (per es., i miei valori personali non si manifestano mai a causa della mia timidezza) (27)**	(27)
• **Rende difficile essere adeguatamente assertivi, esprimere opinioni, trarre vantaggio dalle opportunità (28)**	(28)
• **Permette valutazioni negative non corrette da parte degli altri (per es., vengo scorrettamente considerato ostile o snob o debole) (29)**	(29)
• **Crea difficoltà cognitive: inibisce la capacità di pensare chiaramente mentre si è con gli altri e di comunicare efficacemente con loro (30)**	(30)
• **Incoraggia l'eccessiva consapevolezza di sé, e la preoccupazione nei riguardi di sé (31)**	(31)

SEZIONE F
Timidezza, un problema?

Non scrivere in questa colonna

(32)

(33)

(34)

Se ti sei definito una persona timida (nel passato o attualmente), per favore rispondi alle domande in questa sezione.

- **In generale, ti piace (ti piaceva) essere timido? (32)**
  1. Sì 2. No
- **Consideri (consideravi) la timidezza un problema? (33)**
  1. Sì 2. No
- **Quando hai deciso se definirti o meno una "persona timida", la tua decisione era basata sul fatto che: (cerchia una sola risposta) (34)**

1. Sei (sei stato) timido tutto il tempo in tutte le situazioni
2. Sei (sei stato) timido il 50% del tempo, nella maggior parte delle situazioni
3. Sei (sei stato) timido solo occasionalmente, ma in quelle occasioni lo sei (sei stato) abbastanza da ritenere di essere una persona timida

SEZIONE G
GIUDIZI SULLA TIMIDEZZA DEGLI ALTRI

Non scrivere in questa colonna

Secondo te, quali comportamenti di un'altra persona indicano che si sente timida? (Segna tutte le risposte adatte.)

- **Arrossire (35)**
- **Parlare a bassa voce (36)**
- **Incapacità di mantenere il contatto visivo (37)**
- **Evitamento delle altre persone (38)**
- **Silenzio (riluttanza a parlare) (39)**
- **Postura (40)**
- **Balbettare (41)**
- **Altre (specificare sotto) (42, 43)**

(35)
(36)
(37)
(38)
(39)
(40)
(41)
(42)
(43)

Grazie ancora per il tuo aiuto.

INFORMAZIONI OPZIONALI, AGGIUNTIVE
(solo se richieste)

A) ______________________ B) ______________________

C) ______________________ D) ______________________

E) ______________________

F) ______________________

Note

Capitolo 1

1. Read P. (1980), «Socialization research revisited», *The Sage Foundation Report*, giugno.
2. Zimbardo P. G. (1977), *Shyness: What it is, what to do about it*, Addison-Wesley, Reading, Massachusetts (Jove, New York 1978); Pilkonis P., Zimbardo, «The personal and social dynamics of shyness», in C. E. Izard (ed.), *Emotions in personality and psychopathology*, Plenum, New York, pp. 133-160.
3. Wallechinsky D., Wallace I., Wallace A. (1977), *The book of lists*, William Morrow, New York (Bantam, 1978).
4. Santee R. T., Maslach C. (1979), «To agree or not to agree: Personal dissent amid social pressure to conform». Paper presented at the Western Psychological Association Convention, San Diego, aprile. Submitted for publication.
5. Maslach C., Solomon T. (1976), «Pressures toward dehumanization from within and without». Paper presented at the Western Psychological Association Convention, Los Angeles, aprile.
6. Solomon T. (1977), «Shyness and self-concept in grade school children», University of California.
7. Stockdale D. (1976), «An assessment of shyness in children by teachers, parents and peers». Master's Thesis, Iowa State University, Ames, Iowa.
8. APA (1980), *Diagnostic and statistical manual of mental disorders*, 3rd ed., American Psychiatric Association, Washington, D.C., p. 227.
9. Cheek J. M., Buss A. H. (1981), «Shyness and sociability», *Journal of Personality and Social Psychology*. Under editorial review.

Capitolo 2

1. Baumrind D. (1973), «The development of instrumental competence through socialization», in A. Pick (ed.), *Minnesota Symposia on Child Psychology*, vol. 7, University of Minnesota Press, Minneapolis, pp. 3-46. E «The con-

tributions of the family to the development of competence in children», *Schizophrenia Bulletin, 1 (Fall 1975), 14,* 12-37.
2. Schicha R., Zimbardo P. G. (1980), «The relationship between shyness, authoritarianism, and structure», Stanford University, California.
3. Ainsworth M. D. S. (1977), «Social development in the first year of life: Maternal influences on infant-mother attachment», in J. M. Tanner (ed.) *Developments in psychiatric research viewpoints in review: Essays based on the Sir Geoffrey Vickers' lectures of the mental health trust and research fund*, Hodder, London.
4. Prescott J. (1975), «Body pleasure and the origins of violence», *The Futurist*, aprile.
5. Lynch J. (1977), *The broken heart*, Basic Books, New York.
6. Lesser G. S. (1975), *Children and television: Lessons from Sesame Street*, Vantage, New York.
7. *San Francisco Chronicle*, 8 novembre 1978.
8. Shaw G. B. (1974), *Candida*, Penguin Books, Baltimore, pp. 35-36.
9. O'Leary K. D. et al. (1970), «The effects of loud and soft reprimands on the behavior of disruptive students», *Exceptional Children*, *37*, 145-155.
10. Briggs D. M. (1975), *Your child's self-esteem*, Doubleday, New York (Dolphin, 1975).

Capitolo 3

1. Kennedy E. (1975), *If you really knew me would you still like me?*, Argus Communications, Niles, Illinois.
2. Lord C. G., Zimbardo P. G. (1980), «Mapping the private world of shyness through template matching and Q-correlates», Stanford University, California.
3. Sobel D. (1980), «Solitude emerges as a blessing in research on adolescents», *New York Times*, 19 agosto, L-662.

Capitolo 4

1. Goffman E. (1959), *The presentation of self in everyday life*, Doubleday, New York.
2. Arkin R. M. (1981), «Self-presentation styles», in J. T. Tedeschi (ed.), *Impression management theory and social psychology research*, Academic Press, New York, 1981.
3. Arkin R. M., Appleman A. J., Burger J. M. (1980), «Social anxiety, self-presentation, and the self-serving bias in causal attribution», *Journal of Personality and Social Psychology*, *38*, 23-25.

4. Brockner J. (1979), «Self-esteem, self-consciousness, and task performance: replications, extensions, and possible explanations», *Journal of Personality and Social Psychology*, *37*, 447-461.
5. Phillips G. M., Metzger N. J. (1973), «The reticent syndrome: Some theoretical considerations about ethiology and treatment», *Speech Monographs*, *40*, 14-24.
6. Snyder M., Swann W. (1978), «Behavioral confirmation in social interaction: From social perception to social reality», *Journal of Experimental Social Psychology*, *14*, 148-162.
7. Ellis A. E., Harper R. A. (1975), *A guide to rational living*, Wilshire Book Co., North Hollywood, California.
8. Wolpe J. (1969), «Behaviour therapy in complex neurotic states», *British Journal of Psychiatry*, 110, 28-34.
9. Orr F., Degotardi D., Boughton J., Crouch B. (1979), «Social shyness: An experimental clinical study», *University of South Wales, Student Counselling and Research Unit Bulletin*, *15*.
10. Buss A. (1980), «Sociability, shyness, and loneliness». Paper presented at the American Psychological Association Convention, Montreal, Canada.
11. Corsaro W. A. (1979), «We're friends, right? Children's use of access rituals in a nursery school», *Language in Society*, *8*, 315-36.
12. Rubin Z. (1980), *Children's friendships*, Harvard University Press, Cambridge, Massachusetts, pp. 139-40.
13. Gottman J., Gonso J., Brasmussen B. (1975), «Social interaction, social competence, and friendship in children», *Child Development*, *46*, 709-18.
14. Garner A. (1980), *Conversationally speaking: Tested new ways to increase your personal and social effectiveness*, Psychology Research Associates, Los Angeles.
15. *San Francisco Chronicle*, 20 settembre 1980.
16. Aronson E. (1978), *The jigsaw classroom*, Sage Publications, Beverly Hills.
17. Dennis N. (1955), *Cards of identity*, Signet, New York.
18. Arkowitz H. et al. (in press), «Treatment strategies for dating anxiety in college men based on real life practice», *The Counseling Psychologist*.
19. Fischetti M., Curran J. P., Wessberg H. W. (1977), «Sense of timing: A skill deficit in heterosexually anxious males», *Behavior Modification*, 1, 179-194.

Capitolo 5

1. Furman W., Rahe D., Hartup W. W. (1979), «Rehabilitation of socially withdrawn preschool children through mixed-aged and same-sex socialization», *Child Development*, *50*, 915-22.

Capitolo 6

1. Segal J., Yahraes H. (1979), *A child's journey*, McGraw-Hill, New York.
2. Lepper M. R., Greene D. (1978) (eds.), *The hidden costs of reward*, Lawrence Erlbaum Association, Morristown, N.J.
3. Berscheid E., Walster E. (1972), «Beauty and the Best», *Psychology Today*, marzo, 127-128.
4. Dobson J. (1974), *Hide or seek*, Fleming R. Revell Co., Old Tappan, New Jersey.
5. Rosenthal R., Jacobson L. (1968), *Pygmalion in the classroom*, Holt, Rinehart and Winston, New York; «Teacher's expectancies: Determinants of pupils' IQ gains», *Psychological Reports*, 1966, *19*, 115-118.
6. Hyman L. A., McDowell E., Raines B. (1977), «Corporal punishment and alternatives in the schools: An overview of theoretical and practical issues», in J. H. Wise (ed.), *Proceedings: Conference on corporal punishment in the schools*, National Institute of Education, Washington, D.C., pp. 1-18.
7. Malinson G. G., Weston J. (1954), «To promote or not to promote», *Journal of Education*, 136, 155-158.
8. Kraus P. E. (1973), *Yesterday's children*, John Wiley & Sons, New York.
9. Klein C. (1975), *The myth of the happy child*, Harper & Row, New York.
10. «The most significant minority: One-parent children in the schools», National Association of Elementary School Principals, Arlington, Virginia, 28 luglio 1980.

Capitolo 7

1. Elkind D. (1978), «Understanding the young adolescent», *Adolescence*, Spring, *13*, 127-134.
2. «Seventh grade can be harmful», *Palo Alto Times*, 10 gennaio 1978.
3. L. Fine, citato in un'intervista del *Palo Alto Times*, 1 giugno 1978.
4. Ibidem.
5. DeRosis H. (1974), *Parent power/child power: A new tested method for parenting without guilt*, Bobbs-Merrill, New York.
6. Landers A. (1980), *Field Enterprises*, 4 maggio.

Capitolo 8

1. Cheek J. M., Busch C. M. (1981), «The influence of shyness on loneliness in a new situation», *Personality and Social Psychology Bulletin*, 1981.
2. Zimbardo P. G., Zoppel C., Pilkonis P. (1981), *The etic and emic of shyness in eight cultures*, Stanford University.

3. Harrell M. S. et al. (1977), «Predicting compensation among MBA graduates five and ten years after graduation», *Journal of Applied Psychology*, 62, 636-640.

Capitolo 9

1. «Hue and cry», *This World, San Francisco Examiner & Chronicle*, 5 dicembre 1976.

Capitolo 10

1. Smith E. (1978), «Put-down pressures on already burdened child», *Copely News Service*, 25 gennaio.

Bibliografia

Ames L. B., Chase J. A. (1974), *Don't push your preschooler*, Harper & Row, New York.

Alloway T., Pliner P., Krames L. (eds.) (1977), *Attachment behavior*, Plenum Press, New York. In particolare: Cairns R. B., «Beyond social attachment: The dynamics of interactional development», pp. 1-24; Marvin R. S., «An ethological-cognitive model for the attenuation of mother-child attachment behavior», pp. 25-60; Ross H. S., Goldman B. D., «Establishing new social relations in infancy», pp. 61-80; Simonds P. E., «Peers, parents, and primates: The developing network of attachments», pp. 145-76.

Asher S. R (1973), «The influence of race and sex on children's sociometric choices across the school year», University of Illinois.

Asher S. R., Oden S. L., Gottman J. M. (1977), «Children's friendships in school settings». In L. G. Katz (ed.), *Current topics in early childhood education*, vol. 1, Ablex, Norwood, New Jersey.

Baumrind D. (1973), «The development of instrumental competence through socialization». In A. Pick (ed.), *Minnesota Symposia on Child Psychology*, vol. 7, University of Minnesota Press, Minneapolis.

Baumrind D. (1975), «The contributions of the family to the development of competence in children», *Schizophrenia Bulletin*, Fall, vol. 1, 14.

Berscheid E., Walster E. «Beauty and the Best», *Psychology Today*, marzo 1972.

Booraem C., Flowers J., Schwartz, B. (1978), *Help your children to be self-confident*, Prentice-Hall, Englewood Cliffs, New Jersey.

Bower S. A., Bower G. H. (1976), *Asserting yourself: A practical guide for positive change*, Addison-Wesley, Reading, Massachusetts.

Braga J., Braga L. (1976), *Children and adults: Activities for growing together*. Prentice-Hall, Englewood Cliffs, New Jersey.

Briggs D. C. (1970), *Your child's self-esteem*, Doubleday, New York; Dolphin Doubleday, 1975.

Cairns R. B. (1979), *Social development: The origins and plasticity of interchanges*, W. H. Freeman, San Francisco.

Cartledg G., Milburn J. F. (eds.) (1980), *Teaching social skills to children: Innovative approaches*, Pergamon Press, Elmsford, New York.

Chase J. A. (1968), «A study of the impact of grade retention on primary school children», *Journal of Psychology, 70.*

Cheek D. K. (1976), *Assertive Black... puzzled white: A Black perspective on assertive behavior*. Impact Publications, San Luis Obispo, California.

Cheek J. M., Buss A. H. (1981), «Shyness and sociability», *Journal of Personality and Social Psychology*. Under editorial review.

Cheek J. M., Busch C. M. (1981), «The influence of shyness on loneliness in a new situation», *Personality and Social Psychology Bulletin*. In press.

Corey G. (1973), *Teachers can make a difference*, Charles Merrill Publications, Columbus, Ohio.

Corey G. I (1978), *Never knew I had a choice*, Brooks/Cole, Monterey, California.

Crozier W. R. (1979), «Shyness as a dimension of personality», *British Journal of Social and Clinical Psychology, 18.*

Dahlgren D., Buckner J. (1979), *Shyness in preschool children*. Senior Honors Thesis, Stanford University, California, giugno 1979.

David H. P. (ed.) (1972), *Child mental health in international perspective*, Harper & Row, New York.

Derlega V., Chaikin A. (1975), *Sharing intimacy*, Prentice-Hall, Englewood Cliffs, New Jersey.

DeRosis H. (1974), *Parent power child power: A new tested method for parenting without guilt*, Bobbs-Merrill, New York.

Didato S. V. (1980), *Psychotechniques: How to help yourself or someone you love*, Methuen Press, New York.

Diekman J. R. (1979), *Get your message across: How to improve communication*, Prentice-Hall, Englewood Cliffs, N.J.

Dodson F. (1974), *How to father*, Nash Publishing, Los Angeles; Signet Books, New York, 1975.

Dobson J. (1974), *Hide and seek*, Fleming R. Revell, Old Tappen, New Hampshire.

Dotzenroth S. (1977), «Shyness, social self-esteem, and mental biases». Ph.D. Dissertation, University of Ottawa, Ontario, Canada.

Egan G. (1976), *Interpersonal living: A skills/contract approach to human-relations training in groups*, Brooks/Cole, Monterey, California.

Egan G. (1977), *You and me: The skills of communicating and relating to others*, Brooks/Cole, Monterey, California.

Elkind D. (1978), «Understanding the young adolescent», *Adolescence*, Spring, *13*, 127-134.

Furman W., Rahe D., Hartup W. W. (1979), «Rehabilitation of socially withdrawn preschool children through mixed-aged and same-sex socialization», *Child Development*, *50*, 915-922.

Garner A. (1980), *Conversationally speaking: Tested new ways to increase your personal and social effectiveness*, Psychology Research Associates, Los Angeles.

Gessell A., Ilg F., Ames L. B. (1977), *The child from five to ten*, Harper & Row, New York.

Girodo M. (1978), *Shy? You don't have to be!*, Pocket Books, New York.

Girodo M. (1977), «Self-talk: Mechanism in anxiety and stress management». In C. Spielberger and I. G. Sarason (eds.), *Stress and Anxiety*, vol. 4., Hemisphere Publications, Washington, D.C.

Greenberg M. T., Marvin R. S. (1976), «Individual and age differences in the patterns of preschool children's reactions to strangers». Presented at the Southeastern Conference on Human Development, Nashville, Tennessee, aprile 14-16.

Greenwald J. A. (1975), *Creative intimacy: How to break the patterns that poison your relationships*, Simon & Schuster, New York.

Hedrick S. L. (1972), «A study of timidity as related to intelligence, achievement, and self-concept». Dissertation Abstracts International. The Humanities and Sciences, settembre/ottobre, 33.

Hartup W. W. (1978), «Children and their friends». In H. McGurk (ed.), *Issues in childhood social development*, Methuen, London.

Johnson D. W. (1972), *Reaching out: Interpersonal effectiveness and self-actualization*, Prentice-Hall, Englewood Cliffs, New Jersey.

Kennedy E. (1975), *If you really knew me would you still like me?* Argus Communications, Niles, Illinois.

Kiev A. (1977), *A strategy for success*, Macmillan, New York.

Klein C. (1975), *The myth of the happy child*. Harper & Row, New York.

Kleinke C. (1975), *First impressions: The psychology of encountering others*, Prentice-Hall, Englewood Cliffs, New Jersey.

Kraus P. E. (1973), *Yesterday's children: A longitudinal study of children from kindergarten into the adult years*, John Wiley & Sons, New York.

Lamb M. D. (ed.) (1978), *Social and personality development*, Holt, Rinehart and Winston, New York. In particolare: Achenbach T. M., «Developmental aspects of psychopathology in children and adolescents», pp. 272-303; Asher S. R., «Children's peer relations», pp. 91-113; Conger J. J., «Adolescence: A time for becoming», pp. 131-54; Fein G. G., «Play revisited», pp. 70-90; Lamb M. E., «Social interaction in infancy and the development of personality», pp. 26-49; Lamb M. E., Baum-rind D., «Socialization and personality development in the preschool years», pp. 50-69.

Lamb M. E., Suomi S. J., Stephenson G. R. (eds.) (1979), *Social interaction analysis: Methodological issues*, University of Wisconsin Press, Madison. In particolare: Als H., Tronick E., Brazelton T. B., «Analysis of face-to-face interaction in infant-adult dyads», pp. 33-76; Lamb M. E., «The effects of the social context on dyadic social interaction», pp. 253-68; Lamb M. E., «Issues in the study of social interaction», pp. 1-10; Parke R. D., Power T. G., Gottman J. M., «Conceptualizing and quantifying influence patterns in the family triad», pp. 231-252.

Lawson J. S., Marshall W. L., McGrath P. (1979), «Social self-esteem inventory», *Educational and Psychological Measurement*, *39*.

Laycock F. (1979), Gifted children, Scott, Foresman, Glenview, Illinois.

Lenchner M. J. (1980), «The shyness workshop: A possible solution to a social problem», Senior Honors Dissertation. Cornell University, Ithaca, New York, Spring.

Maccoby E. E., Dowley E. M., Hagen J. W., Degerman R. (1965), «Activity level and intellectual functioning in normal preschool children», *Child Development*, *36*.

Maccoby E. E. (1980), *Social development: Psychological growth and the parent-child relationship*, Harcourt, Brace, Jovanovich, San Francisco.

Mallinson G. G., Weston J. (1954), «To promote or not to promote», *Journal of Education*, *136*, *5*.

Mayeroff M. (1971), On caring, Harper & Row, New York.

O'Connor R. D. (1969), «Modification of social withdrawal through symbolic modeling», *Journal of Applied Behavior Analysis*, *2*.

O'Connor R. D. (1972), «Relative efficacy of modeling, shaping and the combined procedures for modification of social withdrawal», *Journal of Abnormal Psychology*, *79*.

Oden S. L., Asher S. R. (1975), «Coaching children in social skills for friendship-making». Paper presented at the biennial meeting of the Society for Research on Child Development, Denver, Colorado.

Patterson G. R. (1977), *Families: Applications of social learning to family life*. Rev. ed. Research Press, Champaign, Illinois.

Patterson G. R. (1977), *Living with children: New methods for parents and teachers*. Rev. ed. Research Press, Champaign, Illinois.

Pilkonis P. A., Zimbardo P. G. (1979), «The personal and social dynamics of shyness». In C. E. Izard (ed.), *Emotions and psychopathology*, Plenum, New York.

Plain Talk About Raising Children. Periodical published by the National Institute of Mental Health, 5600 Fishers Lane, Rockville, MD 20857.

Powell B. (1979), *Overcoming shyness: Practical scripts for everyday encounters*, McGraw-Hill, New York.

Practical Parenting. Bi-monthly newsletter by Vicki Lansky, 15235 Minnetoka Boulevard, Minnetoka, MN 55343.

Radl S. L. (1976), «Why you are shy and how to cope with it», *Glamour*, giugno.

Radl S. L. (1979), *How to be a mother —and a person too*, Rawson, Wade, New York.

Renaud H., Estess F. (1961), «Life history interviews with one hundred normal american males: Pathogenicity of childhood», *Journal of Ortho-psychiatry*, *31*.

Rosenthal R., Jacobson L. (1966), «Teacher's expectancies: Determinants of pupils' IQ gains», *Psychological Reports*, vol. 19.

Scarr S. (ed.) (1979), *Psychology and Children*: *Current Research and Practice*. Special issue of American Psychologist, 34. Pubblicato da American Psychological Association, 1200 17th Street, N.W., Washington, DC 20036. In particolare: Bell R. Q., «Parent, child, and reciprocal influences», pp. 821-826; Brofenbrenner U., «Contexts of child rearing: Problems and prospects», pp. 844-850; Hartup W. W., «The social worlds of childhood», pp. 944-950; Kagan J., «Family experience and the child's development», pp. 886-893; Kessen W., «The American child and other cultural inventions», pp. 815-820; Yarrow L. J., «Emotional development», pp. 951-957.

Scharf P., McCoy W., Ross D. (1979), *Growing up moral: Dilemmas for the intermediate grades*, Winston Press, Minneapolis.

Segal J., Yahraes H. (1978), *A child's journey*, McGraw-Hill, New York.

Shaffer D. R. (1979), *Social and personality development*, Brooks/Cole, Monterey, California.

Slater P. (1976), *The pursuit of loneliness: American culture at the breaking point*, Beacon Press, Boston.

Smith M. (1975), *When I say no, I feel guilty*, Bantam, New York.

Social Change and the Mental Health of Children (1973), Report of the Joint Commission on Mental Health for Children, New York, Harper & Row.

Sprung B. (ed.) (1978), *Perspectives on non-sexist early childhood education*, Teachers College Press, New York.

Sroufe A. (1978), «Attachment and the roots of competence», *Human Nature*, ottobre.

Stockdale D. (1976), *An assessment of shyness in children by teachers, parents and peers*. Masters thesis, Iowa State University, Ames, Iowa.

Suran B. G., Rizzo J. V. (1979), *Special children: An integrative approach*, Scott, Foresman, Glenview, Illinois.

Thevenin T. (1974), *The family bed*, Tine Thevenin, Minneapolis.

Thoman E. B. (ed.) (1979), *Origins of the infant's social responsiveness*, L. Erlbaum Associates, Hillsdale, New Jersey. In particolare: Bower T. G. R., Wishart J. G., «Towards a unitary theory of development», pp. 65-94; Papousek H., Papousek M., «The infant's fundamental adaptive response system», pp. 175-208; Stern D. N., Biggon, J., «Temporal expectancies of social behaviors in mother-infant play», pp. 409-430; Thoman E. B., «Changing views of the being and becoming of infants», pp. 445-459.

Thomas A., Chess S., Birch, H. G. (1968), *Temperament and behavior disorders in children*, New York University Press, New York.
Wassmer A. C. (1978), *Making contact: A guide to overcoming shyness, making new relationships and keeping those you already have*, Dial Press, New York.
Watson D., Friend R. (1969), «The measurement of social-evaluative anxiety», *Journal of Consulting and Clinical Psychology*, *33*.
Weiner D., Frieze I., Kukla A., Reed L., Rosenbaum R. (1971), *Perceiving the causes of success and failure*, General Learning Press, New York.
White B. L., Kaban B. T., Attanucci J. S. (1979), *The Origins of Human Competence: The Final Report of the Harvard Preschool Project*, Lexington Books, Lexington, Massachusetts.
Wrightsone J. W. (1957), *Class organization for instruction*, National Education Association, Washington, D.C.
Zimbardo P. G. (1977), *Shyness: What it is, what to do about it*, Addison-Wesley, Reading, Massachusetts.
Zimbardo P. G., Radl S. L. (1979), *The shyness workbook*, A & W Publishers, New York.
Zimbardo P. G., Radl S. R. (1978), «How teens can overcome shyness», *Seventeen*, giugno.

Ilaria Consolo
Il piacere femminile
Scoprire, sperimentare e vivere la sessualità
256 pagine | 66942D | € 18,00 |
eBook € 12,99 |

Susan David
Agilità emotiva
Non restare bloccato, accogli il cambiamento e prospera nella vita e nel lavoro
288 pagine | 95472K | € 18,00 |
eBook € 12,99 |

Liliana Dell'Osso
Fatti di quotidiana follia
160 pagine | 80527P | € 16,00 |
eBook € 11,99 |

L. Dell'Osso, D. Muti e B. Carpita
Il caso Coco Chanel
L'insopportabile genio
176 pagine | 95640K | € 16,00 |
eBook € 11,99 |

Davide Dèttore
Trattato di psicologia e psicopatologia del comportamento sessuale
512 pagine | 65132W | € 32,00 |
eBook € 18,99 |

D. Dèttore, N. Giaquinta e A. Pozza
I disturbi da comportamenti focalizzati sul corpo
128 pagine | 95745U | € 18,00 |
eBook € 12,99 |

Matthew Dixon e Brent Adamson
Il venditore sfidante
Il Modello Challenger
304 pagine | 51422A | € 20,00 |
eBook € 14,99 |

Angela Duckworth
Grinta
Il potere della passione e della perseveranza
336 pagine | 95436X | € 24,00 |

C. Dunkley e M. Stanton
Mindfulness e vita quotidiana
Una guida pratica
160 pagine | 95520K | € 15,00 |
eBook € 10,99 |

Sophia F. Dziegielewski
DSM-5 in action
Prima edizione italiana
752 pagine | 95005Y | € 87,00 |
eBook € 54,00 |

Paul Ekman
I volti della menzogna
Gli indizi dell'inganno nei rapporti interpersonali
368 pagine | 62149L | € 18,00 |
eBook € 12,99 |

Paul Ekman
Le bugie dei ragazzi
Frottole, imbrogli, spacconate: perché i nostri figli ricorrono alla menzogna?
256 pagine | 91524E | € 14,00 |
eBook € 6,99 |

Paul Ekman e Wallace V. Friesen
Giù la maschera
Come riconoscere le emozioni dall'espressione del viso
288 pagine | 84439W | € 18,00 |

Sigmund Freud
L'interpretazione dei sogni
640 pagine | 95566H | € 8,90 |
eBook € 5,99 |

Sigmund Freud
Sommario di psicoanalisi
112 pagine | 67799S | € 10,00 |
eBook € 6,99 |

Heidi Grant Halvorson ed E. Higgins
Focus
Come guardare il mondo per avere successo
288 pagine | 83005G | € 20,00 |
eBook € 16,99 |

Steven C. Hayes
La mente liberata
Come trasformare il tuo pensiero e affrancarti da stress, ansia e dipendenze
512 pagine | N00013 | € 24,00 | eBook € 16,99 |

Ryan Holiday
Ego è il nemico
Come dominare il nostro più grande avversario
224 pagine | 95473L | € 14,50 | eBook € 13,99 |

S. B. Kaufman e C. Gregoire
La mente creativa
Misteri e paradossi
240 pagine | 95519J | € 20,00 | eBook € 14,99 |

Melanie Klein
Invidia e gratitudine
128 pagine | 56707L | € 14,50 |

Philip Kotler
I 10 peccati capitali del marketing
Sintomi e cure
128 pagine | 95689L | € 14,50 | eBook € 10,99 |

Bryan Kramer
Condividere
Il potere di scambiarsi informazioni, storie ed emozioni
108 pagine | 95613G | € 20,00 | eBook € 14,99 |

Giuseppe Lavenia
Le dipendenze tecnologiche
Valutazione, diagnosi e cura
112 pagine | 95431S | € 14,00 | eBook € 9,99 |

Roger A. MacKinnon, Robert Michels e Peter J. Buckley
Il colloquio in psichiatria e psicologia clinica
832 pagine | 95546M | € 90,00 | eBook € 54,99 |

Giuseppe Mantovani
L'elefante invisibile
Alla scoperta delle differenze culturali
272 pagine | 80023Q | € 18,00 | eBook € 12,99 |

Valentina Marini e Giada Susca
Galateo LinkedIn
Educazione civica, identità digitale e mondo del lavoro
240 pagine | 95586D | € 19,50 | eBook € 13,99 |

Luca Mazzucchelli
Fattore 1%
Piccole abitudini per grandi risultati
(nuova ediz.) 288 pagine | 51123A | € 20,00 | eBook € 14,99 |

Luca Mazzucchelli
L'era del cuore
Come trovare il coraggio per essere felici
208 pagine | 81294J | € 22,00 | eBook € 14,99 |

Luca Mazzucchelli
Psicologia a strappo
60 pensieri da leggere, conservare e condividere con le persone che ami
128 pagine | 50738A | € 16,00 |

Kelly McGonigal
Il lato positivo dello stress
Perché lo stress fa bene e come sfruttarlo al meglio
320 pagine | 95565G | € 24,00 | eBook € 14,99 |

Kelly McGonigal
La forza di volontà
Perché è importante e cosa puoi fare per migliorarla
320 pagine | 95688K | € 20,00 | eBook € 14,99 |

Kelly McGonigal
La gioia di muoversi
Come l'esercizio fisico aiuta a trovare la felicità, la speranza e il coraggio
256 pagine | 81293S | € 22,00 |
eBook € 16,99 |

Luciano Mecacci
Lev Vygotskij
Sviluppo, educazione e patologia della mente
176 pagine | 68404X | € 18,00 |
eBook € 12,99 |

Luciano Mecacci (a cura di)
Manuale di psicologia generale
Storie, teorie e metodi. Cervello, cognizione e linguaggio
320 pagine | 53518T | € 37,00 |

George Mumford
La mentalità vincente
I segreti per superare le sfide più grandi nello sport e nella vita
176 pagine | 95447J | € 15,00 |
eBook € 10,99 |

Donald Norman
La caffettiera del masochista
Il design degli oggetti quotidiani
(nuova edizione ampliata)
352 pagine | 95739N | € 22,00 |

Alberto Oliverio
Il cervello che impara
Neuropedagogia dall'infanzia alla vecchiaia
128 pagine | 69056Q | € 16,00 |
eBook € 10,99 |

Jo Owen
Avere successo
Da buon manager a grande leader
320 pagine | 95464B | € 20,00 |
eBook € 14,99 |

Jo Owen
Il manager globale
Come raggiungere prestazioni elevate
368 pagine | 95445G | € 19,50 |
eBook € 13,99 |

Jo Owen
I miti della leadership
Liberatevi dai pregiudizi per diventare grandi leader
320 pagine | 95690M | € 20,00 |
eBook € 14,99 |

Jean Piaget
Psicologia dell'intelligenza
224 pagine | 93034G | € 12,00 |
eBook € 8,99 |

K. S. Pope, J. N. Butcher e S. Joyce
A cura di D. Berto
MMPI, MMPI-2 e MMPI-A in tribunale
704 pagine | 83700D | € 100,00 |

Michael Port
TU: il migliore promotore di te stesso
Il metodo più veloce e più efficace per trovare più clienti di quanti ne possiate gestire
368 pagine | N00012 | € 22,00 |

Daniel Priestley
Tutto esaurito
Come avere la coda di clienti fuori dalla porta
192 pagine | 95448K | € 14,50 |
eBook € 10,99 |

Joe Pulizzi e Robert Rose
Uccidi il marketing
Come trasformare i costi del marketing in profitti
240 pagine | 95570M | € 20,00 |
eBook € 14,99 |

Fabrizio Quattrini
Il piacere maschile
#sessosenzatabù
256 pagine | 66943X | € 18,00 |
eBook € 12,99 |

Fabrizio Quattrini
Parafilie e devianza
288 pagine | 63233N | € 24,00 |
eBook € 16,99 |

Alessandro Salvini,
Alan F. Schatzberg
e Charles DeBattista
Manuale di Psicofarmacologia clinica
720 pagine | 95435W | € 90,00 |

Martin E. P. Seligman
Il circuito della speranza
Il percorso dell'uomo che ha aperto la psicologia all'ottimismo
512 pagine | 95609C | € 24,00 |

Martin E. P. Seligman
Imparare l'ottimismo
Come cambiare la vita cambiando il pensier
384 pagine | 60184X | € 18,00 |

Michele Spaccarotella
Il piacere digitale
#Sex&TheSocial
272 pagine | 80753Z | € 22,00 |
eBook € 14,99 |

Steven J. Stein
e Paul T. Bartone
Resistere
Come utilizzare lo stress per raggiungere i tuoi obiettivi
400 pagine | 83608R | € 24,00 |
eBook € 16,99 |

Scott Stossel
Ansia
Paure e speranze alla ricerca di una pace interiore
448 pagine | 95584B | € 23,50 |
eBook € 16,99 |

R. Talmelli, S. Pallanti,
G. Bormolini e G. Nardone
Ossessioni e compulsioni
Le ritualità propiziatorie tra neuroscienze, demonologia e psicoterapia
224 pagine | 50500A | € 18,00 |
eBook € 12,99 |

Daniela Villani e Stefano Triberti
La personalità online
Tracce digitali dell'identità
192 pagine | 95585C | € 19,50 |
eBook € 13,99 |

Lev S. Vygotskij
Pensiero e linguaggio
304 pagine | 55071M | € 18,00 |
eBook € 5,99 |

Philip Zimbardo
Zimbardo
Memorie di uno psicologo
352 pagine | 83556G | € 26,00 |
eBook € 17,99 |
(disponibile anche in inglese, francese, tedesco e spagnolo)

Philip Zimbardo e Rosemary Sword
Vivere e amare
Guarire dal passato, abbracciare il presente, creare il futuro ideale
256 pagine | 95714M | € 20,00 |
eBook € 14,99 |

Philip Zimbardo, Richard Sword
e Rosemary Sword
La cura del tempo
Superare i disturbi post-traumatici con la nuova psicologia della Prospettiva Temporale
352 pagine | 95578V | € 24,00 |
eBook € 16,99 |